ローカル大学と共に

「改革」のうねりの中で

まえがき

本書は、２０１２年夏頃から16年春頃までの間に折々書き綴ったエッセイを、加除訂正の上、便宜的に分類して編んだものである。

大学に入学して以来、途中２年間の会社勤めを除き、私はずっと大学という社会で過ごしてきた。長い期間を大学で過ごすこと自体は取り立てて珍しくなく、私がそこで経験し見聞したことも特別なことでなく、ましてや後世に残すに足るような、あるいは残すべきようなものでもない。語り継ぐべき貴重な、あるいは稀有な、さらには悲痛な体験をした人は、世の中に沢山いる。私の大学での見聞や経験などは、どこにでもある平凡なものである。しかしある時から、この半世紀余りの大学生活、とりわけ地方大学の教員養成系学部での約40年間の勤務を通じて目にし耳にした諸事は、これを書き留めておいてもよいのではないかと思うようになった。

私は地方大学の一介の教師にすぎないが、そのような田舎の凡庸な老教授の目に映った大学と大学人の「生態」を書き記しておくことにも幾らかの意味があるのではないか、けだし、そうした生態もたどって行けば、背後にある何か大きなものの写し絵にほかならないのだから。――そう思い立って私は、大学にまつわる身辺の雑事を書き始め、文芸同人誌などにも掲載してもらうようになったのだった。各エッセイは、必ずしも順を追って書いたわけではないので、本書を編むにあたって一応の整理は試みたものの、なお依然として相互に前後し重複したままの箇所が少なからず残っている。予めご承知おきくださるようお願いする。

わが国には、779の4年制大学とそこで学ぶ約286万人の学生、そこに勤務する約18万2千人余の本務教員がおり、また、346の短期大学とそこで学ぶ13万2千人余の学生、そこに勤務する8千人を超える本務教員がいる（文部科学省『学校基本調査（高等教育機関）』、2015年度）。この、すこぶる多数の人々が在籍するすこぶる多数の大学・短大で、日々多様な営みが繰り広げられているわけである。私が勤務した大学で実際に携わり目撃し味わった事がらは、こうした多様な営みのone of themに過ぎないのであって、決して特殊な現象ではない。

本書に収めた17編はいずれも主語が一人称で、著者自身が直接の当事者であるかのような体裁をとっているが、実際には、私自身の幾らかの体験に種々雑多な見聞・伝聞等を重ね合わせ、大幅な合成・加工・改変・カムフラージュ・創作等を施し、虚実取り混ぜて書き綴った物語《フイクション》である。そこに登場する大学や教職員・学生たちはもとより、その背景をなす山や川や街やキャンパスなどは、どれも私が作出した架空の配役と舞台装置であって、実在とはおよそ異なる。それ故そこで記述されているあれこれは、どこかの地の特定の大学・短大で起きた出来事と同一ないし似通ったものであっても、それは偶然の一致・類似でしかない。大学名はアルファベット一文字で、人名は二文字で表記するのを基本としたが、それも実名を反映したものでは全くない。なお、本文中の引用に係る出典の発行年は、手元にある版の奥付に従い、ただしいずれも西暦に統一して表記した。

17編の物語はいずれも、あえて読んでもらわなくても一向に差し支えない、あるいは読むに値しない、言ってみればろくでもない事がらを内容とするが、そのような物語を書き進めながら、この国を覆っている風潮の中でひどく気になることが一つあった。「安全・安心」というスローガンの国民的な大合唱・流布・定着がそれである。

いつの頃からかわが国では、政治家も行政官も財界人も教師も保護者も、中央でも地方でも都会でも過疎地でも、保育・教育現場でも、しきりにこのスローガンを口にするようになっている。「安全・安心」それ自体は何人《なんびと》もこれを求めてやまない当然の願いであるが、このスローガンがいつしか監視と規制の強化・制度化の口実とされ、その結果、広く思想・表現の自由や学問・教育の自由、さらには人身の自由をさえ抑圧することになるのではないかという不安を覚えるのである。「安全・安心」は、学校事故や交通事故を未然に防ぐ際に用いられ、防犯・防災にも用いられ、福祉・経済・環境・防衛等々、あらゆる分野との関連で呼号される万能スローガンたりうるが、しかし「安全・安心」の実現のためには、著作・メディア・報道など、時に自由や平等や人権や立憲主義が制限・停止・侵害されることになる側面があることを忘れてはならない。「中立」「公共」「公益」「秩序」といったスローガンもそうである。

大学は、したがってローカル大学も、歴史の教訓を踏まえ、正しい現状認識と真理探究に精進し、政治や時流やテクニックに流されず、知性を保って毅然と状況を批判し警鐘を鳴らすことを恐れない、勇気ある拠点であり続けてほしいと、曲がりなりにも大学に職を奉じてきた私は、痛切に思う。そうしてそれ故に、私は、それぞれ愛着を持って勤務したローカル大学の教員養成系学部のどれもが、さらに発展・飛躍し、人々の信頼に応える教育と研究の場となっていくことを、心から望む。されば僭越ながら、願わくは本書がそのためのささやかな捨て石とならんことを。

本書は、山添路子さんはじめエイデル研究所の皆さんのご好意のもとに成った。極めて困難な出版事情にもかかわらず刊行をお引き受けくださった同研究所に、深く感謝する。また、表紙と各章扉のデザインの原版（組紙）を提供してくださった畏友TS氏、これをもとに装幀をデザインしてくださった大友淳史氏、並びに、校正の労をとってくださった武田信子さんにも、厚くお礼申し上げる。

著　者

目次

Ⅰ 思いがけずに

追悼文集

1

国立A大学の講座で先輩同僚だったTo先生の死を、かなり長い間私は知らなかった。例年どおり年賀状を出したが、その年は先生からの賀状は来ず、しかし、先生のことだから物忘れして出したつもりになっているのだろうくらいに思って、気にも留めずにいた。2月初めになってSu氏から、4月にTo先生を偲ぶ会を開くのでぜひおいでくださいとの案内状が届き、そこで初めて先生の死を知った。前年の11月に急死したという。Su氏は、To先生がA大に在職中、大学主催の講習会に受講生として参加した折、先生と意気投合して付き合いを深めた人で、子どもがいなかった先生はSu氏を息子のように可愛がっていた。

私をA大の専任教員に呼んでくれたのはTo先生だった。私は大学院を修了して引き続き同じ大学で助手をしていたが、当時私の指導に当たっていた教授が、科学研究費補助（日本学術振興会による研究補助）の研究代表者となって、方々の大学教授たちと共同研究をしていた折、私もその仲間に入れてもらって雑用を担当していた。A大から参加していたTo先生はそんな私をひそかに観察していたらしく、A大の教授が定年退官する後釜に私を迎えてくれたのである。そうした関係からすれば、私は偲ぶ会に誰よりも率先して出席すべき立場にあった。何よりも、先生と同じ職場で15年間を共にした私はいち早く死が伝えられ、葬儀に呼ばれなくてはならない筈だった。案内状には、To先生は平素から大げさな葬式は不要と家人に言い含めていたので、すでに近親者だけで葬儀を執り行った旨が記されていた。案内状にはまた、偲ぶ会の席で先生を追悼する冊子を配りたいので、出欠に加えて一文を寄せてもらえるかどうかも返信してほしいと書き添えてあった。

昨年夏にはひょっこり先生から電話があり、どう、元気？と、機嫌のよい声で近況を尋ねて来て、雑談に興じたばかりだったから、思いもよらぬ死を知らされて、私は呆然とした。案内状を手にしばしそのまま座り込んでいたが、ふと近くの本棚に並んでいる冊子群が目に止まり、その一揃いを取り出した。2年に一度A大が夏休みに開催していた長期講習会で受講者たちが作成した、いずれも250頁ほどの研究集録で、冊子群は、私がA大に赴任した年の夏から関わった10回分、計10冊である。この講習会はその10回目を最後に、A大では開催していない。依頼元である文部省（当時）が、講習開催地を絞るとの方針を出したことに伴うものだった。集録冊子はどれもほぼ同じ形式で、最初の頁は講習会初日に撮った受講者の集合写真、次から数頁は学長・学部長・講習主任たちの挨拶文、受講者代表の謝辞、そのあとに講習会でのスナップ写真、それに続けて、10～15の班に分かれて課題研究に取り組んだ各15頁ほどの班レポートが配置され、最後は担当した講師と受講者の名簿が掲載されている。受講者は毎回100名ほどだった。

1冊1冊を開いて挨拶文とスナップ写真を見る。講習主任だったTo先生の挨拶文は、10冊の内、先生が定年退職する年度の7冊目が最後である。そこでは、「この講習は私のA大学での最終回となります。各地で活躍している講座修了者たちにあらためて感謝と連帯の辞を送ります。歴史は前に走りますが、想いは昔に還ります。たくさんの想い出をくださってありがとうございました」と結ばれている。スナップ写真には、講習で講義や演習を担当したA大の教員たちのほか、他大学から出講してくれた講師、県教育委員会の関係課長や指導主事、種々の教育施設の職員など、講習会に関わった多方面の人たちが写っている。誰もが若々しく、楽しそうで、受講者たちもみんな笑顔である。ある頁のスナップ写真には、講習日程の中ほどで催した宴会でTo先生が受講者と盃を交わしている1枚があり、そこに、「まあ一杯!」との吹き出しが添えられている。この10冊は、A大に在職していた当時の私の、本務である教育研究以外の活動場面が収められている貴重なアルバムでもある。A大を退職してすでに4年が経ち、様々な事がらが次第に遠ざかっていく中、冊子にはそれらの記憶が鮮やかに刻印されている。

研究集録1冊1冊をゆっくりと丁寧に繰った末、しかし私はごく静かな気持ちで、偲ぶ会には欠席しようと思った。追悼文集にも一文を寄せないことにした。15年間一緒に仕事をしたTo先生の死を嘆かない筈はなく、亡くなったことを知ってたくさん涙を流しました、でも私は、みんなで寄り集まって悲しみを共にしようとは思いません、私は、私の中に深く刻まれたTo先生の姿を、これからいつまでも長く保持し続けるつもりです、だから私は偲ぶ会に出席せず、追悼文もご遠慮させて頂きます。私はSu氏宛の返信ハガキにそう書いた。折り返しSu氏から手紙が届いた。先生が誰よりもTo先生の死を悲しんでおられる様子がよくわかりました、そのことを重く受け止めます、どうぞご自愛ください、と。さらに後日、４月に予定されていた偲ぶ会は、３月の東日本大震災を配慮して中止するとの通知が来た。

2

しばらく経ってから、『To先生の想い出』と題する１５０頁ほどの追悼文集が送られて来た。偲ぶ会を開催する予定だった4月某日を発行の日付にしてあった。最初の頁には先生がベレー帽をかぶって自転車にまたがっている姿、次の頁には、先生が若い頃から愛読していた岩波文庫の『シラノ・ド・ベルジュラック』（１９５１年）の表紙写真が掲げられている。文集の発起人代表の言葉に続き、１００名をはるかに超す人たちからのメッセージが寄せられていた。83歳で逝った先生の死を誰もが悼み、先生を懐かしみ、先生から得た様々なことを大切にしていこうとする思いがこもごも語られている。Su氏は文集の後記で、自らの肩書を「故人の弟子」と記し、To先生について、「充実の人生を送りました」と総括するとともに、「東日本大震災の被災者へのお見舞いを加えさせていただきます」と結んでいた。

私をA大に呼び寄せ、赴任後は職場で何かと私を支えてくれたのはTo先生であったことを、関係者たちはよく知っている。その私がこともあろうに偲ぶ会への出席を断わり、追悼文への寄稿をも辞退したことを、関係者たちはさぞかし怪訝に思ったことだろう。恩知らずとさえ感じたかもしれない。そういうことを十分承知の上で、あえて私は列に加わらなかったのだった。文集に追悼のメッセージを寄せたゆかりの人たちは、A大の学長・名誉教授のほか、小中高校などの学校長・教員、政治家、行政関係者等、多岐にわたる。届けられた文集に目を通しながら、そうしたつながりの輪に加わらなかったことを、それで本当によかったのかと考えてみる。みんなと一緒に先生の死を悲しみ、先生を偲び、先生との想い出の一文を綴る、そうしたことをしなかったこと、先生は無礼な奴だと思っていらっしゃいますか。私はTo先生の面影に問いかける。そうだよ、親しき仲にも礼儀ありだよ、一文ぐらい書いて寄こしてもいいじゃないかと、先生は不満そうに口を尖らせるような気もするし、みんなと群れないなんて南さんらしいねえ、そこが南さんのいいとこだよ、そんなことより、A大での15年間は二人で好きなことをいっぱいやって楽しかったねえと、笑いかけてくるような気もする。

文集に加わらなかったことを、東日本大震災に対して取った自分の態度に重ねてみる。震災の直後、この国では至る所で、「がんばろう日本！」「つながろう日本！」「絆！」のスローガンが掲げられ、大勢のボランティアが被災地に駆けつけた。芸能人たちは現地に出向いて歌や楽器で被災者を慰め、スポーツ選手たちはサッカーや野球で子ども達を元気づけ、若者たちは瓦礫の撤去に汗を流した。東北出身の歌手・千昌夫がＴＶで「北国の春」を情感込めて熱唱していたのを、私も深い感動を持って見た。それぞれがそれぞれの立場とやり方で被災地と被災者に向き合い、励まし、寄り添った。

ＴＶに映し出された震災の光景に、私は胸がつぶれる衝撃を受けた。肉親の行方を懸命に捜して瓦礫の間をさまよう老夫婦の姿が映し出された時は、駆け寄って嘆きを共にしたいとの衝動に駆られもした。しかし私は、終始ＴＶの前で釘づけになるだけで何もしなかった。勤務先大学のボランティアセンターが教員や学生を次々と派遣し、被災地と被災者に手を差しのべたが、私はそうした活動にも関わらなかった。所属する学部の教授が、顧問をしている音楽サークルの学生たちを引き連れ、被災地の保育園や学校を訪れた時も、何らの役割を担わなかった。大学から旅費を支給されて被災地に赴き、被災者やその子ども達を力づけて戻って来た学生や引率教員が後日の活動報告会で、「私たちの方こそ逆に元気をもらいました」と言うのを耳にした時も、それが被災者たちの健気な姿に接して感動したことによる心の底からの真情であったに違いないにせよ、その言葉はなぜかすんなりとは私の胸に落ちなかった。

人が不幸な目に遭えば、その悲惨や無念や痛恨を共有することはできる。そうした共有の心情から、利害得失を度外視して現場に馳せ参じ、懸命に助力することは、同胞として当然の崇高な義務でもある。そのことを十分理解しながら私はしかし、その種の奔流に身を任せることがいつもなかなかできない。マスコミや論壇や所属集団は時として、人々の関心が集中しそうな場面を拡大して情緒的に取り上げ、事態の本質よりも事態の表面をもっぱら強調し、「善意」を具体的に表明するよう唆《そそのか》し煽《あお》って人々の思想と行動を方向づけ、それに同調しない者に肩身の狭い思いをさせることがある。「社会による抑圧」は、「日常生活の細部により深く浸透し、人間の魂そのものを奴隷化して、そこから逃れる手立てをほとんどなくしてしまう」（ミル『自由論』、斉藤悦則訳、光文社古典新訳文庫、２０１２年、19～20頁）。善意から出るそれらの方向指示はひょっとして、不幸な事件や事態を政治的・党派的・ムラ社会的な結束の強化に利用しようとの「裏の意図」が作用しているのではないかと、私はつい曲解してしまうのである。

不幸に見舞われた者を憐れむのは人間の本性だという趣旨のことを言ったのはJ・J・ルソー（『人間不平等起原論』、本田喜代治・平岡昇訳、岩波文庫）、他人が苦しんでいることに対する同情こそ道徳的行為の基礎をなす反応だと言ったのはJ・ロールズ（『公正としての正義』、田中成明編訳、木鐸社）、他者に対する善意には限りがあると言ったのはH・L・A・ハートだった（『法の概念』、矢崎光圀訳、みすず書房）。他人の不幸や苦痛に対する憐憫や同情や善意や限界についてのこれら言説を想起しつつ、自らを省みて私は、あの大震災に際して多くの人たちと共に献身的な行動に出なかったことに大きな引け目を感じるが、これをめぐっては私なりにひそかに葛藤もしていた。何かし（てあげ）なければと思いながら、仮に何かをすることができたとしても、それは一時的なものに終わって長続きしそうにない気がして、そんなことなら初めからやらない方がいいという内なる「悪魔の声」が一方にあり、他方で、長続きなどしなくても目の前に不幸があるなら、それを何とかしようと力を尽くすことこそ人間ではないかという内なる「天使の声」があったのである。しかし「天使の声」は私の中で優勢にならなかった。被災地や被災者やボランティアに対する私のこの態度は、人間としての憐れみの本性も道徳的基礎も、限定的な善意さえをも持ち合わせていないとして、世間から非難されるだろう。

私は今日に至るまで格別の支援活動をしていないが、あの悲惨な大震災を深く自分の中に留め、被災者たちとその記憶を共にし続けようとは思う。とはいえ、それを具体的にどんな形で表現すればよいのか、私にはわからない。震災から2年ほど経って、被災市の教育委員会から現職教員を対象とした講演を依頼されたことがあるが、講演の中で私は、大変でしたねとか頑張ってくださいといった類の慰め・激励はあえて口にせず、与えられたテーマについてのみ話した。因みに、その折の旅費・宿泊費・講演謝金等は一切受け取らなかった。しかしこの無償行為も、所詮は当時社会を覆っていた空気に影響されての「慈善」ないしは「自己満足」に過ぎなかったような気がする。ある日突然災害に見舞われるかもしれない危険は誰にもある。それは決して他人事ではない。不幸にしてそれに遭遇してしまった人々に、私は個人として、被災地と被災者は今どうしているかを気遣い続けること以外に、一体何をすべく、何ができるだろうか。

To先生の偲ぶ会への出席案内や追悼文集への寄稿依頼に乗らなかったのは、大震災に際しても特に何もしようとしなかった私の「非国民」的な性向のなせるわざなのかもしれない。

私が住むマンションの近くに、かつてTo先生が住んでいた10階建てのマンションがある。以前と同じたたずまいのそこを通るたびに、To先生との日々を思い出す。「歴史は前に走りますが、想いは昔に還ります」。残された奥方たち親族は別として、先生とゆかりがあった人たちは、先生をどのように偲んでいるだろうか。追悼文集に寄稿してみんなと悲しみを共有することはしませんでしたが、それで区切りをつけなかったからこそ今なお先生のことを考え続けることができています。私は先生にそう語りかけるのである。

3

A大で1年おきに、主に現職教員を対象として開催していた講習会は、夏休みを利用して約40日間行われ、修了すると受講者には特定の資格が与えられた。その資格を取得すると、しばらくして学校から教育委員会事務局に異動し、あるいは学校外の教育機関に勤務して、やがて教頭や校長になって学校に戻るという例が多く、講習会は教員のいわば出世コースの一環に位置づけられていた観があった。To先生は、講習会で取得した資格はそれ自体独立した高い専門性に関わるものなのだから、教員のキャリアコースに位置づけるべきではないと批判的だったが、講習会の実施そのものは楽しくやることに徹した。むしろ先生は、本務である授業や学内の各種委員会の仕事などよりも、講習会に大きなエネルギーを注いでいた。講習会は開催の前年度の12月頃に文部省から依頼通知があるのが通例だったが、その時期になると先生は、嬉しそうにしばしば私を研究室に呼び寄せ、日程の調整や講義計画や誰を講師に頼むかを打ち合わせようと言う。まだ依頼が来ていないから早すぎますよと私は口に出しそうになるが、講習会が先生の重要な「生きがい」であることを知っているから、先生の浮き浮きペースに調子を合わせる。

To先生は海軍兵学校に在籍し、在籍中に敗戦を迎え、後に旧制高校に進学して、さらに大学に進んだ。何年かに一度の間隔で兵学校の同期会が開かれるのだそうで、時々その様子を話して聞かせてくれた。「第一軍装」で出席する奴がいてねなどと、少し誇らしげに語ることもあったが、軍隊はよかったなどとは決して言わなかった。食事の時は隣の席に座った奴の方がご飯の盛りが多いように見えるから、取り替えてくれと頼むんだ、ところが取り替えて隣の奴と比べてみると、取り替える前の自分の方が盛りが多いように見えて、やっぱりやめたと取り返す、いじましいもんだよ。先生が何事も楽しくやろうとするのは、戦地に向かうことなく敗戦となって「命拾い」をし、「いじましい場所」から逃れたせいかもしれなかった。

いつだったか新幹線の中で、特攻隊の生き残りと称する老人と席が隣合わせになったことがある。出撃の直前に敗戦となったために死なないで済んだと話してくれた。がっしりとした体格でいかにも精悍な感じの残る人物だったが、車内で買い求めた弁当を床に転がり落とし、おっとっととあわててそれを拾い上げる格好が、周囲の乗客の笑いを誘った。死んだ仲間には本当に申し訳ないが、こうして生き長らえたのだから、せめて旨い物を腹いっぱい食べようと思っているんだ、それが死んだ仲間への供養だ。そう言って老人は、恥ずかしがるふうもなく拾い上げた弁当を広げ、車内をゆっくり見回しながら食べ始めた。実に堂々としていた。彼の天真爛漫は一体どこから来ているのだろうか。特攻隊員として「死に損なった」者の苦悩は計り知れないほど大きく、幼児期に敗戦を迎えて戦争体験らしいものがない私などには、その苦悩のほどを到底理解できないが、生きて帰って来て旨い物をたらふく食べようと決めた悲痛な開き直りをなじることなど、誰にもできないという気がする。To先生が何事も楽しくやろうとしたのも、これと同じ決意に基づくものだったのだと思う。

講習会の内容は、科目も単位数も省令で定められており、私たちは勿論それに沿ったカリキュラムを組むのだが、その範囲内で具体的な科目を誰に担当してもらうかは、講習を開催する大学の裁量だった。担当講師を決めるのはTo先生の2年に一度の大きな楽しみだった。あちこちの大学や教育機関・行政機関などに在職している知人、すでに悠々自適の生活をしている昔の仲間にも声をかけて出講を依頼する。依頼の電話をかけて久方ぶりのおしゃべりをする。都合がつかなくて先方が断わっても、そんなことは二の次で、よもやまの話をするのが楽しくて仕方がないのだった。ある年の講習会では、かつて治安維持法にふれて収監されたことのある人に講師を頼んだことがある。先方が、自分は前科者だよと遠慮すると、なあに名誉ある勲章だとTo先生は意に介さず、結局その人はその夏、受講者を前に魅力的な講義をしてくれた。

受講者約100名の内訳は、関係する三つの県の間での事前の申し合わせに基づき、地元の県から50%、他の2県からそれぞれ25%である。県外からの受講者の多くは泊まりがけで参加する。長期にわたる講習のため、女性の受講者は例年少ないが、To先生は女性受講者を増やすことにこだわった。「男女共同参画」などというタームがまだ普及していなかった時から先生は、男が社会でのさばることを鋭く批判していて、そうさせまいと種々努力していた。教委も先生の意を汲み取り、その効あって、A大での当該講習会には、他大学でのそれより多くの女性たちが参加していた。

講習会は、国から必要な経費が支出され、加えて受講者からは一人当たり相当額の費用を徴収するから、ひと夏で数百万円が動くイベントだった。これからすれば、講習は、その内容も経理も、当局の厳格な管理の下に置かれるべきものであったが、事後の決算や報告はともかくとして、実際の運営は、開催する大学ごとにバラエティに富んでいた。講習終了後に各研究班から集録編集委員が集まり、温泉地の旅館に泊まり込んで編集作業をするときの費用も、事務方は、「報告書作成」といった項目のもとに支出していたようだった。

Ａ大では、講習日程の中ほどで行う暑気払いを兼ねた宴会と、講習を締めくくる4泊5日の合宿、そして合宿最終日の夜の打ち上げパーティを特色とした。To先生は講習会初日のオリエンテーションの席で開口一番、宴会とパーティで各班が何を出し物にするか今から工夫を凝らすようにと強く要求するので、その後の出し物の競い合いはなかなかのものだった。休み時間ともなるとキャンパスのあちこちでグループが出し物の稽古をする。それがいつしかエスカレートして、稽古の合間に講習を受けるといった風情となる。真夏の太陽が照りつける中、キャンパスの芝生で現職教員たちが大声で歌ったり踊ったり、時には手作りの派手な揃いの衣装を試着したりして練習する光景を、夏休みに登校して来る学生たちは遠くから珍しそうに眺めていた。

4

To先生が亡くなって3年ほど経った夏のある暑い日、出張に出向く途中、自宅近くのＪＲ駅でＡ大時代の同僚にばったり出会った。当時は准教授だったが、今は教授だという。工芸が専門で、夏の講習会では彼にも講義を依頼し、「美を学ぶ」を担当してもらったことがある。その日は電車で1時間ほどの駅の近くにある文化会館へ行って、高齢者のためのカルチャー教室で木工の指導をするとのことだった。無精ひげを生やし、皺のよったシャツにノーネクタイ、スニーカーを履いてザックを背負っていた。やあ南先生お久しぶりです、どちらへ？　うん、公用の出張でね。そうですか、今どちらにお勤めなんですか。C大にいるよ。あれ？ B大じゃなかったんですか。いろいろあってね、B大は2年でいとま乞いしました。いやあ知りませんでした。

五つ先の途中駅まで、お互いに代わる代わる沢山のことを早口で報告し合う。最近はA大もけっこう大変でしてね、給料も研究費も年々減るし、教員が辞めてもその補充は学長預かりでストップされるし、いいことないです、そりゃそうと、今度選ばれた新学部長は、以前は文部科学省の方針に断固反対だったのに、いざ学部長になったら軟化して、学部の緊縮財政の実施にも積極的で、みんな驚いているんです。ああ彼ね、組合のリーダーをやっていたね。そうです彼です、支持者たちが必死で選挙戦を闘って対立候補に競り勝ったんですが、あの人たちは野党のままの方がよかったんじゃないかなあ、与党になったら思いもよらない現状維持に走っているんですからねえ、学部のそういう空気に落胆して辞めた教員もいる始末です、今年度いっぱいで英語の先生が私学に転出するっていう噂もあります。——というところで私が下車する駅に着いた。じゃあまた、A大の皆さんによろしく伝えてくださいと言って、私は乗り換えホームに向かう。教授はにこやかに片手を高く挙げた。

帰宅したこの日の晩、To先生が講習会の主任を務めて作成に関わった7冊の集録を取り出して眺めた。1冊目は私がA大に赴任した年の夏休みに講習会が実施された時のものである。To先生は50歳、私は35歳だった。スナップ写真に写っている二人はともに若々しい。附属図書館に入ろうとするとカウンターの職員から、学生証の提示をお願いしますと間違われるほど私は当時まだ若僧だったし、To先生にしても、教授に昇任したばかりで張り切っていて、講座に新しくやって来た「部下」の私をしょっちゅう県内の山や湖や森や温泉に連れ出しては、行く先々で自分の研究・教育の計画を雄弁に語った。集録に収められているスナップ写真のどれもがその当時の二人のエネルギーと意気込みを留めている。7冊目はTo先生の定年退官の年、最後に主任を務めた時の冊子である。集録編集委員たち10余名とTo先生それに私が、講習会終了1ケ月後に、温泉旅館に泊まり込んで作成したものである。編集後記には、「編集委員会2日目、To先生は誰よりも早く起きてひと風呂浴びて、それから近くの川の遊歩道を悠然と散歩していました」と記されている。

Su氏から届いた追悼文集も取り出して頁をめくる。「想えば彼の人生は、昭和期の国策の下に教育を受け、激動とともに生き、その多難な体験を糧に、戦後の若者たちに自由な人間のあるべき姿と生き方を説き伝えていくという、まことに貴重なものであった」と、旧制高校時代の同級生は書いている。追悼文の中には、「To教授はこの研究分野を最初に切り拓いた人である」との一文もある。亡き人に対して敬意を表したものではあろうが、To先生の「研究分野」は私の印象では、「学問的」にはさほど学界にインパクトを与えた形跡はなさそうだった。先生の文はユーモアに溢れていて流暢で、坪内逍遙が『小説神髄』の中で言うところの「艸冊子《くさぞうし》体」の雰囲気があり、「学術論文」としてはいささか異色だった。しかし先生の、形式や規則や先例や権威などにとらわれず、誰をも平等に扱い、誰とでも親しく付き合っていた生きざまを背景として書かれた論文は、そうしたありきたりの「アカデミック」な評価などを許さない、あるいはそうしたものを厳として拒むものでもあった。

先生とさる温泉地に遊びに行った折、公営の駐車場が、平日で満杯でもないのに入口を閉鎖していたので、先生がなぜですかと管理人に尋ねる。きょうは県の偉い人たちがおいでになっているので一般のお客さんの入庫を遠慮してもらっているんですと係の男性が答える。先生は突然烈火の如く怒り出し、公営ともあろう駐車場に一般人を入れないとは何事か、県の偉い人たちが誰だか知らないが、われわれ県民も偉いのだと一喝して入庫を果たしたことがあった。人は誰でもみんな偉いのだ、特別扱いされるべき者などこの世にいないのだという信念が、その一喝の根底には込められていた。しかつめらしい「学術論文」をものして他を「差別化」し、他に抜きん出て偉ぶろうなどとしなかったTo先生の面目躍如たる場面だった。

5

A大に赴任した頃、私の前任者だったMa名誉教授とTo先生と3人で、よく温泉やハイキングに出かけた。大学を見る社会の目はその当時まださほど厳しくなく、大学自身もずいぶんとおおらかで、授業を休講にして遊びに出かけるようなことがあっても、とがめる者はいなかった。それをよいことに私たちは、時々示し合わせて、ボディにガムテープが貼ってあるTo先生のボロ自家用車に乗ってドライブに興じたり、郷土料理に舌鼓を打ったりした。Ma名誉教授、To教授、それに新任講師の私、それぞれ15歳ずつ年が離れていて、無邪気で気の合う遊び仲間だった。

県を一つ越えた市に奥方のいる自宅があったTo先生は、大学から数キロ離れたマンションを借りて住み、自宅に帰る週末を除いて、平日はそこから出勤していた。先生は、マンションの隣の公民館で開催されていた「男子厨房に入ろう会」なる講座に出入りして料理を覚えては、私にその腕前を披露することが一再ならずあった。これはね、ゆうべ苦労しながら仕上げた芋の煮っころがしだよ、講師の先生から味がしみていて美味しくできたねと褒められたよと言って、得意そうに盛り付けを差し出す。あまり上出来とは言えない料理をご馳走になりながら、職場のこと、家族のこと、人生のあれこれを夜遅くまで話し込んだものだった。

To先生がA大を定年退職した翌年、Ma名誉教授が81歳で亡くなった。私は赴任後しばしばMa先生を訪ね、講座を受け継ぐ後任教員としての心構えなどについて教えを乞うた。戦時中は戦地で陸軍司政官を務めた経歴を持ち、剣道の達人でもあった長身のMa先生は、背筋が伸びて毅然としていたが、捨て猫を何匹も拾って来て飼い、夫妻で可愛がっていた。茶太郎、茶次郎、茶三郎、茶四郎というのが猫たちの名だった。

大学は、多くの学生や教職員が集い、長短の差はあれしばしそこに留まって研究・教育や喜怒哀楽を共にし、やがて入れ替わる場である。Ma先生の後任として赴任した私も、年を重ねてA大を去り、私の後に赴任した教員も数年経って他大学に転出したが、さらにその後任が誰であるかを、私はもはや知らない。かつてTo先生と並んで腰かけ、春は満開のソメイヨシノ、秋は紅葉が風にそよぐ傍らでおしゃべりに興じたキャンパスのベンチでは今、私たちより遅れてやって来た教職員や学生たちが談笑する。彼らがA大を去った後も、また新たな世代の同様の営みがくり返されるだろう。大学はそのようにして存続し繁栄し、あるいは衰退し消滅する。Ma先生やTo先生や私が行き交った痕跡は、もとより大学の正史に書き記されることなどないが、しかし人知れずA大キャンパスのあちこちにしみ込んでいる。

『シラノ・ド・ベルジュラック』の中で、哲学者たり、理学者たり、詩人、剣客、音楽家、はたまた天界の旅行者にして、打てば響く毒舌の名人、さてはまた私心なき恋愛の殉教者シラノは、逝く直前に独白する。

「落葉か！
「美しく散って行くなあ！　樹の枝から土までの短い旅だが、末期《まつご》の美しさを忘れないのが実に佳い、地に堕《お》ちて朽ちる恐れも何かは、散り行く命に飛翔《ひしょう》の栄《はえ》あれと云う心だなあ！
「俺の生涯は人に糧《かて》を与えて――自らは忘れられる生涯なのだ！

（エドモン・ロスタン『シラノ・ド・ベルジュラック』、辰野隆・鈴木信太郎訳、

岩波文庫、１９９０年、２８３頁、２９２頁）

都会の私立大学から地方の国立A大学に移って充実の日々を送っていた円熟期のTo先生と15年間を共に過ごした私は、先生が学生や周囲の人たちに、自由で尊厳ある人間の生き方を説き続け、それを自らの身をもって示すのを、間近で見ていた。反骨にして自由人、論客にして私心がなかったTo先生は、シラノを愛読するにふさわしい人だった。

転出

1

A大在職中は、大学とは何かなどということを特に意識することもなく過ごしていたが、自らに関連させて大学のありようを考えることになったのは、定年退職1年前にA大を辞めて私立B大学に転出してからである。B大は私に、大学は何をすべきなのか、何をすべきでないのか等を、自分の問題として考えるきっかけを与えてくれた職場だった。

B大の理事長兼学長は、教育に並々ならぬ熱意と信念を有し、自著で精力的に「あるべき大学」論を展開していた。国際的に通用する教育を行うことが国家にとって最重要だという持論の延長で、かねてから教員養成系の学部を作りたかったようであるが、なかなかその機会を得られなかったところ、政府が大学についても規制緩和策をとったことで状況が変わり、それを追い風にして念願の教員養成系学部の新設を実現した。B大にはすでに複数の学部があったので、各学部から関係教員を何人か配置転換させ、外部からも新たに教員を採用して、「認可申請」ではなく「届出申請」の方法で開設した。「届出申請」は、既存の学部・学科を改組して元の学部・学科と関連のある学部・学科を増設するような場合に利用される申請方式で、白紙の状態から学部・学科を設置する場合の認可申請に比べ、審査がさほど厳格ではないらしかった。

定年前で申し訳ないがB大に赴任してくれないかと「引き抜き」に訪れたのは、私より3年ほど早くA大を定年退職し、隣県に所在するB大の副学長に就任していたSa先生だった。あと1年半ほどでA大を定年退職することになっていた年の初夏、Sa先生がひょっこり研究室を訪ねて来た。お久しぶりです、お元気そうですね、きょうは一体どんな風の吹き回しでしょうかと、私は研究室のあまり上等でないお茶を勧める。南さんもあと少しで定年ですねえ。そうなんです、退職したら郷里に戻ります、戻ったら町内会の役員にさせられるようですよ。そう言うと先生は少し身を乗り出して、その事なんだけどね南さん、と口調を改めた。

B大は、比較的新しい大学だった。キャンパスは、児童数が減って閉鎖された公立小学校の校地を譲り受け、近隣に広がる農地を買い足して整備していた。鋭敏な経営感覚の持ち主だった創立者が手腕を発揮して開設時から順調に滑り出し、卒業生の就職も毎年極めて良好だった。Sa副学長が持参したカラフルで分厚い大学案内には、レンガ仕立ての校舎、緑豊かな庭園、床が鏡のように磨き上げられたロビー、高い天窓から燦々と陽が降り注ぐ食堂、書物を潤沢に揃えた図書館をはじめ、キャンパスでの団欒、サークル活動や授業風景、卒業生の就職先での活躍ぶりなど、魅力的な諸場面が写真やイラストなどで豊富に紹介されている。それでね南さん、文科省に申請して来年4月に新しい学部を設置することになっていて、赴任する教員はほとんど決まっているんですが、肝心の学部長適任者が見つからないのですよ、で、定年前で大変申し訳ないのですが、何とかおいで頂けないだろうかと思ってご相談にお伺いしたわけなんです。A大で教員養成学部長等を歴任した私をB大の新設学部の長に据えて陣容を整えようというわけだった。

降ってわいた勧誘に私は戸惑い、とっさに何と答えたらよいかわからず、とりあえずは、いつまでにご返事すればいいのですかと聞く。届出だから設置が認められるのはほぼ確実なんだが、学部長予定者の氏名と経歴を早急に提出しなければならないので、今月末あたりまでに返事をもらえると助かる。Sa先生はきっと私が承諾するに違いないと自分で決め込んでいるようだった。A大では所属する学部は違っていたが、会議などで接触する機会が多くて気心知れた元同僚のSa先生の依頼に、できれば応えたいという思い、しかし一方で、国立大学法人となったばかりのA大がこれからどのような道をたどっていくかを定年の日まで見届けたいという思い、同時に反面、私立大学に一度は勤めてみたいという好奇心、他方また、定年前に自己都合で退職すると退職金が大幅に減額されることの損得計算等々、それらが目まぐるしく頭の中を駆けめぐる。しかし、ともかく先方は急いでいる。短時日の内に決断しなければならない羽目に突然陥ったわけである。学長ってどんな人ですか。うん、彼ね、理事長も兼ねているオーナーで、教員たちには学長の方針に従った教育方法で授業を実践するよう強く求めているせいで、みんなかなり緊張しているが、でも彼はなかなかの好人物だよ。じゃあ先生、学長に会わせてくださいますか。

数日後、私はB大に出向いた。講義棟の周辺は広々とした芝生が整備され、正門は凝った造りだった。お待ちしておりましたと、黒いスーツの女性職員が玄関で丁重に出迎え、理事長室に案内する。理事長室は土足をご遠慮頂いておりますと女性職員に言われ、入口の前で靴を脱ぐ。赤い絨毯が敷きつめられた部屋に入ると、背の高い痩身の、還暦前後と見受けられる男性が両手を大きく広げて、やあどうぞと、ソファに座るよう手招きする。私はね、この国の大学は学生にろくなことを教えていないと思っているのですよ、教員は不勉強で、不勉強なくせに役にも立たない授業をだらだら進めているだけです、こんなことでは日本の大学はそのうち国際社会から置いてきぼりにされる、私はそういう状況を改めようと思って大学を作ったのですよ。学長はソファにゆったりと腰を下ろして両脚を組み、テーブルを挟んで向かい合うとすぐに、体つきには似合わない太い声で、建学のいきさつと抱負を語る。人を育てるということが何よりも大切です、それが国家を栄えさせる基本です、そう考えて小中高の先生を養成する学部を開設することにしました、先生のことは副学長からお聞きしております、ぜひこれまでのご経験を存分に生かして新学部で活躍して頂きたいのです。理事長兼学長にはどこか人を惹きつける独特な魅力があった。床には背の高さほどもあるどっしりとした陶製の壺が複数並べて置かれ、金色のシャンデリア、そして重厚な造りの執務机と書棚が据えられている。面談は、見るからにエネルギッシュな理事長兼学長の大学論・教育論を聞くことに終始した。

面談の翌日、私はSa先生に電話して、理事長室の豪華なこと、学長から熱弁の集中砲火を浴びたことなどを述べた。学長は自分の理想を誰かに披瀝したくって仕方がないんだ、純粋で誇り高い情熱家なんだろうね、でも学長は月に1、2回大学に来るだけだから、年がら年中そういう話を聞かされているわけではない、日常的な業務は副学長の私が取り仕切っているし、そう窮屈な思いをすることはないよ。Sa先生は私を安心させようとする。まあそんなに居心地のいい職場というわけでもないが、職場なんてどこでも多かれ少なかれそんなもんだよ、また同僚になって一緒に仕事しようと、先生は私をしきりに転出させようとする。

A大で実習委員長になった頃から私の所には実習助手の一人が出入りしていて、私を話し易い相手だと感じたのか、仕事や研究のことで何かと相談に訪れていた。A大の教員養成学部では、実習助手が講師—准教授—教授と昇任するルートが開かれていなかったが、彼は研究職に就くことを強く望んでいて、私も彼の能力を高く評価していたので、機会があったら何とかしてあげたいと考えていた。そこで私は、面談の数日後、理事長におずおずと、実習助手を講師として雇って頂けないでしょうかと電話で尋ねた。承知しました、お揃いでお迎えしましょうと、理事長は即座に応じた。国立大学ではおよそ考えられないことであったが、この即決が私をB大になびかせた。隣県に所在するB大は私が住んでいる場所からさほど遠くなく、A大とあまり違わない時間で通勤できそうでもあった。

生きていると種々思いがけないことに出くわす、だから人生は楽しくもあり面白くもあり、不安定で危うくもある。しかしもう若くはないのだから少々の事が起きてもいいやという気分になりつつあった。A大に留まって法人化後の状況を見届けるとしてもせいぜいあと1年半余り、それを見届けたところで別段どうなるものでもない。だとしたら、A大を飛び出して成り行きに任せるのも一興だ、そう思える年齢になっていた。目標を立てて計画的に事を進めるというのは若い時代の処世訓で、学生たちにも平素そう言い聞かせているが、同時に、計画どおりに事は運ばないものだとも付け加えている。物事は、計画を立てて進めるのが能率的ではあるけれども、成り行きに委ねるしかない面もある。こうして私は、本来は決断に時間がかかる優柔な性分だったのだが、限られた期間の中で、考えるべき多くの事がらを中途半端にしたまま、半ば好奇心にも駆られて、約束した月末に「引き抜き」を受け入れ、転出を決めて、Sa副学長にその旨返答した。予想もしていなかった進路変更を予想もしていなかった時期にあえて果たしたのは、敬愛するSa先生の誘いだったのだと、いい加減年を取っていたことによる。

2

転出することになった年の3月中旬、新年度からの着任予定者がB大に召集された。教員だけでなく事務職に就く者も含め、数十人が会議室に集合した。理事長兼学長が本学の理念・方針を伝え、新任者に事前研修を行うというのが趣旨だった。どんな学生でもやる気さえある者なら全て受け入れ、彼らをしっかり教育して一人前に育て上げ、希望する所に就職させて立派な社会人にするのが本学の目的です、そのためにはそれにふさわしい方法で学生たちを鍛えなければなりません、これまでの日本の大学は、教授センセイが好き勝手なことを一方的にしゃべり、学生には暗記を強制するだけで、学生の立場に立つという努力を怠ってきましたが、本学は学生さんを丁重に扱い、授業料に見合った教育効果を上げるべく、楽しくて活動的で、学生たちが納得できるような、ためになる授業を実践することをモットーとしているのです。理事長兼学長は説得力のある口調で、B大の理念と自らの大学論を力説した。会議室には事務職員が何人か控え、男女いずれも黒のスーツを着用していた。

ではこれから本学の教育方法を実際にやってみますので、皆さんは学生になったつもりで臨んでください、皆さんが赴任されたら全ての授業をこの方法でやって頂きます、本学では事務職員も必要に応じて、学内研修と学生の教育にいろいろな形で携わることがあるので、全員にこの方法をマスターして頂きます。理事長兼学長がそう締めくくると、控えていた職員たちが一斉に室内に散り、参加者全員に理事長兼学長の著書を配って、指定した頁を開くよう指示する。頁を開くと、「机間巡視」している事務職員が出席者の一人に、ではこの段落を音読してくださいと言う。当てられた年配の男性は、突然の指名に戸惑いながら読み始める。職員が、すみません、皆さんに聞こえるようにもう少し大きな声でお願いしますと注意する。読み終わると理事長兼学長が、学生さんにはテキストや資料を音読させるのです、そして大切なことは、指名して学生さんに読ませたり発言させたりしたら、そのあとで褒めてあげることです、そうすることで学生さんに自己肯定感と達成感を味わわせ、さらにやる気を起こさせるのです、誰でも褒められると嬉しいものです、褒められてやる気を起こせば、学生は大きな力を発揮するのです、そのためにも授業は、学生に読ませたり発言させたりグループ討議をさせたり、要するに教員と双方向でアクティブに進めなければなりません、アクティブな授業を通して学生が自分の頭で考え、自分の言葉で表現し、行動に移す積極性を身につけるようにすることが大切です、そうして授業は楽しいものでなくてはなりませんし、役に立つものでなければなりません、教授センセイが得意なことだけを一方的にしゃべって教え込むというやり方は、いい加減にやめなければなりません。

学生に音読させる意味や活動的で楽しい授業の大切さなど、理事長兼学長は自著で展開している主張を詳細に敷衍し、参加者を順に指名して音読させながら、数十頁にわたる当該章を読了した。この著書は今後も学内研修でテキストとして使うので、常に携帯するようお願いしますと、司会の教学課長が言い添える。春のうららかなこの日、新任予定者研修は、午後1時に開始して暗くなるまで続いた。

この大学でうまくやっていけるだろうか。大学教育に強い熱意を燃やし、自らの教授方法に不動の信念を持っている理事長兼学長、この職場に勤めていることに限りない誇りを感じているらしい研修会進行役の教学課長、きびきびと動く事務職員、……これまでついぞ出会ったことのない光景を目の当たりにして、不安がよぎる。しかし、A大にはすでに退職願を提出して受理され、手続は最終段階まで進んでいる。もう間に合わない。赴任するしかない。「うらうらに照れる春日《はるひ》に雲雀《ひばり》あがり情悲《こころかな》しも獨しおもへば」とは、大伴家持の一首である（佐佐木信綱編『新訂　新訓・万葉集（下巻）』、岩波文庫、1998年、295頁）。定年を1年早め、29年間を過ごしたA大を辞し、4月から見も知らぬ私学に身を移すことを独り思うとき、うらうらに照るこの日、少なからず気がふさぐものがあった。

3

届出申請方式で開設したB大の教員養成学部の教員スタッフは、教員審査が比較的厳格でなかったこともあってか、理事長兼学長の意向を色濃く踏まえた構成のように見受けられた。従来の大学教員に対する彼の不信ないしはある種の軽蔑、学生を一人でも多く教員採用試験に合格させ、即戦力豊かな教師を現場に立たせ、そうすることで大学に対する評価と信頼を高めようとの考えからであろう、開設に際して学部に呼ばれたのは、小中高校の校長や教育委員会の指導主事などの実務経験者が多く、他は、B大の既設学部から配転になった者と国立大学の教員養成学部を定年退職した者、それに若干の、大学院を修了して間もない若手教員たちだった。必要なところには金を惜しまないという経営方針を反映して、新学部に招聘した教員の数はかなりなものだった。実務家教員・研究者教員ともにベテランが多いところから、教員の平均年齢は相当高いのではないかとの印象を受けた。

４月の辞令交付式で偶然にも、学部時代の同級生Kaと一緒になった。卒業した後は年賀状を出したり出さなかったりする程度だったが、40余年ぶりの再会となった。この春定年退職したんだけど、人を介してここに赴任することになってねと、Kaは交付式の隣席で手短に話した。彼は浪人していたので、私より1年早く65歳の定年に達していたのである。３月の新任者研修会では見かけなかったなと私が言うと、別の用事があって参加できなかったんだと答えた。熟考を重ねた末にB大を選んだわけでなく、ある日突然の「引き抜き」に遭遇して赴任したことに若干の後悔を引きずっていただけに、彼と同僚となったのは大きな喜びだった。Kaは学部時代、自治会の幹部をしていて筋金入りの左翼運動家だった。

学部の開設に際しての内部組織は何も整っていなかったので、新学年が始まると早速、Kaをはじめとして大学での教職経験がある教授たちと相談しながら、学部の中に教務委員会、学生委員会、地域貢献委員会その他の委員会を設け、それぞれ何人かの教員を委嘱・配置した。新設学部をできるだけスムーズに運営していけるよう、各委員長はとりあえず大学での経験を有する教授を充てたが、大学での経験者がわずかだったため、小中高や教委で実務に携わってきた教授に委員長を担当してもらうことにした委員会も幾つかあった。学部が発足したばかりでやるべき仕事は山積していたから、教授会は当面毎週開催することとし、各委員会も頻繁に開くよう求めた。実務家教授たちは、担当することになった委員会で何をするのか勝手がよくわからない様子だった。

赴任してから何かの機会に事務局長が、実務家教授たちの業績一覧を見せてくれたことがある。校内研修冊子に同僚と共同執筆した授業記録とか、担任したクラスで発行した学級通信の綴り、教委主催の研修会で講師を依頼された際のレジュメといった類のものが添付されており、いずれも相当な分量だった。本学部にお呼びした実務家の先生方はどなたも教育現場での経験が豊富で優秀な人材ばかりですと、局長は誇らしげに言った。4月の第一回教授会の席で各自に自己紹介をしてもらった折の実務家教授たちの専門分野は、学校経営・生徒指導・特別活動に集中していた。

この年は、教育職員免許法の改正で教員免許の有効期間を10年にしたことに伴い、「教員免許更新講習」を試行することになっていた。何事も他に先んじることが大切であるとする大学本部からの要請に基づき、発足したばかりの本学部でもこの年の夏休み、講習を実施することになった。更新講習は必修領域と選択領域から成り、開講時間数も決められていたが、その内容は、政策の動向や学習指導要領など範囲が規則で詳細に指定されている。更新講習を通して教育政策を現場教員たちに周知徹底していくことが講習の主たる目的であることが窺い知れる。こうしたことから更新講習をめぐっては制度設計の当初から、各方面で少なからぬ疑問や異議が出され、元左翼のKaなども当然のことながら導入・実施に消極的だったが、学生時代からノンポリで「穏健派」の私は、こういうことに積極的に協力することも私学が生き残る方策だからとKaを説得した。率先して政策の流れに乗ることが弱小のローカル大学では不可欠かつ有益であることを、私はA大での学部長経験から、身をもって学習していた。オレももうだいぶ年を取ったからね、あんまりイチャモンはつけないことにするよと言って、Kaはしぶしぶ説得を受け入れ、講義も引き受けた。

更新講習は地域へのサービスの一環だと考え、講習プログラムは社会貢献委員会に立案してもらうことにした。地域との連携協力という観点から、この委員会の長には地元出身の実務家教授を充てていた。しばらくして委員長が実施案を持参してきたが、必修領域・選択領域ともに、教育現場の実践報告会のような内容だった。私は、更新講習は大学で実施するのだから、現職教員の研修という要素を生かしながらも、担当者の専門性をできるだけ発揮できるものにする必要があるのではないか、と再考を求めた。これ以上の案は考えられません、お気に召さなければこの案は破り捨ててくださって結構ですと、元小学校長の委員長は不機嫌に腕組みした。

実務家教授たちは、教育現場で豊富な経験を積んできたという自負に溢れ、精力的でもあった。授業方法もよく工夫し、学生たちの注意を惹きつける術も十分心得ていた。ある日、研究室から赤と白の団扇をぎっしり詰め込んだ篭を提げて講義室に向かう教授がいたので、面白そうですね、それ何に使うのですかと聞くと、学生たちにこれを持たせて、賛成か反対かを問う際に賛成の場合は白、反対の場合は赤を掲げてもらうんです、学生たちはけっこう楽しそうに乗ってくるんですよと教授は言った。

夏休みを過ぎた頃になると、しかし、校長や指導主事を経験した先生たちの授業はそれなりにわかり易くて面白いですけど、同じことのくり返しか、自分の過去の栄光をくどくど話すことが多いです、授業を始める前にいつも、起立、礼！って号令をかけるんです、などと、あれこれ事細かに言いつけにやって来る学生が現れるようになった。道徳教育の△△先生の研究室って、壁やテーブルに絵とか置物とかをいっぱい並べてあってとっても賑やかです、小学校や中学校からいらっしゃったほかの先生たちも、研究室をいろいろ飾って楽しんでいるみたいです、とも教えてくれた。

4

A大でもオープンキャンパスや出前授業（大学の教員が高校などに出向いて大学での授業をやって見せること）などのイベントを実施し、受験生を確保する「営業活動」を試みていたが、さほど切羽つまっていたわけでも大規模でもなかった。国立大学だから受験生は相当数応募して来る筈だという慢心めいたものがそこにはあった。しかし新興の私立B大学にあってはそうではなかった。受験生を集めるための営業活動は、質量ともにA大の比ではなかった。オープンキャンパスや出前授業は、大学を知ってもらうための絶好の機会として最大限に利活用するほか、入試広報課には高等学校長を退職した人が複数配置され、各学部の特任教授を兼ねて授業を担当する傍ら、特定エリアを受け持ち、地域の高校や中等教育学校を定期的に訪問して、生徒たちに本学を受験するよう勧めてほしいと進路指導の教師に頼んで回っていた。県の高校長会の会長等を歴任した特任教授は、かなりの好条件で待遇されているようだった。

県立職業高校の校長を退職して本学に赴任した特任教授に同行して高校訪問をしたことがある。うちの大学は発足してまだ間がなくて、県内でも評価が定まっていないから、校長たちは様子見のところがあるんです、就職率は確かに全国有数ですが就職先の企業はいまいちの所が多いし、非正規社員として雇われる例も少なくないので、保護者も進路指導教員も考えあぐねていましてね。白髪の元高校長は車を運転しながら、他人事のような口調で話した。視線は勤務先にではなく、別の所に向けられているようだった。私ね、仏像彫刻に凝っていましてね、最近菩薩像に挑戦しているのですが、なかなか奥が深いですよ。訪問した高校の一つは指折りの「教育困難校」だった。そこの校長とはかねて親しい仲らしく、やあやあと言葉を交わして校長室でお茶をすすりながら世間話に熱中した。帰りがけに一言、進学希望の生徒はいるかい？と校長に聞く。あんまりいないねえ。そうだろうなあ、じゃあ、まあよろしく。私自身は訪問校の校長と型どおりの挨拶を交わした程度で、あとは元校長と現校長との間のやり取りを興味深く眺めていた。

入試広報課の職員と一緒に、Ａ大が所在する県の高校を訪問するよう本部から命じられたこともある。同県内に長く勤めていた私なら校長の間で名前と顔が知られていて、同伴すれば営業活動に有益と思われたようだった。高校訪問に際して入試広報課の職員は、当該高校出身の卒業生の就職先一覧表を持参し、進路指導担当の教師にそれを示しながら、先輩の生徒さん達はどなたも立派な職場に就職しておられますが、今年度御校《おんこう》から入学されたこの学生さんは本当によく頑張っております、私どもも責任を持って指導させて頂いております、ついては今後も引き続きぜひ在校生の皆さんに本学をご紹介してくださるようお願い致します、と挨拶するのである。進路指導室には大学や短大や専門学校のパンフレットが山積みされている。ダンボール箱の中に無造作に放って置かれたままのパンフレットも少なくない。「困難校」の教師は訪問を比較的丁寧に受けてくれるが、受験で名高い伝統校の教師は、B大など眼中にないらしく、すみませーん、今ちょっと手が離せないのでパンフレットはそこの箱の中に入れておいてくださーいと、けんもほろろに対応されることもあるとのことだった。

B大にはいつから勤めているのですか。次の訪問校に向かう道すがら、ハンドルを握っている職員に聞いてみる。以前は不動産会社の営業をやっていました、会社が危うくなって転職しなければならなくなって、新聞広告を見ていたらB大の事務職を募集しているのを知って応募したんです、面接で理事長先生の人柄に魅力を感じて雇って頂きました、ここに勤めて6年になります。担当地域は三つの近隣県だと言う。1日に訪問できるのは数校程度なので、担当地域の高校をひとわたり巡るのに2、3ケ月ほどかかります、2、3ケ月ごとに同じ高校に出向くようにしていますが、なかなか予定どおりにいかなくて、でもいろんな学校の先生たちと話ができて、大変ですが楽しいです。彼はいかにも今の仕事に満足しているふうだった。その日、事務職員と高校訪問を終えて大学に戻ったのは夜9時を過ぎていた。

5

新任者研修会でトレーニングを受け、赴任後も定期的に開催される全学教職員集会でくり返し求められる教授法を、私はあまり熱心に実行していなかった。授業は適宜事務職員が見て回っていたので、その気配を感じる時にだけやる程度だった。Kaに聞くと、オレはそんなのやってないよと言う。でもな、ある先生に教えてもらったんだが、あの教授法に従わない授業をやったことを教学課から指摘されて、それが何回も重なったために全学集会の場で反省文を読み上げさせられ、落ち込んで辞めて行った教員が過去にいたそうだ、気をつけた方がいいかもな。じゃあそろそろオレも反省文朗読かなとKaは言った。そうなったらどうするつもりだい？　読まされる前に辞表を提出するよとKaは笑った。

然るに、ほどなく私自身が、B大教授法の履行を直接面前で具体的に求められ、その実施の様子を事務方が現場に臨席して確かめる、という事態に遭遇することとなった。

その年の秋、県教育委員会から講演を依頼された。講演の内容は私の専門分野に関するもので、これまでも同様の講演をいろいろな場で何度もやってきて慣れていたから、資料は既存のものに最新情報を若干付け加えればよかった。ところが、講師派遣依頼書が事務局長のもとに届くや、彼は私を呼んで、どんな資料でどういうことを話すのかと質問した。概略を説明すると、資料について印刷のレイアウトや字の大きさ、さらには講演の方法についても詳細な注文をする。自分はB大の教授法を先生方に確実に実行して頂くようにする責任を負っているのだと局長は言った。事務局長はさる地方の国立大学の庶務部長を定年退職してスカウトされ、開学当初からB大に勤めている。理事長兼学長を支えているのは自分だという強い自負心が、彼の言動から見て取れる。ご指摘ありがとうございます、でも私は今まで同じような講演を方々でやっていて慣れています、局長さんのご助言には感謝致しますが、これまでのやり方でやらせてください、私にはそれしかできませんし、と引き下がった。講演会の前日には教学課長がやって来て、明日の講演はB大の教育方法でおやりになるのですよねと念を押した。先生は学部長なのですから、講演会でも本学の教授法を率先垂範するようよろしくお願いします。

当日、中学校長たちを相手に市民文化会館の小ホールで、講演の際のいつもどおりの口調で話し始める。壇上からふと後方に目をやると、校長たちに交じって教学課長が座っている。講演の最中、彼は私の方に視線を向けながら、しきりに何かをメモしているようだった。講演の様子を大学上層部に報告するための「臨検」だと直感した。教学課長を前にして、私はしかし、講演の内容や方法を変えることなくやり通したが、自分もついに全学集会で反省文を読まされるハメになるのか、とは思った。講演を終え、では南先生にもう一度盛大な拍手をお願いしますとの司会者の言を背に受けて退場しながら、Kaが言っていたように、早めにこちらから辞表を提出してしまった方がいいかもしれないと、私は妙にさばさばした気分になった。もっとも、この時の「臨検」は、その後格別の動きとなって表面化しなかった。

オーナーという立場に身を置くなら、手塩にかけて育て上げた「私の大学」の理念を貫徹すべく、それに即して大学を経営・運営しようとすることは、「私学の独自性」として当然認められ、その限りで所属教員に授業のやり方に注文をつけ、それが実際に実行されているかどうかを、「現場検証」することも、それとして理解できる。もし私がその立場だったら、私もきっと、自らの方針を隅々まで行き渡らせようと努めるに違いない。しかし、「オーナー大学」というものに当時全く不慣れだった私は、授業や講演の仕方の細部にわたって事務方が助言指導し、さらには現場に赴いて確かめるというやり方に、戸惑うばかりだった。機会を見て念のため教学課長と事務局長に「臨検」の経緯を尋ねてみようかとも考えたが、ことさらに事を荒立てるのは大人げないと思い留まり、結局私は何もしなかった。

最終講義

1

Ａ大学での非常勤講師としての講義を全て済ませて車に戻り、運転席からキャンパスを見渡す。４００台ほどを収容できる第三駐車場は、前期の最終日で試験が集中しているためか、かなりの数の車で埋まっている。前方には東西一列に桜の木が並び、濃い緑の葉むらが、金粉をまぶした7月の陽ざしの中、じっと動かない。桜並木の向こうには、道路を挟んで3階建て4階建ての自然系棟が、さらにその向こうには5階建ての人文社会系棟が、それぞれ複数並んでいる。私が授業をした講義棟はその建物群の左斜め手前だった。授業を終えて建物から出て来る学生たちと、次の時間の授業に出向く学生たちとが駐車場を行き交う。それをぼんやりと眺めながら、これでこの大学での、5年前に退職した私なりの「最終講義」を、今になってようやくやり遂げ、ひと区切りがついたという感慨を抱いた。それは、ことさら周囲に向かって言いふらすことのない無印の、自分だけのひそやかな最終講義だった。

5年前の同じ年に定年退職した同僚教授は、その年の2月、事務局に頼んで正門の柱に、「〇〇教授退官記念講義」と大書した看板を立て、学生やゆかりの人たちを多数集めて大教室で最終講義を行って、専門とする国文学史を説く傍ら、職場でのあれこれについて雄弁に思いのたけを吐露し、講義を終えて豪華な花束を贈呈された由。研究室の片付けも大方済んだある日、廊下で出会った私に教授は、先生も最終講義をすればよかったのに、けじめがついてさっぱりしますよと言った。

A大を退職するにあたっては私も、結果的には全くの偶然ではあったが、何のけじめもつけなかったわけではない。それはしかし、A大を定年になる3年ほど前から進めていた作業で、その年の春に出版したのである。それまで書き溜めてあった論文の何編かをピックアップし、当初は定年退職の記念にするつもりなどなく、高齢の域に達したのを機に、自分の研究のエキスらしいものを選んで出版しておこうと考えたものに過ぎなかった。原稿をまとめている最中に、急きょ私立B大学に転出することが決まって、出版の時期がちょうど退職時と重なり、事後的に「退職記念」になっただけだった。「あとがき」に、「生きていると、想定していた将来像とは全く異なる光景に突如遭遇し、その後の人生が激変してしまうことがある」と書き加えることにしたのは、最終校正に間に合ったからである。B大に移るにあたってのある種の迷いを踏まえ、「新しい職場で、一体どれだけ持ち堪《こた》えられるか分からない」とも書き足しておいた。この一文は後になって考えてみれば、虫が知らせてのものだった。自ら危惧したとおり、B大は2年勤めただけで辞めることになった。

二つ目の転出先であるC大に移って3年ほど経ったある日、A大の若い元同僚から、ご面倒ですが非常勤講師を引き受けてもらえませんかと頼まれた。聞けば、私の後任となった教授がこの春急に他大学に転出することになって、新しく専任教員を補充する時間的余裕がなく、必修の科目に穴をあけるわけにいかない、というのであった。この夏でもう古稀になると言うと、いえ先生、満70歳になった日を含む年度はまだ非常勤の資格があります、前期だけなのでぜひお願いしますと若い准教授は懇願した。時間割表に載っている必修科目が新年度早々から開講されないで学生に不便をもたらすのはいかにもまずいなどと、まるでまだA大の現役教員であるかのような心配をして、そしてこの際、自分の中では中途半端になっていたA大退職に伴う私なりの区切りをつけたいとのひそかな思いに駆られて、出講を引き受けることにした。

4月、私は久しぶりにA大に出向いた。正門を入ってメインストリートの左側には、本部棟、学生会館、附属図書館が、右側には学生支援センターと講堂と教養教育棟が、手前からそれぞれ順に建ち並び、右側の奥に、かつて私が勤務していた学部の建物群がある。メインストリートの欅並木の枝が両側から中央に伸びて覆いかぶさっている。教養教育棟横の事務棟は、他の幾つかの建物とともに、私が退職した後、いったん躯体だけにされて大規模な耐震工事を施され、ついでにあちこち改修して、外壁も装いを新たにしてあった。私学に移ってからは、文献を閲覧するため附属図書館を訪れることはたまにあったが、講義棟に行くことはついぞなく、改めて眺めるA大キャンパスは、全体として、私が在職していた当時とはだいぶ様相が変わっていた。

初日は第三駐車場に車を止め、通りを渡って雑木林に沿った細い道を抜け、事務棟に入る。そこには、5年前と同じ匂いが漂っていた。耐震工事に伴ってロビーや事務室や教員控室などの配置もすっかり変わっているのに、ここには昔と同じ匂いが立ち込めている。師範学校時代から受け継いでいるこの学部の体臭なのかもしれないなどと思いながら総務課に出頭し、ひととおりの出講手続をする。あら先生お久しぶり！　私が在職していた当時からこの部署の担当をしている女性職員がカウンター越しに声をかける。短い挨拶と雑談の後、彼女は非常勤講師向けの説明をする。これが駐車票です、これを車のフロントに置いておかないと警告シールが貼られてしまいます、それからこれが休講する時の届け出用紙、休講したらあとでちゃんと補講しないといけないことになっています。もう以前のような振る舞いは通用しないのだというふうに申し訳なさそうに、彼女はこまごまと、しかし幾らか得意そうな口調で教示した。

事務的な手続を済ませて教員控室に行く。改修後の教員控室は、かつて教務課があった場所に移されていた。非常勤講師の控室を兼ねているのは前と同じだが、どっしりとしたソファが据えられていた当時とは違って、小さくて簡易なスチール製のテーブルと折りたたみ式の椅子が不親切そうに置かれ、壁には節電をお願いしますとの張り紙がしてあって、蛍光灯は点いておらず、薄暗かった。しかしここにもやはり以前と同じ匂いが漂っていた。室内には専任教員用のメールボックスが何段も並べられており、時折それを覗きに教員たちが立ち寄る。顔見知りの元同僚の何人かが私に気づいて、それぞれ少し年を取ったこと、まあ何とか生きているというような言葉を交わした。給湯器から紙コップにインスタントの緑茶を入れていると、学部長がやって来て、にこにこと、しかしやや憂鬱そうに、最近学部内で起きた出来事を引き合いに出しながら、なかなか大変ですよと挨拶した。

講義室は学部3号棟の2階、２０６号室だった。3号棟はコの字型になっている。室番は耐震工事後も変わっていなかった。そしてそこは偶然にも、私がこの大学に着任して最初に講義した部屋だった。広さは以前と同じように思われたが、内装はずいぶん明るく立派になっていて、空調も学生用の机も椅子も新しくなっていた。窓下の中庭は、かつてはただの土で、夏になると雑草が勢いよく生い茂っていたが、今はカラフルな敷石が体裁よく並べられている。40人ほどの受講生たちは、学部棟の匂いと同じように、生真面目な雰囲気を受け継いでいた。諸君、これから半年の間、この授業を担当することになりました、A大で講義するのは数年ぶりだよ、よろしく、と私は話しかける。遅刻して入室して来る学生たちの動作は、転出先の私学の学生たちよりもどことなくゆったりしているように感じた。以前からそうだったかな、と思ってみるが、そういう印象を受けたのはもしかすると、この5年間、転出先の大学の狭小で緑がほとんどないキャンパスを行き来する学生たちを見慣れてしまっていて、樹木の多い広大なキャンパスを闊歩するA大生たちの表情や歩きぶりを忘れていたからかもしれない。

2

あれ？ 先生、おいでになっていたのですか。何回目かの講義を終えて控室で休んでいると、部屋に入って来たZa教授が、メールボックスから郵便物を取り出して退室する際に私を見つけ、声をかけた。うん、突然頼み込まれてね。そうですか、お元気そうで何よりです。いやもういい年だよ、Zaさんは元気そうだね。実はそうでもないんですと手を左右に振って打ち消し、Za教授は周りを気にしてひとわたり控室を見回してから近づいて来て、この頃若い教員たちはしきりに大都会の伝統私学に出たがっているんですよと、ひそひそ話し始めた。法人化してから研究費は削られるし、授業も15回きちんとやらないと補講せよと事務方がうるさく催促するし、毎日毎日雑用に追いまくられてろくに研究もできず、いいことないです、以前より学生の質も落ちているような気がするし、それに嫌気がさして若い連中は、給料も研究費も待遇のよい私学に転出しようと機会を窺っているんです、こんなんじゃ地方の国立大学はあらゆる面でレベルダウンして、そのうちつぶれてしまいますよ。

国立大学の法人化は、国の規制から自由になって各大学が自主的に特色を打ち出し、自らの判断で経営・研究・教育を行えるようにすることを標榜して制度化された筈のものであった。しかし発足してみると、独自性を発揮してどうにか元気を出せているのはもっぱら旧帝国大学をはじめとする有力大学ぐらいで、弱小の地方国立大学は、国からの運営費交付金が毎年減り続け、四苦八苦している。もっとも、旧帝大に勤めている知り合いによると、事態は周囲から羨ましがられるような状況ではなく、同じように苦労しているらしい。大学間の競争は学内の教員同士の競争をも余儀なくしたし、予算が乏しい中で研究しようとすれば教員が自分で外部から資金を調達するしかなく、そういう調達が苦手な教員や世間受けしない研究に携わっている教員にとっては、スポンサーを見つけて研究費を獲得することは難しくなっている。教員養成系の学部で目新しい研究をして外部の誰かにスポンサーになってもらうのは容易でない。国立大学の法人化は、一方で大学と大学教育のサービス業的性格を強め、他方で交付金などをテコにして国の規制を強めているように思われる。むしろ私学の方が、とりわけ伝統ある大手の私学の方が、自立的な経営に慣れていて、地方国立大学より種々の面でめぐまれているという印象を与えていた。実は先生、私もできたらどこかに移りたいと思っていましてね、どこかいい所ありませんかと、Za教授はさらに声を低めた。

給与も減らされるし、退職金もひと頃に比べるとずいぶん少なくなっています、先生はいい時にお辞めになりましたよ。でもねえZaさん、田舎の私学は勤務条件も良くないし、学生指導も大変だし、だいいち学生集めに苦労していて、いいことないよ。そう慰めてはみるものの、法人化後の地方国立大学の苦境は私もよく理解している。退職する頃、次年度の学部予算の配分について教授会で、科学研究費に応募しない場合はペナルティとして個人研究費を減額するかどうかが協議事項になったことがある。法人化を目前に控えて、外部資金の獲得と教員の競争意識や研究活動を活性化するための、大学上層部が打ち出した苦肉の策で、種々議論の末、やむをえないとの結論に達して実施に移された。研究費が激減して必要な文献を購入するのにも苦労する教員が何人も出た。私は国立大学の法人化が決まった時は学部長職に就いていて、法人化に向けての準備作業に携わり、そのため徹夜の会議をしたことも一再ならずあったが、法人化が正式に発足した年には次期学部長と交代していたから、切羽つまった議題の審議をリードする場面に多くは立ち会わなかった。

Za教授は私よりひと回り若かった。古風な大学像にこだわりを持ち、一方で、大学教授の家庭に育ったためか、エリート意識が旺盛で、少々鼻もちならないところもあった。そのため同僚たちの評判はいまいちで、昇任人事が教授会にかかった際も反対票が意外と多く、すれすれの多数決で承認されるという具合だった。何かの議題をめぐって教授会で私と激しく渡り合ったこともある。その彼が目の前で、私にしきりに法人化後の窮屈さを訴え、できたらA大から脱出したいなどと言っている。嫌な奴だと思ったこともあるZa教授だったが、その嘆き節に私は共感し、妙に懐かしさが込み上げてきた。あ、ボクこれから授業です。話が興に乗ってきたところでZa教授はそう言い残し、控室を出て行った。

窓外に見える背の高い端正な姿のメタセコイアの若葉がそよいでいる。

3

35歳でA大に就職した頃、国立大学は一般にまだおおらかで、善きにつけ悪しきにつけ、大雑把な面が少なからずあった。当時はA大でも、本部には学長専用車、各学部には学部長専用車があり、運転手付きのこれら黒塗り公用車が複数台車庫に収まっていたし、学長官舎と学部長官舎も市内の一等地に用意されていた。半期15回の授業は、2回や3回休んでも何の問題もなかったし、休講したからといって補講が義務づけられるなどということもなかった。授業開始に20分遅れ、授業終了を20分早く切り上げ、そうすることを誇りにする教員さえもおり、学生たちはそれをとがめ立てするどころか、むしろ喜んでいた。30分経っても教員が来室しなければ、「自然休講」となって学生たちは嬉々として教室から出て行った。私たちが学生だった頃の慣習と雰囲気が、A大にもまだ若干残っていた。

「乞食というものが街頭から姿を消してすでに久しい。そうなると、三日やってやめられなくなるものといえば、もっぱら大学教授である。まず、春夏秋冬に休みがある。休みでないときでも、講義は週に一、二回からせいぜい三、四回で、あとは大体自由時間である。文科系の教授で定期券をもっている人は例外に属する」（長尾龍一『法哲学入門』、日本評論社、1982年、1頁）。A大に赴任して数年後に刊行された法学書の冒頭の一節である。私を含む文系の大学教員は当時多かれ少なかれ、これと似たような日々を送っていた。その数年後に出された小説でも、作家は開口一番、

「大学の講義は十二分遅れて始まり十二分早く終わるのが常識とされている。これをだいたい正確に守れぬような教授は学生から教授として扱ってもらえない」と書き出している（筒井康隆『文学部唯野教授』、岩波書店、１９９０年、４頁）。今は教員が遅刻すると、学生は事務室に行って、△△先生来ないんですけど、と問い合わせたりする。

大学・大学教員が当時、不真面目であったわけでは勿論ない。学生も教員も、調べ物は図書館に出向いて行い、場合によってはたった一つのことを調べるためにわざわざ遠くの他大学図書館や国立国会図書館に行くことも珍しくなく、むしろ、資料や専門書を直接手に取ってページをめくり、それをノートにメモしてくること自体が勉強だと、教員はことあるたびに学生たちに言って聞かせ、学生たちも概ねそのようなやり方で勉強していた。就職については、求人情報を探し、選び、決めるのは学生自身で、教員はあまり深くタッチしないのが常例だった。大学生の就職が困難な状況に直面したことはそれまでにもしばしばあり、もとより教員は就職の決まらない学生のことを心配して、知り合いの企業などに頼み込んで就職させるということもあるにはあったが、大学当局が手取り足取り学生の面倒を見、面倒見のよさを保護者にもアピールし、それを大学の売り物にするようなことはなかった。就職のことを気にするのは大学教員の本務ではないとする、今思えばやや身勝手な態度を通して教員は、学生の自立を無言のうちに促していたとも言える。大学が学生や保護者に必要以上に気を遣い、それに乗じて、小中学校に限らず大学にも保護者が種々の「イチャモン」や難題を持ち込んでくるようになったのは、１９９０年代以降、大学を含む学校教育がサービス産業的な性格を強めるに至ったことに伴ってである。

Ａ大で非常勤講師を務めることになった年の４月、本務先のＣ大では新たに教員養成系の学部が設置・開設されたが、設置にあたって新学部は、３年次の後期には通常の授業を開講せず、もっぱら教育実習と卒業研究指導に充てることとした。学生の多くが二つないし三つの資格や免許状を併せ取得するであろうことが予想され、実習期間が長くなって通常の授業と重複し、「二重履修」状態が生じるだけでなく、欠席が多くなって教育上好ましくないとの考えから、そのようにカリキュラムを構築したのである。新学部の発足後間もなく、一期生の母親から電話があった。３年次後期に授業をやらないのなら後期分の授業料はタダにせよと言うのである。３年次後期は実習を済ませた学生を遊ばせておくのですか、それなら先生方も楽でいっぱいアルバイトできるじゃありませんかと。提供された分だけ対価を支払うという、いかにも消費者感覚の理屈だった。授業料は４年分を学期ごとに分割してお払い頂いているとお考えくださいと釈明し、３年次後期には何週間にもわたる教育実習の事前事後指導のほか、実習のない時は毎週少なくとも１回の卒業研究指導での登校、また、大学が業者に依頼して授業以外に開講する教員採用や企業就職の試験のための講座への出席など、大学で行う教育活動が沢山ありますと説明したが、長電話の母親は納得できないようで、ここに主人もおりますのでと電話を交代し、父親も同じクレームを語気鋭くくり返した。

日本の大学が学生の入学から卒業まで、いわば入口から出口まで、あれこれと世話を焼き、保護者にも説明責任を尽くさなければならないようになったのは、直接的には１９８０年代後半から推し進められた国の大学政策に遠因があるが、それと並んで、科学技術の飛躍的な進展や経済・文化のグローバル化、市場原理の浸透、大学間競争と大学教育の効率化、進学率の上昇と大学数・大学教員数の増加、大学での資格取得志向の強まり、豊かさや便利さや過剰サービスを求めてやまない人々の不可逆的な欲望等々の結果である。そうした「歴史的必然」を踏まえるなら、昔の大学はこうだったなどと言うのは、時代遅れの斜に構えた懐古談でしかなく、世の中では到底通用しそうにないであろうけれども、私にはそのような大学の変化にはどうしても違和感がある。しかし人々は、これからも引き続き欲求充足へのベクトルを突き進み、大学に対する要求・注文をエスカレートさせていくに違いない。このベクトルは大学にとって、墓場に通じてしまうのではないかと私には思われるが、時代とともに変化する大学のありようをいたずらに嘆き、変化の善し悪しを性急に断ずるのは、現代日本では許されそうにない。

4

非常勤の出講も終盤に近づいたある日、控室のメールボックスを覗きにやってきたNa教授と話を交わす機会があった。おやおや先生、おいでになっていたとは存じ上げませんでした、お元気でいらっしゃいますか、私もとうとう今年度いっぱいで定年でしてね、早いものでございますよ。哲学を専攻するNa教授とは、かつて何人かの教員たちと連れ立ってイタリアのZ大学を訪問したことがある。A大学はZ大学と協定を結んでいたが、協定締結に際してはZ大に長く留学していたNa教授の尽力によるところが大きく、協定を結んで1年ほど経って、教授と一緒にかの大学を表敬訪問したのだった。あそこの美術館はすばらしかったですね、またNa先生と行きたいなあ。ええ、ええ、あの旅行は楽しかったですね、ぜひまたご一緒させて頂きたいと存じます、あちらにはちっぽけな私のマンションもありますし、どうぞいつでも遊びにいらしてください、でもねえ先生、最近は大学の雑用が多くて、夏休みでもなかなかイタリアに行けないんです、以前は年に何度も行けたのですがねぇ、退職間際の来年3月下旬までこき使われそうでございますよ。Na教授はため息をついた。高貴な家柄の子息で育ちの良いNa教授にしてからが、法人化のあおりを受けて愚痴っぽくなってしまったらしかった。

講義の最終日、学生たちにはこれが最終授業だなどと挨拶はしなかったが、授業を終えて車に戻り、運転席からキャンパスを眺めながら、これで自分なりに退職のけじめをつけた気になった。エンジンをかけようとして、ふと、車の左側、駐車場脇の道を隔てて3メートルほどの幅で延びている草むらに何年か前、木の根っこを捨てたことを思い出した。院生と車で1時間ほど行った山の中腹にある湖で遊んだ折、たまたま木立の中に腐りかけの古木の根っこがころがっているのを見つけ、手頃な大きさだったので持ち帰り、鋸で形を整えて研究室の置き物にしておいたのが、退職することになって処分しなければならず、新しい職場に持って行くわけにもいかなかったので、この草むらに捨てたのだった。雨風にさらされてキャンパスで朽ち果てたら本望だと考えたのである。研究室の根っこは、私の転出・退職の事情をよく理解してくれていた筈だった。B大への転出を勧誘しに来たSa先生とのやり取りやその後の逡巡、短期間で意を決して自己都合退職することにした私を、テーブルの上で黙って見つめていたあの根っこが、まだ朽ち果てずに、捨てられたままの姿で草むらの中に身を横たえているかもしれない。私は車から降り、草むらに沿って探してみた。しかしいくら目を凝らしてもそれらしい物は見当たらなかった。耐震工事に伴って、それともキャンパスを清掃した際に、片付けられたのであろう。研究室でしばし生活を共にしたあの「伴侶」には、結局再会することができなかった。

駐車場の右前方奥には、池と農場と木造の物置小屋、馬術部の厩と部室がある。そして大学の敷地が切れた先には、観光地として知られている山々が遠く連なる。ここは赴任するまでほとんど訪れたことのない見知らぬ土地だったが、この県のこのキャンパスで、またこのキャンパスを去った後は隣県の別の大学で、さらに再びこの県に戻って二つ目の転出先大学で暮らして、私はいつの間にか人生の半分以上の年月をこの近辺の大学の教師として過ごしている。山の連なりも木々の緑も空の色も、この30年余り変わらないが、大学は大きく様変わりした。

高度経済成長の開始期に大学生となり、結婚して子育ての最中に石油ショックに遭遇し、バブルが崩壊し、人々は景気低迷の只中に投げ込まれ、格差が生じた。私が今までどうにか生き長らえたのは、多分に偶然の賜物による。一方でこの国は、少子高齢化、大震災、原発事故等の課題・事件に見舞われ、国際的にも、ベトナム戦争、リーマンショック、核の拡散、テロ等々、次々と深刻な問題が起きた。国内外の出来事をアトランダムにピックアップするだけでも枚挙にいとまがないほど、人々は厳しい状況の中にある。敗戦の前後に生まれた私たちは、戦後の大学教員としては第二世代に属するが、同時に、戦後日本の混乱・復興・成長・高揚・停滞・混迷・不安など、日本史において特記すべき時期と、第二次世界大戦、冷戦体制終結、超大国の新登場、民族紛争、宗教紛争といった世界史において記録に留められるべき激動の時期を生き、目撃してきた証人でもある。私がこの地のローカル大学で経験したのは、ほんの小さな限られた範域での、どこにでもある事象に過ぎないが、それでもこの国の内外の諸情勢と直接間接に連動した現象ではある。任地で身近に目にした地方大学とその周辺の諸々の風景は、この国の大学の全般的な変化が、ある意味で増幅された姿にほかならない。

根っこを発見できないまま車に戻り、ベルトを締めてエンジンをかける。これから本務先のＣ大学に出勤する。

死別

1

春分の日の翌朝早く、保健学系学部長のSa先生が死んだ。75歳だった。同僚・元同僚の死に遭遇したことはこれまでも幾度となくあったが、Sa先生の死はことのほか身に堪えた。私より四つ年上で、だから4年後は自分もどうなるかわからないという高齢者の感慨からだけではない。この国の大学が急激に変化しつつあった時期の約20年間、折にふれ語り合うことの多かった先輩同僚が、とうとう逝ってしまったという喪失感の故である。先生は医師でもあった。数年にわたる闘病の過程で、死を冷静に見つめ、死の直前まで学部運営に力を注ぎ、毅然とした姿勢を保って職務に従事し、凜として死に臨んだ。そのことに対する厳粛な敬意と、職場で最も信頼していた人を失って取り残されてしまった寂寥の故に、心底《しんそこ》堪えたのである。

A大時代、別の学部の学科長であったSa先生とは、全学会議でよく顔を合わせた。当時私は学生部長の職にあり、教養部を廃止した後の教養教育をどのように構築し運営していくかという仕事に取り組んでいて、この問題を協議する会議の席では他学部の教授たちと渡り合い、しばしば攻撃されて落ち込むことが何度となくあったが、部屋に戻ってSa先生に電話をかけると、いろんな教員がいるからね、南さんは辛抱強く丁寧によく捌《さば》いているよと慰めてくれた。教養教育の改革をやり遂げなければA大は沈んでしまう、うまく実施に移せるかどうかは全て学生部長の肩にかかっている、頑張ってもらいたい、よろしくお願いしますよ、などと私に檄を飛ばしていた学長も、修羅場の会議を終えて学長室に報告に行くたびに、ご苦労さんご苦労さんと労ってくれた。こうしたことから3人は戦友のようになって、退勤の途中で繁華街に繰り出し、一緒によく食事をした。この交わりは学長が任期を終えてA大を退いてからも続き、酒とカラオケが好きだった元学長に誘い出されては3人揃って夜の街をうろついた。酔うといつもマイクを握って離さず、不似合にも若者向けの歌を選んで興に乗る元学長を、Sa先生は穏やかな笑顔で眺めながらグラスを傾けていた。

Sa先生はA大を定年退職後、隣県の私立B大学に副学長として招かれたが、A大での定年を1年半後に控えた私を、B大で新学部を設置するので学部長に赴任してほしいと誘い、私はそれに応えてB大に転出したのだった。

2

私にとってB大は初めての私学だったこともあり、赴任後に直面したあれこれは国立大学と違いがあり過ぎ、私のカルチャーショックは相当甚大だった。私はしばしば副学長室に出向いてSa先生と雑談してストレスを発散しようとした。今だから言うけど、実はこの大学は課題を沢山抱えていて、文部科学省からもいろいろ改善を指摘されていてね、オーナー大学だから仕方ないと思いながら私もけっこう苦労しているのですよ。Sa先生は私を勧誘した時には伏せていたB大の内情を小出しに話した。B大は問題山積だから、気心の知れた協力者と一緒に何とかしたいと思っていろいろと方便を使って先生を誘ったが、先生を苦しめることになってしまったようだ、申し訳ないことをした。B大に赴任してしばらく経ってから、Sa先生はそう謝ったことがある。しかし、B大に転出したのは、迷いながらとはいえ私自身の決断だったし、大学はこの時期、B大に限らずどこでも難問山積であることは十分理解していたから、Sa先生を責めたり恨んだりすることは勿論なかった。

B大に赴任して1年近く経って、大学に運営上の問題が生じて理事長兼学長が退陣し、外部から招いた会計学が専門の人物が理事長に、Sa副学長が学長に、そして、以前どこかの地方国立大学で事務局長を務めたことのある人が副学長に、それぞれ就任した。Sa新学長は新体制を整える仕事で忙殺され、私も新学長から、これまでの大学運営を検証する委員会を設置し、報告書を作成するよう命じられて、多忙な日々を送った。検証委員会は私が長となり、大学時代の同級生で同僚となったKaや他学部の教授などで構成された。会合を重ねて書き上げた報告書には、従来の大学運営を批判する箇所が少なからず存在したが、新学長は、事実なのだからこれでよい、と決裁した。

その年の9月初め、私は学長から、ちょっと南さん、と呼ばれた。元学長室は空いたままになっており、Sa先生が副学長室として使っていた部屋が学長室に充てられていた。実はまずいことになってね。私を学長室に呼び入れ、Sa先生は少し声を低める。このところ体調が思わしくないので念のため健診を受けてみたら、腹部に腫瘍ができていてね、かなり進行しているようで、早急に手術が必要と言われた、でもね、知り合いのいる病院で友人が執刀してくれることになっているから大丈夫。私はぎょっとして先生を見つめ、そうですか、で、入院はいつですかと、努めて淡々と質問した。再来週の火曜日だよ、来週の金曜日に全学教職員集会があるから、みんなにはそこで知らせることにする、しばらく不便をかけるけどよろしく頼む。そのあと学長室で先生と何を話したかよく覚えていない。予防医学やチーム医療に取り組み、ごく最近もその関係のNPOを立ち上げて仲間と楽しそうに打ち合わせをしていた先生が、深刻な病魔に侵されるなどとは思ってもみず、私は気が動転していた。

Sa学長はその誠実で温厚な人柄の故に、B大の教職員たちから厚い信頼を得ていた。金曜日の全学集会の席で学長は、検査と手術のため入院することになりました、急なことでご迷惑をおかけしますがご了承くださいと深々と頭を下げた。教職員たちは押し黙り、同様に深々と頭を下げて学長を見送った。

検査入院に続いての手術は首尾よく成功し、経過も順調で1ケ月ほどで退院となった。大手術にもかかわらず回復が早く、間もなく先生は、体を慣らすためと称して週に何日か短時間の出勤を開始した。

Sa先生の出勤ぶりも元どおりになりつつあった晩秋のある日、私は事務局長に呼ばれ、元理事長兼学長の意向によってSa学長は来年3月いっぱいで職を解かれることになるので承知しておいてもらいたい、Sa学長先生にはそのことを内々に伝えてある、と言われた。どうしてですか。いや自分にもよくわからないが、Sa学長先生は重病を患って激務に耐えられそうにないと元理事長が判断したようで、それに元理事長は、検証委員会なんぞを作ってそれまでの大学運営に批判的な態度を示したSa学長に不信感を持ったんじゃないですかね、すでに代わりの学長適任者を元理事長が自分で探し出しているとのことで、何でも財界にいた人らしいですよ。地方大学で叩き上げの管理職に昇りつめて定年退職した後B大に呼ばれた事務局長は、甲高い声で早口に説明した。そうですかと言って局長室を出、私はその足で学長室に行った。どうもそうらしいねとSa先生は他人事のように言う。2、3日前に局長から話があってね、まだ正式な決定ではないということだが、でもまあ、これは元理事長の意向だから、たぶんこの調子で事が進んでいくだろうね、代わりの学長を見つけたのだから私はお払い箱になるということだな。Sa先生は、あたかも部下教職員の人事案件のように事務的な口調で見通しを立てた。

翌日、検証委員のメンバーだった同僚のKaの研究室に行って話し込んだ。大学時代の同級生で偶然にもB大に赴任して来て、私の数少ない話し相手だった彼は、抜き打ちの学長交代をすでに知っていた。ヘビースモーカーの彼は、キャンパスに設置されている喫煙コーナーでしょっちゅう煙草を吸っていたが、そこに集う喫煙仲間たちから多くの情報を仕入れていた。交代劇の情報もそこで得たらしかった。オレも検証委員会で仕事したせいで何かと肩身が狭いから、そのうちここを出るつもりだよ、大学勤めにも飽きてきたしね、そりゃそうと、事務局長も近々辞めるそうだ、さる事情通の人物から教えてもらったよ、と彼は付け加える。新学長体制のもとでB大はようやく軌道に乗りつつあったが、新たな事態が急展開しようとしていた。

元理事長が学長を交代させる理由の一つとなったらしい検証委員会報告書は、私が委員長としてそのほとんどを執筆したから、決裁したSa学長に対する元理事長の不信は、そのまま私にも向けられる筈だった。いずれそのことは、何らかの形で私にも及んで来るに違いない。あるいはもうすでにどこかで話が進んでいて、ただその処遇がまだKaの耳には達していないだけなのかもしれない。そうでなくても私は、B大が求める教授法をあまり熱心に実行していないから、その点でもB大にとっては好ましくない人物である。早晩私がこの大学から排除されることは避けられそうになかった。

Kaの話を聞きながら、私は辞職を考えた。同時に、私が辞めたら、私と共に講師に雇ってもらったA大時代の実習助手はどうなるだろうかが気になった。彼は何かと私を頼っているから、私が辞めることにすれば一緒に辞めるなどと言い出しかねない。彼を道連れにするわけにはいかないが、さりとて残しておくのも気がかりである。しかし、Sa学長の更迭は私と無関係とは思えないから、Sa学長が更迭されるのなら私も然るべく責任を取らなければならない道理である。私自身の辞職は逃れられないように思われる。私は、自らの辞職念慮が単なる衝動でないかどうか自問を重ね、やはりB大を辞めようと決めた。数日後、元実習助手の講師に事情を話す。貴君はどうするか。先生がお辞めになるなら自分も辞めます、先生がおられなくなったら自分にはこの職場に居場所がありません、自分は小中高の教員免許を持っていますから、臨時採用の教師にでもなって何とか食べていけるので大丈夫ですと言った。

電話で妻にも辞職の意向を伝える。お父さんがそう決めたのなら別に構わないわ、A大でも十分仕事をしたんだし、この際大学勤めを潔く全部辞めて、いい加減にこっちに帰って来たら？　彼女はいつもの台詞を、この時とばかり勢い込んで畳みかける。そうだなあ、だけどそっちに帰ってもやることがなさそうだしなあ。妻の辞職・帰郷勧奨に私はあいまいな返事をした。

3

年が明けて1月下旬、同僚講師を何とかしなければならないと焦って、A大在職中から手元に置いてあった県教育関係職員名簿をめくり、何の面識もない私立C大学の理事長に宛てて、A大で助手をしていてB大に移った同僚講師を採用して頂けないかという趣旨の書状をしたため、同講師の履歴書と研究業績書、それに念のためと思って私自身の一式書類をも添えて投函した。C大はA大と同じ県内にあった。院生時代、家族を養うためできるだけ早く就職したいと思って、幾つもの大学に手当たり次第に履歴書を送っていたことがあるが、それ以来の「就活」だった。半月ほど後、

C大から意外な返事が届いた。この4月から教職担当の教員の一人が急に他大学に転出することになってその後任を探していましたところ、誠に幸運なことに先生からのお手紙を拝読しました、是非先生をお迎え致したく、講師の方についても、学生定員を増やしたところなのでおいでくださると助かります、というのである。同僚講師を主に、私を従にしての就活だったが、それが逆になって、私を主に、同僚講師を従にしての前向き返答だった。

あまりのタイミングのよさを気味悪くささえ感じながら、私は、一度お会いしてお話を伺いたく存じますとの返書に誘われ、C大を訪れた。理事長室は広くはあったが簡素なたたずまいだった。理事長室や学長室が豪華でない方が大学としてはまともだというのが、私が実地に学んだ教訓だった。実はね先生、先生がA大におられた時に先生の研究室で卒業論文を書いたAiは、私の甥でしてね、と理事長は切り出した。私は基本的に卒業生たちと連絡し合うことはしておらず、年賀状などを寄こす者は別として、そうでない者の消息は知らなかった。10年以上前のA大生だったAiとは連絡を取り合っていなかった。先生のお噂はAiから時々聞いています、先生からお手紙を頂いたのも何かの縁でしょう、後任を探さなければならなかったので、本当に渡りに船です。

C大でも理事長は学長を兼ねていた。この点はB大と同じだったが、違っていたのは、B大の元理事長兼学長とC大の理事長兼学長との間の、大学というものに対するイメージなり理解なり感覚だったように思われる。Aiのこと、A大のこと、B大のことなどひとしきり理事長と話した後、どうぞよろしくお願いしますと私は感謝を込めて礼を言い、同僚講師と私のC大への赴任がその場で内定した。私は再びA大が所在する県に職場を移すことになったのだった。

ところで先生、本学は来年の4月に新しく保健学系の学部を設置することになっているのですが、学部長に予定していた先生が事情で急に赴任することができなくなってしまいました、どなたか学部長にふさわしい方をご存じありませんか、できたらMD（Doctor of Medicine）をお願いしたいのですが。私たちの採用だけでも意外な幸運だったのに、それに加えての思いがけないこの問い合わせは、私の耳には天恵の如く響き、すかさずSa先生の名を挙げて、今はちょっと体調を崩していますがと応じ、私たちがB大を退職するに至ったいきさつを概略話した。正式な赴任まで1年以上ありますから、その間に体調を整えて頂くことにして、それまでは設置準備室付きという形で時々来学して相談に乗ってくだされば結構です、設置に必要な書類の作成などはこちらで進めますので、Sa先生に特に大きなご負担をおかけすることはありません、とりあえずSa先生の履歴書と研究業績一覧をご提出くださるようお伝え願えませんか。あとは私がSa先生自身の意向を確かめればよく、Sa先生の就職もその場でほぼ内定した。たび重なる偶然に私は驚愕するばかりである。さっそくSa先生にこの件を知らせ、赴任を促した。先生はたいそう喜んだ。大きな手術をして体調がまだ必ずしも万全ではなかったが、先生はいつも前向きに臨む人だった。

その年の4月、私と同僚講師は一足早くC大に赴任し、Sa先生は翌年4月に、新設の保健学系学部長に着任した。Ｂ大理事長の引責退陣とSa副学長の学長就任、Sa学長の罷免に端を発した私の「殉職」、窮余の策として苦しまぎれにした同僚講師の採用依頼、いわばその付録としての恥を忍んでのダメもとの自分自身の就活、そしてそこに用意されていた幾つもの偶然が重なって、Ｂ大の３人は揃ってＣ大に再就職することになったのだった。事を急テンポに運んだのは、幸いにも、かつ皮肉にも、ここでもオーナーの即決だった。

Ｃ大に赴任することになった2月下旬、私はＢ大の事務局長に、「今般自己都合により」という型どおりの退職願を提出し、３月31日付で退職する旨を伝えた。「自己都合」を退職の理由にし、転出を理由にしなかったから、Ｃ大からＢ大宛の「割愛願」の提出は必要なかった。常識的に言えば、退職の申し出は何ケ月か前に行うべきものであり、そのことはもとより承知していたが、Sa学長に対する罷免が水面下で急速に進行していたこと、私自身にもSa学長の罷免に大きな責任があること、自分の存在はＢ大にとっては迷惑なのだとの思いが募っていたこと、秘密裏の就活が意外にもスムーズに運んでしまったことなどから、直前に辞表を提出することになったのだった。先生はSa学長先生の側近でしたから仕方ありませんねと、局長は別段驚いたふうもなく退職願を受理した。大学の教員になりたい人は世の中に掃いて捨てるほどいる、教員の補充は全然難しくないというのが、局長の持論だった。退職願を受け取ると局長は、いつもの険しい表情を幾らか崩し、それまであまり見たことのない柔和な表情で、南先生、私も来年３月いっぱいで退職するつもりです、本学には長いことお世話になりましたが、もう年なのでそろそろと思いましてね、と言った。以前Kaから聞いた話を思い出したが、局長が辞めることになった事情について私は詮索するつもりはなく、興味もなかった。そうですか、いろいろ大変でしたね、ご苦労様でした、退職後は郷里にお帰りになって悠々自適ですかと、私は月並みの挨拶をして局長室を出た。

お前辞めちゃうのか、そうか、じゃあオレは1年ずらして来年辞めるよと言うKaに見送られ、かくて私はB大を2年で去った。

4

Sa先生が学部長としてC大に赴任してからはほとんど毎日、新築された保健学系学部棟の学生食堂で食事を共にした。食事を終えると先生の部屋に場所を移して話の続きをした。先生はいつも椎茸茶を出してくれた。B大でのあれこれの思い出話のほか、給料が安かったり土日出勤が多かったりなどC大にも幾分かの不満はあるが、何よりもここには大学の雰囲気があること等々、毎回同じような内容だったが話は尽きず、午後の授業の開始を知らせるチャイムが鳴るまで終わらなかった。これからは予防医学とチーム医療がますます重要性を増してくる、自分が理事長をしているこの方面のNPOは活動がようやく軌道に乗って世間の注目を集め始めているなどということを、Sa先生は聞かせてくれた。時折事務職員や教員が学部長室に入って来て、決裁印をもらっていた。先生は新設学部の運営に精力的に取り組み、大学院立ち上げに向けての準備にも熱心だった。この種の腫瘍の5年生存率は35%位だと先生は自ら分析していたが、この分なら5年をはるかに超えて元気でいられると思われた。

先生は手術後、定期的に抗がん剤を服用していたが、服用すると何日かは体調が崩れ、肌が黒ずんだり髪が抜けたりしたものの、服用が終わると元に戻り、そういう時はまた以前のように元A大学長を交えての寿司屋での宴が再開された。きょうの腫瘍マーカー検査では数値が安定していて、主治医から何でも好きな物を一杯食べて結構ですと言われたよと、先生は嬉しそうにビールをガブ飲みした。アルコール療法というのがあってね、などと言う時もあった。本当にそういう療法があるのですか。私は半信半疑で聞く。本当さ。化学が専門の元学長は傍でニヤニヤしている。文系出身の私を二人でからかっているようでもあった。

然るに、手術後3年を経た頃から、先生は不調になり始めた。マーカーの数値が上昇し、月に1回ほどの間隔で発熱し、膝が痛むようになった。知り合いの町医者のもとに通院して免疫療法を試みていたが、思うような効果は現れていないようだった。新設の保健学系学部には先生と仲のよい若手のMDがいて、時々彼を学部長室に呼び、マーカー表を示しながらがん進行の状況を検討することがあった。徐々に腫瘍が体の深部に転移し浸潤していることを、先生とMDはつぶさに確認し合っていた。私は二人のそうした会話を黙って聞いていた。そろそろ覚悟した方がいいかもな。いえ先生、数値は当てにならないところもありますから、必ずしも主治医の判断どおりというわけではありません、まあ行ける所まで行って、あとは出たとこ勝負で症状を抑える、ということではないでしょうか、とMDが言う。深刻な事態がひたひたと近づいていることを、二人は明確に認識していた。それでもSa先生と私の学生食堂での会食は続いた。これは食欲の出る薬だと言いながら食前に1粒服用し、食事が済むと、これは抗がん剤だと言って2粒服用していた。そして会食の後はいつものように新棟の学部長室で椎茸茶を飲みながら雑談した。

やがて先生は、会議にも車椅子で出席するようになったが、次の年の暮れ、再入院した。腹水と胸水が溜まって少し苦しいのと、食欲が落ちているので、休養のため入院してくる、まあ2、3週間ってとこかな、戻って来たらまた食堂で一緒に食事しようと言い置いて。しかし年が明けて2月を過ぎても、先生は退院できずにいた。

3月初めの日曜日の午後、私は見舞いに出向いた。官舎に住んでA大に通勤していた頃いつも乗り降りしていたJR駅から、病院は歩いてもそう遠くない。久しぶりに降り立った駅前の風景はだいぶ変わっていて、ロータリーにあった噴水やベンチ、東西に1本ずつ植えられてあった欅の大木は、いずれもなくなり、タクシー乗り場とバスの発着場に整備されていた。駅舎から北に延びる大通りの両側も、以前の見慣れた店が減って、新しいしゃれたものが多く並んでいた。大通りと並行して走っている西側の、人通りの少ない道を歩く。夏にはかき氷、それ以外の季節には落花生を売っている店は昔と同じ看板を掲げていた。学生たちの管弦楽サークルの演奏会のたびに持参して手渡す花束を買った花屋も以前のままだったが、シャッター通りはかつてより進行しているようで、街全体がさらにひっそりしていた。ついでにと思って、助教授時代に時々立ち寄った赤ちょうちんはどうなっているかと横道に逸れて探してみたが、そこは空き地になっていた。店に入るとカウンターで地酒ときんぴらをさっと差し出し、お帰りなさーいと威勢よく出迎えてくれた老夫婦は、もう亡くなったかもしれない。

病室は5階だった。病棟の正面玄関入口には雛人形が飾ってあった。ナースセンターで教えてもらった個室のドアをノックする。やあ来てくれたのかと言って先生はベッドに起き上がった。ちょうど今しがた女房が帰ったところだよ、行き違いになってしまったな。顔色もすぐれず、見るからに体力が落ちていることが知れたが、私は容態のことは一切聞かず、職場と仕事のことだけを話題にした。3月末に文科省で大学院設置の事前打ち合わせがあるので、それには外出許可をもらって出かけるつもりだと先生は言った。ベッドの脇のパソコンを指さして、毎日メールで学科長に指示を出しているのだけど、学科長は大学院の設置に消極的で思うようにスムーズに事が運ばなくてねえ、学科長は病院の検査部で長く実務に就いていたから現場経験は豊富なんだが、学問的な面で、大学院で仕事する自信がなさそうなんだ、とこぼした。声は弱々しく、呼吸も小刻みだった。それでも私たちはずいぶんと長く職場の話題に興じ、愚痴ったり笑ったり腹を立てたりした。途中で看護師が、お小水を調べますねと巡回に来た。どれくらい？　と先生が聞く。６００ccですと看護師が答える。それを潮に私は、じゃあ先生また来ますと言った。そうか、もっとゆっくりしていけばいいのに、と先生は、しかし強くは引き止めなかった。病室を出て、エレベーターを使わずに階段を下りる。休日の夕方近く、がらんとした待合室のロビーは薄暗く、靴の音が大きく辺りに響いた。

半月後、春分の日の翌朝、先生は息を引き取った。――

入学式が済んで大学はまた新学期を迎え、年度初めの雑用が一段落したある日、保健学系学部棟の学生食堂に行った。Sa先生と食事をする時いつも二人で陣取っていた席に座る。向かいの席ではSa先生がきつねうどんをすすっている筈だった。また新学期が始まりましたね、学生たちのざわめきはA大でもB大でもC大でもどこも同じで、気分が和みますね。私は箸を口に運びながら黙って先生に語りかける。学生や教職員たちが賑やかにすれ違い、談笑し、食器のふれ合う音が弾け、厨房の職員たちの陽気な声が飛び交う中で、私たち二人の席の周りには穏やかな空気が漂い、誰にも気づかれずにそこだけが静かである。

この冬はいつになく寒さが厳しかったが、春が来ると急に気温が上がり、例年より早く桜が咲いて散った。眩しく晴れ渡って澄んだ青空が実にすがすがしく美しい。窓外でそよぐ木々の若緑も鮮やかである。大学の急激な変化に共に関わり立ち会ってきた4歳上の同僚が逝って、私はここにこうして一人でいる。気が置けない人と死別し、取り残されるとはこういうことなのだと、しみじみ思う。

新学部設置

1

19世紀イギリスで教育行政に携わり、オックスフォード大学の教授を務め、文芸評論家・社会評論家としても名高く、教養によって社会を変革・統合しようとの考えを抱いていたマシュー・アーノルドの言に、「時流にさおさすほど愉快なことはない」というのがある（『教養と無秩序』、多田英次訳、岩波文庫、1974年、19頁）。アーノルドの教養概念には政治的・宗教的な色彩が付着していて同調し難いが、この一文には部分的に共感できる余地がある。大学・学部・学科の新設・再編などに際しての文部科学省への認可申請は、愉快ではないが時流に棹さす作業そのものである。

C大学に移って半年ほど経ったある日、理事長に呼ばれた。お呼び立てをしてすみません、実は先生、本学の短期大学部には幼児教育コースと文学コースの二つがあるのですが、これを発展的に改組統合して教員養成系の学部を作ろうと考えているのですよ、前々からのプランだったのですが、先生がおいでになったのを機に、いよいよそれに着手しようと思いましてね。小規模ながら複数の学部を擁するC大は、豊かな教養と人間性を備え、社会の発展に貢献できる有為の人材を育成することを理念としているが、これまで短大部でやってきた幼児教育と文学をさらに充実させ、保育士・幼稚園教諭や図書館司書に加えて、小学校教諭と国語の中学校教諭を養成することとし、できれば再来年の春に設置申請して、その年のうちに認可を受けたい、というのが理事長の心づもりだった。

資格志向の世情を反映して、教員免許を取得できるようにする大学・学部等は近時急増している。教員養成系学部・学科は多くの教員スタッフを配置しなければならず、採算が合わないリスクはあるが、それを見込んだ上で打ち出した構想なのだろう。私学が生き延び勝ち残っていくためには多少の危険を冒してでも絶えず改革していかなければならないことは、私も先刻それなりに承知しており、理事長の意図はそれとして十分理解できた。で、どのような体制で設置作業に臨まれますか、と私は聞く。事務局次長と短大部の先生2名くらい、それに教務課の職員を加えて設置準備室を立ち上げ、先生に室長になって頂いて進めるのがよいと考えます。

C大に赴任してまだ日も浅い時期で、短大部とは別の学部に籍を置いていたから、私は短大部のことはほとんど何も知らず、だから短大部の誰を準備室のメンバーにしたらよいか見当がつかなかった。C大に赴任して数日後、新年度が始まったばかりの4月初旬、短大部の学科長が自己都合で突然退職した。他学部に所属していた私は、詳しい事情を知らなかったが、職場で「部下」たちから何かと厳しいことを言われてストレスが昂じ、うつ状態に陥ったのが原因らしいという噂が間もなく耳に入った。そういうこともあるのかと、当該学科長に同情しつつも、その時は他人事として聞き流していたが、一緒に設置作業に携わる委員の人選を任されたことで、短大部には「上司」に「厳しいことを言う人」が複数いるらしいということを念頭に置かざるをえないことになった。短大部を詳しく知ろうと思い、手始めに、短期大学部長のJi教授を訪ねた。さる中央官庁で中間管理職を歴任し、定年退職と同時に学部長に迎えられたという、70代半ばの痩せて小柄な男性だった。

この職場はね、教員の組織としてのまとまりが悪くて、お互いに足を引っ張り合うことが少なくありません、学科で決めたことでも、大学幹部と個別交渉してひっくり返したりする教員もいます。Ji学部長は顔を絶えず小刻みに左右に揺らしながら声をひそめた。学部長の立場からそうならないようコントロールすることはできないのですかと尋ねる。とんでもないという表情をしてJi教授は、私にはそんな力はありませんし、うかつなことをすると尾ひれをつけて本部に通報されたりしますからね、と呟いた。学科長が自己都合で急に退職したことについていろんな噂があるようですがと話題を変えると、前学科長が退職してから学科長を兼務しているJi学部長は急に機械的な口調になって、学科長先生は普段から血圧が高かったみたいです、養生はしておられたようですが、無理をなさって体調を崩されたのかもしれません、残念です、とだけ言った。

2

赴任して間もなく親しくなった本部事務局の課長にも話を聞く。あそこはなかなか複雑な職場でしてね、上層部も手を出しにくいようです、名前は言えませんが有力教員を中心に3、4人がグループを作っていて、職場を実質的に取り仕切っているようです。昼休みにくつろいでいた休憩室で、血色のよいメタボ気味の中年課長は、時折廊下に目を配りながら話す。先生が本学においでになる2年ほど前、短大部で新学期の教員紹介行事があったんですが、新任の若い講師が壇上でたまたま先生たちの真ん中に立ったら、後でそのグループから、新人のくせに目立とうとして生意気だと言われ、これをきっかけに何かと辛く当たられて、赴任後2ケ月ほどで、前に勤めていた専門学校に戻ってしまいました、それから去年は、学生に「アカハラ」をしたという疑いをかけられた助教が、短大部の査問委員会で事情聴取され、それを気に病んで辞めて行ったことがありました、その助教はもともと問題のある人だったので、辞めたことにあまり同情は集まらなかったようですが、それはそれとして、あのアカハラ事件は誰かが仕組んだのではないかという噂もあります、詳しいことは知りませんが、ま、短大部ではいろいろな騒動が起きましたね。

以前短大部に在籍し、現在は別の学部に所属している教授にも会って話を聞くなど、私は方々で短大部についての情報を収集した。その結果、短大部が人間関係の面で種々問題のある職場であること、その震源がFu教授を中心とする何名かの教員グループであるらしいことを知るに至った。その上で私はあえて、Fu教授ともう一人の教授を、準備室委員に選任することにした。

A大で学生部長だった時、教養部を廃止して新しい専門学部を設置し、それに伴って教養教育を全学の教員が分担することにする仕事に携わったことがある。旧教養部の教員たちは、「全学出動」は教養教育をないがしろにし、その質を低下させるものだとして、新たな教養教育体制に猛反対した。全学出動を円滑に実施するために設置される教養教育運営協議会の構成員の人選を学長から委ねられた時、私は、猛反対の急先鋒であった旧教養部教授たち複数名をメンバーに入れることにした。推進派だけで問題を協議・決定しても事態を打開できないことが明白で、反対派の意見を取り入れながら全学出動を実現することが不可欠だと考えたからであり、教養部廃止に反対することに私自身が一定の共感を覚えていたからでもあった。旧教養部の反対派教授たちは当初、当然のことながら協議会のメンバーになること自体に激しく抵抗し、「独裁学長」の手先だと言って私に罵声を浴びせたが、何度も話し合ってようやく委員になってもらった。協議会は大荒れに荒れて中断を余儀なくされることも再三再四あったが、会議を重ねていくうちにやがて軌道に乗っていった。私を補佐する役を担っていた学生部次長は、先生、毒を以て毒を制すってやつですね、お見事！と妙に感心した。その時の手法を準備室の人選に応用したのだった。

第一回の設置準備委員会の当日、Fu教授は大幅に遅刻した。遅くなってすみませーんとほがらかな口ぶりで会議室に入って来た教授に、事務局次長は、お待ちしていました、実力者の先生がいないことには議事が進みませんからね、と声をかけた。そんなことおっしゃらないでくださいと謙遜してFu教授は、派手な色の衣服で包んだ体を揺すりながら、まんざらでもなさそうに笑って椅子に座った。

申請業務の打ち合わせを兼ねて、ある日の夕刻、事務局次長と駅前の寿司屋で飲んだ。工学部を出てから製造会社に入って技術畑を歩きましたが、間もなく会社が危なくなってしまいました、子どもがいて生活に困って、高校時代の同級生だった学長に頼み込んで雇ってもらったんですよと、次長は猪口を舐めながら赤い顔を振り立て振り立て物語る。本学がまだ4年制大学になる前で、短大の事務局に配属されました、短大には威勢のよい教員がいて、それがFu先生だったのですが、この人実にパワフルで、持ち前のリーダーシップと行動力を大いに発揮して、やれ雛祭りだ、プール遊びだ、芋掘りだ、クリスマス会だ、発表会だと次々にイベントを企画しては学生や先生たちを動員して、近所の子ども達を集めて喜ばせる、だから保護者たちの間では評判がよくて、それと、地域で作り上げたネットワークを活用して学生たちを次々に就職させてもいたので、大学側から絶大な信頼を得ていましてね、で、この人に逆らうととんでもない目に遭うのではないかと、幼児教育の先生たちも文学の先生たちもみんなびくびくしてました、この人がヘソを曲げると短大が動かなくなってしまう、だから短大で何かしようとすればまずFu先生の顔色を窺う必要があるんです、ここだけの話ですが、Fuさんに限らず、短大の先生たちはおだててあげないと気持ちよく働いてくれません。酔った勢いで次長はまた、短大でのハラスメントの中心人物が誰かを自分はちゃんと知っていています、ただ黙っているだけです、とも言った。

3

学部設置の申請作業は、文科省の担当官と事前相談することから始まる。文科省で何かを面談する際は、かつて旧庁舎の時代、薄暗くて煙草の煙が立ち込める待合室で長いこと待たされた末、順番に呼ばれて行うのが通例だった。A大で学部長をしていた頃、全国的に当局から学部改革が求められていて、足しげく文科省を訪れたことがあった。真夏のある暑い日、本省の雑然とした部屋で打ち合わせをした折、応対した担当係長は、机の上の小さな扇風機を自身の方に向け、私と同行の事務長と、質疑応答をした。こういう場合、扇風機は遠方から出かけて行った者に向けるのが思いやりというものだがと思ったが、中央官庁の係長にとって地方の小規模国立大学の学部長・事務長などはものの数にも入らないらしく、終始自分だけが扇風機にあたっていた。卓上扇風機が小さく唸る音の合間に、「お宅の学部のその程度の手直しでは、改革とはとても言えませんなあ」と、顔で笑って目で威嚇しながら再考を促した係長は、その後地方国立大学の事務局に転出した。

2月中旬、私は事務局次長、教務課の職員と連れ立って東京・虎ノ門に赴いた。文科省の新庁舎は、廊下が狭くて薄暗いが、待合室は明るく小ぎれいで全室禁煙になっており、面談での担当官の応対も往時に比べて格段に丁重で、「お宅の大学は」ではなく「御校《おんこう》は」と言う。大切なことは、御校の新学部がどのような理念でどのように小中学校教員を育てるのかを設置の趣旨に明示することです、教員養成の大学・学部は各都道府県に国立があるわけですし、ほかに公立や私立の養成課程も沢山あって、その数は増えつつあります、その中で御校の新学部がどのような特色を持ち、どのような強みを発揮し、どのように地域に貢献し、どのように卒業生を就職させていくか、中学校教員免許状をなぜ国語にしたのか、少子化の中で中長期的にどう入学者を確保するのか、それらを具体的な根拠資料に基づいてきちんと明文化して頂く必要があります。若い担当官は、事前相談に始まって認可に至るまでの工程が書いてあるプリントを示しながら、諄々と説明する。ソフトな口調の中に、そう簡単には認可はされないのだという凛とした雰囲気をどことなく漂わせながら。

30分ほどの面談を終え、いろいろと貴重なご助言をありがとうございましたと丁重に礼を述べて退室する。エレベーターの中で次長たちと、相当頑張らなくてはねえと顔を見合わせる。最短期間で認可を取れるよう先生やってくださいますかと次長は私を覗き込む。こういうことは一気にやらないとうまくいきませんから、短期決戦のつもりで努力してみますと応じる。申請書類作成、カリキュラムの編成、担当教員の配置、新たに採用する必要のある教員の探索等は私が、施設・設備関係の書類作成や短大部教員の業績書作成の依頼・取りまとめ等は事務職員が、それら一式書類の最終的点検は次長が、それぞれ分担することを、帰りの列車の中で確認する。

大学に戻り、文科省の『大学の設置等に係る提出書類の作成の手引き』と『教職課程認定申請の手引き』を参照し、申請にはどのような書類をどのように作成しなければならないかを改めて調べる。設置認定と課程認定を申請するにはそれぞれ何種類もの書類を整えなければならない。『設置等書類作成手引き』によると、メインの文書である「設置の趣旨」は、学部設置の趣旨及び必要性から書き起こすべきことが指示されている。いかに大学の独自性が求められているとはいえ、奇を衒《てら》った言い回しは役所にも審議会にも通用しないから、参考までにと思って、わが新学部と類似の、すでに認可にパスしている他の大学・学部の申請書をインターネットで検索して読んでみる。そこには、最近の諸々の審議会などの答申・報告・提言等の記述の一部分を引用し、それに加えて、豊かな人間性、幅広い教養、高度な専門性、確かな実践力、グローバル化、国際理解、社会貢献、コミュニケーション能力等々、世間で多用されている決まり文句や流行語を連ねながら作文されている。申請書は学術論文ではもとよりなく、実務的なものである以上、当然のことながら「アカデミズム」を匂わす文言をひけらかしたりする必要はない。申請にあたって大学は、政策と役所と市場と世論に気を遣いつつ、受けのよい通俗的な表現によってしか自らを主張できなくなっているかのようであるが、その種のタームを多用すれば通りが良いことは、申請書を作成する者は誰でも知っている。ともあれ、わが新学部の「設置の趣旨」も、こうしたタームを多く前面に出し、大学としてのプライドを必要以上にアピールなどせずに書き上げるほかないことを確認する。

「教育実習の具体的計画」も作成しなければならないが、保育園・幼稚園実習については、その経験がない私にはうまく書けそうになかったので、設置準備委員に委嘱したFu教授たち二人に、該当部分を執筆するよう依頼した。２週間ほど経って、二人で仕上げたという素案が届いた。実習に行く際にはマニキュアをしてはいけない、染色した髪は黒く染め直さなければならない、実習先では笑顔を絶やさない、実習を終えたら指導してくださった先生方に必ず挨拶をし、大学に戻ったら実習の振り返りをして自分の至らなかった点をメモしておくこと等々、実習に伴う心構えばかりが並べられていて、実習の意義や計画や評価基準などはほとんど記述されておらず、短大生向けの実習心得と勘違いしているふうだった。「です・ます」調と「である」調が混在し、段落の区切り方は適切でなく、項目番号の振り方も不統一だった。Fu教授たちの「センス」と「作文力」に対する期待外れ、否むしろ、「やっぱり」との思いが胸中で沸騰する。時間的にも内容的にも、Fu教授たちを当てにしていては書類作成は覚束ないように思われたので、私は両人に訂正を求めることなく、自分で書くことにした。

4

申請書の作成作業と並行して、学部設置に伴って新たに採用する専任教員の探索もしなければならなかった。上層部は、妙な人が紛れ込んで来ては困るという理由で公募を嫌い、人脈を通じて「身元の確かな人」を探すよう私に申し向けた。小中学校の教員免許をも取得可能とする学部の新設だから担当科目が多岐に及び、新たに採用する教員は相当数に上る。他方、経営上の観点からは、新採用はできるだけ数を抑えなければならない。業績面でも経験面でも、可能な限り少数で多くの科目を担当できることをめざして人材を探す必要があった。かつての勤務校だったA大や出身大学・大学院、知り合いの知り合いなどを介し、また、地元の教育委員会にも声をかけて、近々退職予定の小中学校教員で優秀な人を紹介して頂けませんかと頼み込む。どうにか然るべき候補者たちを探し出し、履歴書・研究業績書等を精査した上で、学長・副学長・事務局長・事務局次長と共に一人ずつ面接する。型どおりの質疑応答を経て、文科省の教員審査にパスすることを条件に採用を内定する。然るに内定後、しばらく日が経つと、内定を通知した何人かが、別の大学に採用されたので辞退すると連絡して来た。採用の内定を頂いたことは本当に嬉しく名誉なことで、赴任を楽しみにしておりましたが、このたび、教育委員会において重責を担うことを懇願され、どうしても断るわけにいかないため、甚だ恐縮ではありますが内定をお受けすることができなくなりました、と言って来る中学校の校長もいた。教員審査にパスするかどうかわからない不安定な状態に鑑み、適当な所が先に決まればそちらに移るのはごく自然であるし、赴任先を選ぶのはもとより本人の自由だが、辞退された側としては、新たに人材を探索して最初からやり直さなければならず、当惑した。学園祭が行われた11月初旬、キャンパスのどこかで学生サークルのパフォーマンスが盛り上がっているのを耳にしながら、私は研究室で黙々と申請書類の作成に専念した。

事前相談から1年余りが過ぎ、締め切り期限ぎりぎりの3月下旬、「設置の趣旨」をはじめ、「教育課程の概要」「校地校舎の図面」「教員名簿」等を綴った『設置認可申請書』と、「教員組織」「教育研究業績書」「履修カリキュラム」「シラバス」「教育実習実施計画」等を綴った『課程認定申請書』、ともに厚さ10数センチのファイルをようやく仕上げ、次長、事務職員と共にそれらを携えて文科省に出向き、手渡す。必要な書類が揃っているかどうか、書式に誤りがないかどうかなどをひととおり確認すると、はい、確かに受領致しました、と係官。それではこれを一応私どもの方で精査して、修正箇所等が生じましたら後日ご連絡しますので、その節は必要な対応をよろしくお願いします、それが済んだら審議会の審査にかけて、そこでの指摘があればさらに補正して頂くことになります、ご苦労様でした。同じ部屋ではどこかの大学の関係者が別の担当官に、やはり恭しく書類を提出している。どうぞよろしくお願いしますと私たちは揃って頭を下げる。かくて申請書類一式は当局の手に渡り、次のステップに進んだ。ともかく受理されましたね。うまくいくといいがなあ。あとは天命を待つのみだな。私たちはエレベーターの中で、こもごも感想を口にする。春の午後、虎ノ門はこの日朝から雨だった。

しばらくすると、文科省から多数の事項について修正の指示が入る。この教員は担当科目に相当する研究業績の存在が確認できないので「保留」とする、ついては研究業績を追加されたい、この教員の担当予定科目のうちこの科目は担当不適なので非常勤講師などで補充されたいといった、教員の資格に関する指摘が大部分を占めていた。設置に伴って招聘する国立大学の定年退職教授などはそれなりのキャリア・業績があるから、予定科目の担当は格別の問題もなく「適」と判定されたが、短大部から移行して来る教員たちの何人かは、業績不十分を理由に、担当予定科目の一部が「不適」とか「保留」とされたため、担当科目を差し替えたり複数教員で共同担当するなどの対応をとらざるをえなかった。

条件付きで内定した外部からの採用予定者の中にも「不適」とされ、内定を取り消さなければならない者が出た。教委に紹介してもらった小中学校出身の現場教員にそれが多かった。この人なら大丈夫だろうとの私の見立てと当局の判断とのズレも少なくなかった。苦労してやっと探索した候補者の折角の内定を取り消すのは気が重く、何よりそれら候補者たちのプライドを傷つけるものであったが、そういう感慨にふける余裕はない。ご迷惑をかけてまことに申し訳ありませんでしたと平謝りに謝って内定を取り消す。修正・補正のための期間はわずかしか与えられておらず、内定取消と新たな人材の探索の作業には多大なエネルギーを費やした。A大時代に同僚だった退職教授をはじめ、知り合いの退職教授の何人かに急きょ電話して、特任教授になってくれませんかと頼み込む。「特任教授」は申請書類上は一応「専任」だが、その実質は特定の科目だけを担当する非常勤講師で、給料も格段に安い。多くの科目を担当するわけではない教員は特任として採用するのが人件費の関係で合理的だというのが、本部の方針だった。あたしゃもう大学で働きたくないよ。まあ先生そうおっしゃらないで、何とか助けてくださいませんか。ふーん、そんなにお困りなら仕方ないなあと、嫌々引き受ける人もいれば、ちょうど毎日時間を持て余していてね、じゃあ折角だからやらせて頂こうかと、喜んで引き受けてくれる人もいた。とりあえず引き受けてくれて、後になってから、月給は幾らぐらいになるでしょうかと聞いてくる人もいた。

修正事項は教員資格に留まらず、科目名やシラバスの書き方・内容にも及ぶ。文科省の申請手引き書には科目名が多数例示されているが、例えば、「生活指導」で申請した科目は、名称があいまいだから手引きどおりの「生徒指導」にしてくださいとか、第1回から第15回までの半期の授業計画を記したシラバスについて、期末試験は全15回の授業が終了してから16回目に実施するよう書き直してくださいとか、毎回の授業計画欄には、「近現代文学（1）」「近現代文学（2）」「近現代文学（3）」といった名称でなく、それぞれの回に行う授業の内容が具体的にわかるタイトルを付ける必要があるとか、使用する教科書・資料の記載欄には学習指導要領を明記すること、といった指摘を受けた。事務局である文科省としては、審議会等で説明し審査をスムーズにパスできるようにと配慮してくれてのことではあろうが、それにしてもチェックは詳細にわたる。

教育学を勉強していた学生・院生時代、文部当局が学習指導要領を作成して教育内容に関与するのは教育行政による不当な支配であって憲法・教育基本法に反する、という説が学界では有力で、多くの先生たちはそう講義していて、私もそういう気になっていたが、時を経て今や学習指導要領は、教員養成課程における不可欠の、ないしは重要なテキストとして使用・参照を求められるに至っている。かつて受講したことのある教育法学の通説が脳裡をかすめないわけではないが、審査にパスして認可を受けることの方が大切だから、理論は棚上げして実務を優先させ、当局からの要請に粛々と従って指摘どおりに修正・補正する。申請にあたって反論や抵抗はご法度である。認可申請はまさしく、当局の意見に従い、政策に協力し、さらにはそれを率先する、時流に棹さす作業なのである。

5

補正申請書の提出後も、再修正・再々修正が文科当局から求められ、そのたびに対応に追われた。教員審査で「保留」となった教員の研究業績一覧を書き直して再提出・再々提出した挙句に、結局は「不適」と判定される外部の採用内定者もいて、新たに特任教授を探さなければならない事態にも遭遇した。その結果、ベテランの特任教授の人数が大幅にふくらんで、教員の約3分の1が65歳を超える高齢者で占められることになってしまった。最高齢者は77歳の特任教授である。ともあれ、しかし幸いなことに、短大部の教員で担当予定科目の全てを「不適」とされた教員は一人もおらず、全員が新学部に移行できることとなったが、2科目か3科目のみ「適」とされた者が相当数いた。「実習指導」のみ担当可とされた教員もいた。

文科省とのやり取りの中でこうしたことが明らかになりつつあったある日、事務局次長が、授業をちょっとしか担当しない専任教員がこんなに多くいては大学の財政を圧迫する、そもそもこの教員たちはヒマを持て余すことになる、何とか合理化できないかと言ってきた。業績不十分な短大部出身の一部専任教員を特任教員にしようとの意図に出るもののようだった。経営の立場からはもっともな発想ではあったが、新学部の設置に伴って誰も犠牲にしないことをめざしてきた私としては、そのような格下げないし実質的な解雇は到底受け入れられなかった。ムダな教員は一人もいません、設置が認可されて4年後の完成年度が終わったら文科省の縛りがなくなりますし、そうしたら担当科目を見直して先生方の負担コマ数を平準化するので、今はこの線で設置を進めさせて頂きますと、次長の合理化要求を拒んだ。

10月下旬、気をもんでいたが、文科省から認可書が届いた。文面には、「ついては、施設、設備、教員組織等に関する設置計画は、申請どおり確実に履行してください」とあった。学長がやって来て、お陰さまで何とか首尾よく認可されました、ありがとうございますと礼を述べた。こんなに順調に運ぶとは思っていませんでした、初回は不認可になるかもしれないと覚悟していたのです、知り合いの大学も今年申請したようですが、教員審査でどうしてもうまくいかず、申請を取り下げたということです、ウチは一発で合格して、本当によかったです、ありがとうございました。いえ、あちこち絆創膏を貼ってどうにかパスできました、次長さんや先生方や事務方のお力の賜物です。私は学長に、同僚たちの奮闘を称えた。しかし、設置準備室の委員に委嘱した短大部教員2名がいずれも「役立たず」であったためにその組織をほとんど稼働させず、大部で複雑で手間のかかる申請書類の多くは私が単独で作成・修正したことは、口にしなかった。業績不足で科目担当の一部が「保留」とされた某教員に書類の書き直しを依頼したところ、学内広報紙『C大だより』のコラムを研究業績に追加してきて、結局は当該科目の担当が不適となり、非常勤講師を充ててしのぐことになったことも、口に出さなかった。担当不適となった教員たちの科目の幾つかを私が肩代わりし、その結果誰よりも担当コマ数が多くなったこと、それが高齢の身には大きな負担であることについても、黙っていた。

政界や官界や財界、さらには一部の文化人グループも加わって、この国の大学を、とりわけ教員養成系学部を、国際競争に打ち勝つに足る人材を育成する機関とすべく、その内的事項にわたって強力に方向づけようとしていること、それと裏腹に、少子化状況の中で学生集めに四苦八苦し、何とか活路を見出そうとあれこれの改革を試みる新興の中小私立大学が、生き残るために政策や世論に調子を合わせ、時には自ら買って出て流れを勢いづけようとする光景を、私は申請作業に携わる中で改めて目の当たりにした。ほかならぬ私自身がそのように振る舞った。内申点を上げてもらおうと担任教師の前で「よい子」を演じる中学生のように。国立大学が法人化するに際して中期目標や中期計画を作成する際のA大学での作業を通じて、こうしたことはある程度経験済みではあったが、C大学での申請作業の中でさらに切実に味わうことになった。大学の教員を40年近くも続け、この期に及んで当局の言いなりになるなど、職務上やむをえないこととはいえ、今さら何を仕出かしているのかという思いが胸を突き上げる。お前はこの広い世界にいてもいなくても一向に構わないちっぽけな私人でしかないが、宮仕えしている「公人」としては結果的に、微力ながらこの国の大学を貶《おとし》めることに加担している共犯者の一人なのではないか、片棒を担ぐのはもうやめて、いい加減に退場すべきだという声が、私の中のあちこちから聞こえてくる。

II 渦に巻かれて

変貌

1

イノベーション、アカウンタビリティ、ステークホルダー、コンプライアンス、ガバナンス、ミッションといったカタカナと、スーパーグローバル大学、大学発ベンチャー支援ファンドなどの和英混合語。大学の役割や任務を語るのに最近よく用いられる言い回しである。何もかもではないにしても、その基調において、どうやらこの国の大学がアメリカ規格の仕様で再構築されようとしているらしいことが窺い知れる。わが国の学校がアメリカの影響を深く受けているのは今に始まったことではなく、それは明治初期に遡ることができるが、近時の大学でこうした傾向がすこぶる顕著になってきたのは１９９０年代初頭、いわゆる新自由主義が喧伝されたあたりからであるように思われる。少なくとも私が大学に勤務し始めた１９７０年代半ば頃には、このようなタームはこれほど頻繁に用いられていなかったと記憶する。

２年間助手を務めた後の70年代末、地方の国立Ａ大学教員養成学部に赴任した。広大なキャンパスには雑木林や馬場や池があり、Ａ大は全体として何事もゆったりとしていた。教員採用試験も、学生たちは自学自習でほとんどが現役合格していたから、私たち教員は教採など気にせず、「自由にアカデミックに」、言ってみればいかにも「大学教員」らしく振る舞って授業をしていた。学生は地味で真面目なタイプが多かったが、必ずしも教職志向に閉じこもらず、新聞社に就職したり国家公務員上級試験を受けたり、中には司法試験に挑戦する者もいて、多様性と覇気があった。教採の合格者数や合格率を競い合うことに追い立てられる空気もなかった。廊下を隔てて研究室の向かいに学生たちの溜まり場があり、ある日の昼下がり、その部屋で学生たちが賑やかに騒いでいて、そのうち一人の男子学生が大声で、この指とーまれ！と叫び、それに続いてわーいわーいと男女の歓声が上がったのを耳にした時、最近の大学生はずいぶん子どもっぽくなったものだとひそかに苦笑したが、こうした光景を「大学の体質変化」とまではまだ認識していなかった。

Ａ大に赴任してしばらくは、格別の問題も感じることなく、自分が学んでいた大学におけると同じような感覚で講義や演習をやっていて、小中学校の教師となるに必要なスキル、今で言う実践的指導力なるものを学生に教え込まなければならないと意識することはなかった。教育基本法の条文を丸暗記させるより、教基法の沿革と教育法体系に占める位置を明確にすることの方がはるかに重要だと思い、また、学習指導要領の文言を覚えさせるより、学習指導要領の法的性格について説く方がよほど意味あることだと思い、さらに、運動会のプログラムを作らせてみたりするより、なぜ学校に運動会を組み込むようになったかを考えさせる方が大切だと思い、だから教育を、テクニックの問題としてでなく、自由や権利や憲政の問題と関連させながら授業していた。

教育実習委員会の仕事をしていた頃、年に何度か実習先の学校の教師たちと懇談会を開き、実習の事前打ち合わせ会や事後の反省会をすると、ほぼ必ず現場側から、学生たちにもっと板書の仕方や話し方や指導案の書き方などをしっかり身につけさせてほしいという要望が強く出された。承知しました、そのように致しますと答えはするものの、会が終わると私たち大学側の教員は、現場の先生たちはあんなこと言っているが、大学はそういう表面的なテクニックを教える所ではない、授業のやり方などは現場で先輩教師から仕込まれるべきものだなどと、いささか勝手な理屈を並べ、現場の先生たちからの要望はその場で聞き流し、それに応えるような授業を組み立てたり、授業内容を見直したりといった具体的な手立ては講じなかった。要望に応えることができるほど教育現場に通暁している者が大学にはいなかったからでもある。

懇談会が終わると、現場教師ともども大学のバスに乗り込み、公費で近くの温泉地に繰り出し、宿泊して宴会をするのが慣例だった。酒席では酔った勢いで、会議ではあんなことお願いしましたが、本当は自分も、大学はそういう所ではないと思ってるんです、だいいち現場では普段、そんなに立派な指導案なんて書いてませんよ、などと弁解したり本音を吐いたりする小中学校教師も少なくなかった。何かにつけて「実践」を叫ぶ現場教師と、何かにつけて「学問」を叫ぶ大学教員との間には、建前上の対立・緊張関係はあったが、それは酒席で理解し合い、解消されていた。

やがて景気が悪化し、公費による宴会・旅行に対する世間の目が厳しくなってご法度とされるにつれ、この種の対立・緊張の溝を埋める「人間味」溢れる融和の機会がなくなった。教育現場と大学との間のこの溝は後に、教員養成系大学・学部が、小中高などでの教職経験が豊かな実務家教員を専任スタッフに迎えるという形で埋められていくことになる。それはしかし、現場教師と大学教員との間の連携協力、あるいは実践と理論の協働という名のもと、「アカデミズム」が「実用」に飲み込まれていくことであり、大学を、即戦力に富む教員を作り出す訓練場とすることであり、要するに、教員養成系大学・学部を教育行政と教育現場の付属施設と化すものにほかならなかった。

１９８０年代末、「大学は知識産業としてのサービス業」であるとの理念を掲げ、休講のないことを標榜し、実業界出身の教授陣を揃えていることなどを誇る私立大学が関東地方に出現した。学生の出欠は一切気にせず、授業を20分30分遅れて始めたり、20分30分早めて終わったりすることがごく当たり前のように行われ、それが当時の大学の、少なくとも文系学部の文化でもあったから、この新種の私大の登場は私たちを当惑させた。何とも窮屈そうだ、あそこに勤めたら肩が凝ってしまうかもしれないというのが、私を含めて学部教員たちの率直な感想だった。しかし、それから四半世紀以上が経ち、周囲を見渡すと、今やわが国の大学の多くが、資格付与と就職斡旋を主たるセールスポイントとする「サービス業」に徹底している。学生の出席を厳格に管理すること、休講したら必ず補講すること、就職率が全国ランキングのどこに位置しているかを気にしなければならないこと等について、白昼堂々と疑問や異議を唱える大学教員はもはや存在しない。のみならず、彼らは（私も）先を競ってサービスの充実と向上に努めているのである。大学はサービス業だと言明したあの私立大学の出現は、１９９０年代以降のわが国の大学の変貌を告げ、その先駆けをなした進軍ラッパだった。

2

大学に数々の変化をもたらすきっかけを与え、その流れに棹さしたのは、直接的には、１９８４年から3年間にわたって活動した臨時教育審議会（臨教審）だったろう。審議の状況を大々的かつ華々しく公表し（『臨教審だより』の定期的刊行など）、戦後教育を総決算することを世間にアピールした臨教審は、明治初期の『学制』、敗戦直後の学制改革に次ぐ「第三の教育改革」をめざした。１９８７年に臨教審が活動を閉じてから新たに設置された大学審議会は、大学改革のための答申を矢継ぎ早に出した。「大学院制度の弾力化について」（88年12月）、「大学教育の改善について」「学位制度の見直し及び大学院の評価について」「学位授与機関の創設について」（以上いずれも91年2月）、「平成5年度以降の高等教育の計画的整備について」「大学院の整備充実について」「大学設置基準等及び学位規則の改正について」（以上いずれも同年5月）、「大学院の量的整備について」（同年11月）といった具合である。この時期、大学・大学院が続々と新増設されもした。

こうした動きのまっただ中、私はA大の学生部長に就任した。学生部長は、教養教育をはじめ、学生寮、学内掲示板、学生自治会、外国人留学生対応等々多岐にわたる業務を担当することになっていた。その職務内容から学生部長は、かつては学生を監視・管理する「弾圧職」と捉えられる面があった。学部の学生だった時、学生部に次長制を布くということで、学生たちは、弾圧が強められるのではないかとして激しい反対運動を展開したことがある。学生部という部局は学生を取り締まる所だと、自治会の活動家たちがしきりに演説していたから、私も、学生部長と学生部次長はその元凶として危険なものらしいと思い込み、構内で制度反対の渦巻きデモに参加した。それから30年後、こともあろうに自分がその学生部長に就任する羽目になったのだった。もっとも、学生部長の仕事は、私が就任した頃には、学生たちが大学生活を満喫できるよう世話をやくことに重点が移っていて、こわもての役職ではなくなっていた。因みにこの時期、A大では学生自治会は消滅しており、新聞会も廃部になっていた。自治会や新聞会で活動していると教員採用や就職に不利だという噂がどこからか広まり、広められて、学生たちがこの種の学内団体に寄りつかなくなったからである。

ある時学生寮で盗難事件が発生した。報告を受けて次長ら事務官たちと対応を協議していると、寮長以下数人の学生たちがやって来て、早く警察に調べてもらってほしいと言う。私自身は学生時代ノンポリで、学生運動の闘士であった同級生たちから、お前はプチブルだなどと批判されていたが、寮長たちの警察官導入依頼には、ノンポリ学生部長もさすがにあわてた。大学はそう簡単に警察を入れないものだよ。へえ、どうしてですか、と学生たちは怪訝な顔をする。ポポロ劇団事件って知ってる？ と聞くと、それ何ですかと聞き返す。学生部長が学生たちにこのようなことを教え諭さなければならないとは、皮肉なめぐり合わせとしか言いようがない。大学と大学生の様変わりを痛烈に思い知らされるやり取りだった。盗難事件は調査の結果、幼い頃から盗癖のある学生によるものであることが判明した。精神的に種々の重大な問題を抱えている学生でも入試を突破して入学して来る例が増えるきざしも、この頃に現れた。

学生部長に就任したのは、教養部を廃止してそこの教員を全てどこかの専門学部に配置換えし、教養教育は全教員が担当するという仕事が始まろうとしている矢先だった。旧教養部の教員たちは、大学における教養教育の意義と重要性を説き、教養部廃止を厳しく糾弾し、教養教育を全教員が分担することについて学長と学生部長を連日連夜非難・追及した。一方で、教養部教員は「専門性」が高くないとして彼らの配置換え（＝受け入れ）に難色を示す専門学部もあり、また、自分は専門科目を担当するのが職務であって教養科目などに興味はないとして、教養教育の全学出動に協力することを拒む専門学部の教員もおり、ベクトルを異にする幾つもの反対に遭って学長も私も苦闘した。夕方に開会して翌朝まで続く長時間会議を再三くり返し、教養教育の実施体制にようやく一応の目途がついたのは、教養部廃止後3年ほど経ってである。興味深かったのは、当初あれほど教養教育の意義と重要性を力説してやまなかった旧教養部教員がいつしか、教養科目の持ちゴマが多くて専門科目に専念できない、教養科目の担当を減らしてほしいと訴えるようになったことである。

教養部廃止・教養教育再編の仕事が一段落すると、授業内容を予め示す「シラバス」(講義要項)を全学規模で作成する作業に取りかかった。半期15回の授業の内容を、1回目から15回目まで記述したものを冊子にまとめるとともに、パソコンでも見られるようにするのである。シラバスの導入が各学部の教授会で審議されると、反対意見が続出した。大学本部は授業内容を検閲して、不都合な授業をする教員を排除しようとするのではないかとか、そもそも授業は生き物なのであって、その場その場の流れに対応していかなくてはならない性格のものだから、予定どおりに進むとは限らないのに、15回分を予め示すのは不適当だ等々。シラバスの導入を企て、これを広く学外にも閲覧可能にしようとした学長と、その実務を担当する私に対する批判は辛辣だった。しかしこれは避けることのできないものだった。すでにこれを導入している大学の数や名を機会あるごとに公表するという手法で、文部当局は直接間接に導入を促し(強制し)ており、遅滞したり拒否したりすれば、大学に何らかの不利益がもたらされかねない気配だった。教員たちのそれとして筋の通った「正論」を斥け、国際競争に打ち勝って大学も国家も生き残らなければならないのだという大義名分を掲げて、シラバスの導入は強行せざるをえず、そして強行した。学生部長を務めたことで、私は所属する学部の多くの友人を失った。

学生部長の任期は3月末までだったが、学長は前年の10月で任期が切れることになっていた。次期学長からは学生部長の留任を要請されたが、私はそれを断わり、現学長とともに離任することにした。現学長はブルドーザーのような勢いでリーダーシップを発揮し、ために教員たちの反感を買うこともあったが、頭脳明晰でブレない、また裏工作などもしない、その限りで信頼できる人物だった。次期学長は必ずしも現学長と志を同じくする人ではなかったこともあり、私は、たとえ半年でも次期学長には仕えないことにしたのである。学長の任期満了の日、学長とともに離任式を終えて正面玄関で教職員から花束を受け取ると、黒塗りの公用車が車寄せにやって来て私たち二人を乗せる。どこへ行くんですかと尋ねると、なあに、そこら辺をひと回りしてまた大学に戻るんです、と運転手が笑いながら言う。見送りの教職員たちが引き上げた頃を見計らって公用車は、がらんとした正面玄関の車寄せに戻り、私たちを降ろす。Ａ大の幹部離任式のしきたりだった。

3

シラバス、オフィスアワー、ＦＤ、学生による授業評価、自己点検評価、第三者評価、外部評議員の導入、ＧＰＡ、ＡＯ入試、推薦入試、地域貢献、オープンキャンパス等々、大学改革のための様々なツールが国立大学に次々と導入されたが、大学はそうしたツールの洪水に見舞われるばかりで、それらをなかなか使いこなせなかった。私はＡ大を定年前に辞して私立大学に転出したので、これら改革ツールの本格的作動は、私大に移ってから目にすることになった。

ＦＤ（Faculty Development）は文字どおり学部の成長発展のための手立てを講じることで、外部の大学からその道に詳しい講師に講演を依頼する一方、個々の教員の授業を相互に参観して、それをめぐって授業研究会をするなどし、それによって学部全体の力量を高めることをめざすのが趣旨だった。Ａ大でも概ねそういうやり方で実施していた。しかし、当時のＡ大では、教員たちの多くはＦＤにさほど熱心ではなかった。大学の授業は各教員がそれぞれの科目を、当該科目の特性に合わせ、責任を持って担当すべきものであって、授業を上手にやるなどということは大して重要ではなく、むしろそうしたことは小中学校には適するが大学には馴染まない、大学教員に大切なのは授業方法ではなく授業内容だと考えていたからである。ＦＤに熱心なのはまだほんの僅かな教員に留まっていた。

転出先のＢ大学はＦＤに極めて熱心だった。毎週定期に開催される全学教職員集会で研修担当の教員が、オーナーの著作を全員に持参させ、これをテキストにして、教室で学生たちを着席させる仕方、資料の作り方、学生たちを指名してテキストを音読させる方法、音読した学生を褒め・励ます方法、わかり易い板書の例示、机間巡視のやり方などを、詳細に伝授した。伝授された授業方法を実施しないと教学課長から注意され、それがたび重なると反省文の提出を求められた。定期的に行われるＦＤ研修と日常の授業実践が密接に連結していたわけである。Ｂ大ではこのほか年に一度、外部講師を招いて講演会が行われた。Ｂ大に在職していた2年間、招かれた講師は二度とも同一人物で、若手の国立大学教員だった。アメリカに留学して大学における授業方法の研究に従事するとともに、その方面の実践的トレーニングも受けたということで、講演では、カラフルな画像を駆使して次々と横文字を映し出した。どうしてあんなに自信に満ちた口調で2時間も熱っぽく授業のやり方を話せるのだろうかと、聞いていて感服した。

講演を終えて講師は、何かご質問は？と聞く。はいと挙手して何人かの教員が質問する。どうやったら学生たちの興味関心を引くことができるでしょうか、板書はどのタイミングでやればよいでしょうか、シラバスはどんなふうに書いたらよいでしょうか等々。大学教員たる者が質問すべきような事がらではないのではないかと私は内心思ったが、講師は、大変いいご質問です、それは重要な問題です、などと言いながら、丁寧かつ詳細に淀みなく答える。講師は、自らが所属している大学が幾つかの国公私立大学に呼びかけて立ち上げたFD研究会の中心メンバーで、その分野の第一人者として方々の大学に招かれ、東奔西走の由。つい先ごろまで私も国立大学に在職していたが、いつの間にか国立大でもこういう教員が活躍しているのかと半ば感心し、半ば幻滅した。フロアとの間の質疑応答が一段落すると、司会を担当する自己点検評価委員長が、お忙しい中を本学のためにわざわざおいでくださった講師の先生にもう一度盛大な拍手をお願いしますと締めくくる。多忙な有名人を呼ぶことは、それ自体が委員長の手柄なのだった。かの若きファカルティ・ディベロッパー講師の如く、また自己点検評価委員長の如く、制度が変わるのに伴い、それまで眠っていた才能・実力を俄然発揮して生き生きと活躍し始める人材は、どの職場にもいる。

講演会が終了するとアンケート用紙が配られる。講演の内容は有益でしたか、どの項目の話が一番印象的でしたか、講演で得た知見を実際の授業で役立てたいと思いますか、次の講演ではどんな内容を希望しますか、などの質問事項が並ぶ。アンケートは記名式だったから、当たり障りのない回答をして集計箱に入れる。

ＦＤ講演会は、次に移ったＣ大学においても行われていた。Ｂ大に呼ばれていた講師がＣ大でも講演したことがある。彼がその世界では有名人であることを改めて再認識させられたが、話の内容はＢ大で聞いたのと寸分違わず、そこで映し出したプレゼン画像も全く同じものだった。講演が終わって私は、大いにためになったよと全学ＦＤ委員会の委員長に声をかける。まあねえ、大学の第三者評価の点検項目にＦＤに関するものがあるから、それに書けるようにアリバイを作っているようなものですよ、と委員長は弁明する。大学の自己点検・評価の項目に掲げ、大学側にそれを回答させることを通じてＦＤを浸透させようというのが政策側の意図であり戦略でもあるが、所詮は外国からの輸入ツールで大学側の内発的なものではないから、導入されてかなりの年月が経つ割には、Ｂ大のような例はあるものの、ＦＤは全体としてはこの国の大学には未だ必ずしも十分根づいていないように見受けられる。

Ｃ大では毎年この種の講演会を開催する以外に、学部学科ごとに教員による同僚の授業の参観を行っている。C大に移って最初に配属された学部学科では、前期と後期に一回ずつ同僚教員の授業参観を行い、そのたびに授業検討会なるものを実施するが、その実際は、駅前のチェーン酒場での飲み会である。年度末に作成する学科の自己点検報告書には、FD研修を開催して活発に意見を交わした、と記述する。誰かがある時、大体ね、FDを一生懸命やっているのはろくでもない大学ばかりだ、と放言したことがあるが、そうだそうだと一同意見がたちまち一致した。この学科のFD検討会は、やっているふりをしてもっぱら宴会に充てていたが、大学本部はそれを知ってか知らないでか、そのことに何かを注文してきたことはない。因みに、FD研修と称して宴会にうつつを抜かしているために学科のレベルや力量が低下したり無気力がはびこったりした形跡は、全くなかった。

4

学生による授業評価もA大在職中に始まっていた。

かつて1950年代後半、校長や教育委員会が教師の勤務を評定するという政策が打ち出され、「先生にも通信簿」などと教育界が騒然となったことがある。文部省（当時）と日教組が鋭く対峙していた当時、革新政党も日教組も勢いがあり力もあったから、「勤務評定反対闘争」は熾烈を極め、幾つもの「勤評裁判」が発生し、この国の教育裁判に重要な歴史的エポックを形成した。こうしたいきさつから、教師の勤務評定は実質的には骨抜きとなって推移した。しかしやがて、臨教審が教育の世界にも経営感覚・競争原理を導入することの必要性を議論したことを契機として、「頑張っている先生に報いる」的な発想のもと、教師の勤務ぶりを明確な形で評価すべきことが、かつてのように遠慮がちにではなく、むしろこのたびは教育界の一定の支持をも背景に、声高に主張されるに至り、より洗練された形での「勤評」が復活している。大学における学生による授業評価は、こうした流れが定着する中で登場してきたものである。

授業はシラバスに沿って行われましたか、教員の配布資料は適切でしたか、板書は適切でしたか、授業はわかり易かったですか、授業内容に興味を持つことができましたか、主体的に予習・復習に取り組みましたか、等々の項目で、学期の終了時に15分ほどの時間を取って学生がアンケート用紙に記入する。評価は、大いにそう思う、どちらかというとそう思う、どちらとも言えない、どちらかというとそう思わない、全くそう思わない、の5段階で、上から順に5点、4点、3点、2点、1点の得点となる。用紙を集めて封筒に入れ、教務課の窓口に届けるのは学生で、教員は一切手を出さない。学生が記入を始めると教員は室外に出るのである。5点満点で私はいつも平均点が3.7ほどだった。感覚的な印象を言うと、受講者が多い授業ほど平均点は下がり、欠席が多い学生ほど厳しい自由記述を書き込む傾向にあった。私に対する注文・苦情は、字が汚いからもっと丁寧にとか、わかり易く整理してほしいなど、板書に関するものが多かった。しかし私は、字が汚いのは生まれつきなので悪しからずとか、ノートにどのように整理して書くかは諸君に任せるなどと開き直って、一向に改めなかった。

A大では私が退職する2年ほど前から、授業評価で高得点を取った教員を、ベストプロフェッサーとして表彰する制度を設けた。私の研究室の隣の教授がその第一号に選ばれた。イラスト入りの資料の配布、対話を通じての授業、学生によるグループ学習、適度なユーモア等が、学生たちを惹きつけて人気が高く、大学本部はそれを評価したらしい。教授会に学長がやって来て、当該教授に賞状と楯を贈呈する。拍手に包まれて、教授はしかし、恥ずかしそうにあいまいな笑みを浮かべた。私も勿論祝福してあげたが、ベストドレッサーを表彰する方がはるかに気がきいているというのがその折の私の感想である。

転出したB大でも授業評価は実施されていて、各担当教員に返却される評価結果一覧表には、平均点4.0以上だとその箇所に青色の蛍光ペンで、3点台は黄色、それ以下には赤色が塗られていた。私はここでも相変わらず平均点が3.7前後で、全ての授業がイエローカードだったが、周りの教員たちの平均点はすこぶる高く、4.0を超えている者が多かった。大学案内パンフレットには、本学の授業は学生たちに高く評価されています、という一文が印刷されている。本学には教育力に優れた教員が揃っているというアピールだったが、学生の授業評価をB大ではそのように活用していた。親しくなった若い准教授は、平均点がいつも4.8以上という驚異的な高得点だった。どうしてそんなにすごいんだい？　いえね、授業評価が近づくと学生たちにギターを弾いてあげたりちょっとしたお菓子をなにげにプレゼントしたりするんです、評価はてきめんに上がりますよ、皆さん結構そうやってます、先生もそうされてみてはいかがですか。

B大で同僚になった大学時代の同級生Kaと雑談する。お前がいた前の国立大学でも授業評価はやっていたんだろう？ と私が聞く。やってたよ、お上の命令だからね、もっともほとんどの教員はそんなの真面目にやってなかったし、役立てようともしなかったな、年中行事だからやっていただけさ、オレも評価結果なんかろくに見もしないで、手元に配られるとすぐシュレッダーにかけた、今だってそうさと素っ気なく言う。例のあの准教授ね、彼は評価を上げるためにいろいろ苦労しているらしいよ。そうらしいな、偉いもんだ。我々も見習って学生にお菓子でもプレゼントするか。ばか言うな、そんなことしてまで学生からよく思われたくないよ。

二つ目の転出先であるC大でも学生による授業評価は行われていた。質問項目はA大B大とほぼ同じで、私に対する学生たちの評点と板書苦情、それに私が一向に改めようとしないでいることも相変わらずだった。C大ではある時期から、学生各人がスマートフォンを用いて入力するようになっている。

5

学生時代の授業を思い浮かべてみる。黒板にドイツ語を縦横に乱雑に書きなぐり、ドイツ語で論ぜよとの期末試験を出題した刑法総論の教授、変色した古いノートを棒読みするだけだった日本政治史の教授、あとで参考文献を読んでおいてくださいませとくり返すだけでろくに中身のある講義をしなかった物権法の教授、花魁《おいらん》道中と花柳界を語ることに余念がなかった近世国文学史の教授等々、いずれも難解で退屈でいい加減で楽しく、自由で痛快で魅力溢れる授業を展開していた。学生による授業評価などというものもなく、当時の教授たちは適当に休講しながら好き勝手に講義をしていて、幸せそうだった。

競争に打ち勝て、勝ち組になれと政府は国民を叱咤激励し、そのノリで大学に対しても、何かにつけて数値化し、点検させ、評価し、成果を競わせ、序列化し、産官と連携協力させ、教員の教育・研究を陰に陽に方向づけようとする。大学は経済成長の要《かなめ》の一つだとし、教員養成系大学・学部にあっては、この方向づけは、学生たちに何よりも「実践的指導力」を身につけさせよとの号令となって具体化する。教師はただひたすらわかり易く楽しく巧みな授業をすることに徹すればよく、判断力が十分でない子ども達に向かって役にも立たない理論を振り回してはならない、それ故、教師を養成する大学・学部の教員たちも、実践に関係のない理論や思想を学生たちに吹き込んで、余計な真理探求・批判精神などつけさせる必要はない、それは教育の中立性を侵すことにもつながる、と言わんばかりに。

最先端の研究に携わっているごく一部のめざましい有力大学とその教員たちは別にして、大方の大学と教員たちに対して政治と行政は、一見各大学の特色なり独自性なり自主性なりを尊重するようでいて、その実あれこれと細部にわたって関与し、実績を上げなければ退場を促そうとする。——それが1990年代以降に顕著となったこの国の大学政策であり、大学の変貌はそうした政策の進行によってもたらされたのである。この変貌は、おそらくは時代の、そしてこの国の多くの人々の求めと賛同に応じて、「民主的」にもたらされた結果でもある。してみればそれは不当でも間違いでもなく、むしろ状況に見合った正当な、ないしは歴史必然的なものなのであって、批判したり嫌悪したり嘆いたりするのは妥当ではない。それはただ私の感覚と合わなくなってしまったに過ぎない。導入当初あれほど鋭く厳しい異論や批判があったシラバスもＦＤも授業評価も、時を経て今やほとんどの大学で格別の違和感もなく、さらには進んでそれを熱心に実施しているのを見るにつけ、その感を強くする。大学は、私の遠く及ばない彼方に移って行ってしまっている。そうして私には、それに適応できる力も、それを率先して推し進めるエネルギーも意思も、もはやない。私はすでに、大学という世界に留まっているのがふさわしくない旧時代人となってしまっているのである。

セクハラ

1

A大学で学部長に再選されて1年が過ぎようとしていた年の暮れ、私は事務局から、イタリアのZ大学を訪問するように言われた。数ケ月前、A大はZ大と交流協定を締結し、締結の前後には学長をはじめ関係教職員たちが先方を訪れていたが、協定締結に事実上重要な仲介役を務めたNa教授が所属する学部の長はまだ出向いていなかったことから、当該学部の長も表敬訪問すべきだと本部が判断したものと思われる。そこでNa教授とZ大に赴くことになった。折しもA大には、改革の荒波が押し寄せていて、学部内でも改革のあり方・進め方をめぐって意見が鋭く対立し、深い溝が生じており、私は疲労困憊気味だった。それで、この旅行はいっときの癒しをもたらしてくれそうな気がした。折角の機会だからと思い、私は教授会で、私に支給される旅費を均等に分け合い、不足分は私も含めて各自が私費負担する、との条件を付けて、同僚の参加を募った。多額の自己負担にもかかわらず、3名の教員がこれに応じて同行することとなった。

イタリアについては、ローマのコロッセオとかピサの斜塔とか水の都ヴェニス、ポンペイ、マフィア、指揮者トスカニーニだのボローニャ大学の法学、……誰もが知っていること以上には特に深い知識もなく、多くを知らなかったが、歴史の古いこの国を訪れることは、大きな喜びだった。ホテルの予約、表敬訪問の日程等は大方Na教授がセットしてくれて、出発は2月初旬に決まった。お土産は広重の版画とし、浮世絵に詳しい同僚教授に、東海道五十三次のうち「日本橋・朝之景」を見立ててもらい、東京・浅草から手刷りの1枚を取り寄せて額に収めた。

出発の準備が整いつつあったある日、学部長室に女性教員がやって来て、自分の研究室の女子学生Y子がX教授からセクハラを受けたと訴えてきた旨、報告した。学生から聞き取ったメモがありますと言って女性教員は私にノートを手渡した。ノートには、学生たちを連れてゼミ旅行に出かけた先や研究室で、Y子に対し不適切な行為が何度かあったことが記されていた。女性教員の報告をひととおり聞き、ノートを一読して、私は事務長を呼んだ。セクハラって微妙ですからね、まずはご本人たちの言い分を聞いてみましょうよ。ごま塩頭の事務長は慣れた口調でそう段取りした。

翌日、Y子が後期の試験科目を全て受け終えたことを確認の上、女性教員を通じてY子に来てもらい、学部長室で話を聞いた。Y子はノートの記載とほぼ同じ内容を話した。どうしてほしいかと質問すると、もうX先生の顔なんか見たくありません、早くX先生を辞めさせてくださいと泣きじゃくった。1日置いてX教授から事情聴取した。不適切な行為なんて一切ありませんですよ、作業の最中に何かの拍子でお互いに体が接触してしまったに過ぎません、もともとY子は以前から成績が芳しくなくて、指導教授である私はそれが気になって厳しく指導していました、それが不満で今になって私を恨んで陥れようとしているのだと思います。Ｘ教授はセクハラ行為を強く否定し、今回のＹ子の訴えはこれまでの自分の指導のあり方に対する個人的な復讐なのだと主張した。Ｘ教授はアイデアにも富み、目立ちはしなかったものの力のある人だと思ったので、私は彼を学部企画委員会のメンバーに加えていたが、実際には仕事ぶりがあまり熱心でなく、妙なところで攻撃的な発言をするなどしていたことから、委員にしたのは見込み違いだったのではないかと、自らの人選にいささか落胆し始めていた矢先だった。何日か後に再度Ｙ子を呼んで事情を確認したが、彼女の言う内容は変わらず、さらに日を置いてＸ教授からも再聴取したが、これも同じくり返しだった。楽しみにしていたイタリア旅行は、突如セクハラ事件が出現したことで憂鬱なものとなったが、予定どおり出発することにした。

イタリアに出かける前日の午前、かねて約束の来客があった。Ａ大からはかなり遠方にある国立大学の学部長で、年に一度か二度の全国学部長会議で顔を合わせる程度以上の面識は双方ともなかった。学部事務長が同伴していた。名刺を交換し型どおりの挨拶を済ますと、学部長は、お互い学部改革で苦労しますなあと切り出した。こちらの学部さんは改革にどのように臨んでおられるのですか、他学部と統合するのではないかという噂もあるようですが、地元の反応はどんな具合です？と興味深げに聞く。学部統合の話は、以前学長が会議の席で半ば不用意に、Ａ大の抜本的な改革の私的アイデアとして発言したものが広まって、学内でも賛否が分かれ、県教育委員会や県民を巻き込んでしばらくの間大騒ぎになったことがありましたが、結局異論が多くて沙汰やみになりました、地域での教員養成はどうなってしまうのかという県教委の心配と抵抗が大きかったのですと、私は、しかしその件にはあまり深入りせず、もっぱら大学案内パンフレットをもとに、さして目新しくもない部分的改善事項を紹介する。しばらく話し込んで来客は、それにしても近頃の大学改革は本当に厳しい、政府も文部科学省も、次から次へと改革を迫ってくるけど、そうおいそれと教員養成の仕組みを変更することはできませんよねえ、まあ頑張るしかないですねえと何回もため息をついて、面談は1時間ほどでお開きとなった。私と会うべき要件は特に見あたらなかった。よくあることだが、それは、年度内に予算を消化するための遠隔地出張かもしれなかった。

2

私は若い時代に留学経験がなく、職を得てからも外国には格別行きたいとも思わないで過ごしてきたから、国際線に乗るのは、6年前の夏に論文作成のためオックスフォードに短期遊学したのと、4年前の冬に台北の大学に知人を訪ねて以来のことだった。搭乗したのはアリタリア航空。離陸後に機内で配られる飲み物や食事の注文の仕方は、久しぶりの海外渡航だったせいか、自分でも優雅さに欠けていたような気がする。Z大学に長く留学した経験があり、イタリアに行き慣れているNa教授は別にして、私を含めて同僚教員たちは、イタリア語には全く不案内だった。同僚たちは伊会話のテキストを広げて、「グラッチェ」などと即席の会話練習で華やいでいた。機内のＴＶスクリーンではコメディ映画が上映されている。私はNa教授の隣に座り、同僚３人の賑わいには加わらず、シートに身を沈めて、セクハラ事案をどのように処理するかを考え続けた。途中、Na教授に肩を揺すられて窓越しに見た上空からのシベリアは一面灰色で、私の気分によく合っていた。

ミラノ・マルペンサ国際空港で飛行機を乗り換え、Ｚ大のある市に向かう。市の中心部にある宿舎はやや古びてはいたが趣味のよいプチホテルの２階だった。ドゥオーモ（大聖堂）から歩いてさほど遠くない所にあり、石畳の細い道に面していた。チェックインして夕方、とりあえず荷物を広げ、シャワーを浴びる。壁画や天井画を施した広間の真中には大きなベッド、壁際には年季の入った家具一式がしつらえてあった。窓下の道を陽気に行き来する人の群れを部屋から見下ろしながら、遠い国イタリアにやって来たことに軽い興奮を覚え始める。

１日目は市の美術館を訪れた。壮大で豪華な建物の中は長い廊下と幾つもの展示室があり、天井の艶《あで》やかなフレスコ画をはじめ、ボッティチェッリやラファエロやダ・ヴィンチなど、よく耳にする巨匠たちの作品を目の前にして、私は夢見心地である。「フレスコ」は英語のフレッシュにあたる語で、壁に漆喰を塗ってそれがまだ乾かないフレスコ（新鮮な）状態のうちに顔料で絵を描くからフレスコ画と呼ぶのだと、Na教授は解説してくれる。遅ればせながらこの時初めてフレスコ画の意味を知った。夜はホテル近くのコンサートホールで、地元のオーケストラの演奏会を聴く。会場には仕事帰りの知り合い同士が多くいる様子で、開演前と休憩時にはいかにも親しげで打ち解けた談笑があちこちで交わされていた。

翌日は1時間半ほどバスに揺られて市の南部にある古都に足を延ばした。バスを終点で降り、土色の建物に囲まれた石畳の路地をそぞろ歩くと広場に出る。広場は、何日か前に催し物でもあったのか、紙吹雪の残りがあちらこちらに散らばって、風が吹くたびに前後左右に固まりながら忙《せわ》しげに移動していた。広場に面した市役所は、空を突き刺すような尖塔を備えている。市役所の上階は美術館になっていて、そこに上がって絵を鑑賞する。旧市街地から少し離れた場所にある絢爛たる大聖堂、そしてその向かい側にあった旧病院の地下深くに広がるローマ時代の遺跡等々、どれも目にするたびに圧倒されるばかりである。郊外の丘の上にある古い教会に行くと、Na教授と知り合いの、僧衣をまとった中年の男性が中を案内してくれた。手に提げたラジカセでサッカーの試合中継をしきりに気にしていて、自分は中田英寿のファンだと言って日本からの客人たちを喜ばせた。

夕食は市に戻り、海鮮レストランに入る。Na教授の行きつけの店だということで、マスターは愛想よく私たちを歓待してくれ、店員ともども、トスカーナのワインで何度も乾杯し合った。ホテルに戻って今度は一人で外出し、近くの路地を散歩する。両側には色とりどりの小物を売っている店が立ち並ぶ。カメオの小さな工房があって、店の奥で鼻眼鏡の職人が一心に細工していたが、窓ガラス越しに覗き込んでいる私に気づいて、面倒くさそうに笑った。孫のお土産にと思い、工房の隣の小さな店で木製のピノッキオの人形を買った。

3日目に本番の表敬訪問となった。Z大は学生数・教職員数ともに規模が大きく、イタリア有数の伝統大学だが、見たところ、キャンパスは特に広大な敷地を誇っているわけでなく、堂々たる建築物が並んでいるでもなく、私たちが訪れたのは、どちらかと言えば質素で目立たない古風な3階建ての学舎だった。中に入ると、天井画の天使たちが訪問者を見下ろしていた。副学長室に通されて初対面の挨拶を交わす。広重の浮世絵「日本橋」と、Z大のネクタイピンやバッジなどを交換した後、歓談が興に乗り、Na教授の通訳を介して、最近の大学について話し合う。日本でもグローバル化の流れの中で大学改革が急ピッチで進められているがどうもしっくり来ないところがあると私が言うと、白髪の副学長はゆっくりと大きく頷いて、自分もそう感じていると応じた。

最終日は、何世紀も前に市を支配していた一族の礼拝堂を訪れたり、繁華街を散策した。街の至る所に大理石の彫刻やマリア像がある。観光地として名高い橋の上では一人の小柄な老婆が近づいて手を差し出し物をねだったが、首を横に振って断わると、早口で罵るような言葉を投げつけて立ち去った。彼女は何て言ったのかとNa教授に尋ねると、お前なんか呪われて死んでしまえと悪態をついたのだと教えてくれた。帰国を翌日に控えたこの日、路地にひしめいている土産物店の前を行き来して、その1軒を選んで妻と娘たちにカメオを1個ずつ、別の店で息子に皮手袋を買った。

イタリア旅行は本来、表敬訪問を通じてZ大とA大との学術交流の絆を確かめ深め合うというのが主目的であったけれども、個人的にはそのことより、憂鬱な事件を束の間忘れようとした私なりの逃避行にほかならなかった。とはいえ美術館でも教会でもレストランでも、何かに紛れている時以外はいつも考え事をしていてうつむき加減で歩いていたためか、私は同僚たちの歩調にとかく遅れがちだった。Na教授も同僚たちも、学部でセクハラ事件が起きたことをまだ知らないでいる。

帰国の日、ミラノ・マルペンサで日本行きの飛行機に乗り継ぐ。何かの都合で搭乗までにだいぶ待たされた。機内アナウンスが座席のベルトを締めるよう促す。友達と外で遊んでいる最中に夕方、ご飯だから早く帰って来なさいと母親が子どもを呼び戻す声のように、それは私に響いた。瞬く間に過ぎた5日間のイタリア旅行もこれで終わる。壺井栄の小説『忘れ霜』（角川書店、１９５７年）の最終部分で主人公が、「さ、これでおしまい！」と自分に言い聞かせるように呟く場面があるが、私もそうしなければならなかった。離陸して水平飛行に移ると、それまで断片的に襲っていた憂鬱の波が一気に私を押しつぶそうとした。事件をどのように収束させるべきかの方針は、まだ見出せていなかった。

成田空港に到着してバスを待っていると、大学から携帯電話がかかり、かつて学部長を務めた名誉教授が昨日急に亡くなったと事務官が知らせて来た。明日がお通夜ですが先生どうされますかと聞く。世話になった先輩同僚の訃報は、ただでさえ気が滅入っている私には大きな衝撃だった。

3

帰国して数日後、私は、二つの国立大学の、それぞれかねて知り合いの学部長に会って助言を仰ぐことにした。両人とも過去に同僚のセクハラ事件を処理した経験を持っていた。先に赴いた大学の理系出身の学部長は、Xさんに自己都合退職を働きかけ、裏木戸から逃がしたらどうかと提言した。Xさんはもうお年なんでしょ？ 定年が近いのに今さらクビにするのは酷ですよ、自分が以前扱ったセクハラ事件も似たようなケースでしたが、裏口から逃がして周囲に知られないでうまく収めましたよ、首尾よく事を運ぶのも学部長の腕ですよと、彼は言った。次に訪れた大学の文系出身の学部長は、調査委員会を立ち上げて厳正に対処すべきだと忠告した。年配の教授だってセクハラはセクハラだ、許されることではない、へたにもみ消しを図ったりしたら却って問題を複雑にするし、その災いは学部長にも及びかねないからね、筋を通して行動するのが学部長の任務だ、と。

職場に戻って私は、私と同年代でそう遠くない時期に定年を迎えるX教授を慮《おもんぱか》った。彼の仕事ぶりに期待外れの感を抱いてはいたが、長年この学部に在職した同僚を見殺しにすることには躊躇があった。そうかと言ってこのまま放置することもできず、問題は何らかの形で処理しなければならない。裏口から逃がすという危険な手法をとることと、規則どおりに調査委員会を設置して筋を通すことの選択と是非、それ以外の方策はないものか、何をどうすれば誰にどのような影響をもたらすのか。――何度も比較衡量しつつ逡巡したが、結論を得ることができずにぐずぐずしていた。

2月下旬、事務長が少しあわてて部屋に入って来た。先生、いま地元の新聞社から電話があって、お宅の学部でセクハラが起きたという匿名の手紙が届いたが本当ですかと聞いてきましたよ、とりあえずは言葉を濁しておきましたが、どうしたもんですかね。この瞬間私は、X教授を逃がすという選択肢が消え去ったことを悟った。そうか、これはもう表沙汰になるな、仕方ないな。私は事務長にそう告げて学長室に急行した。私から事の次第をひととおり聞いた学長は、報告が遅れたことをとがめ、これは一刻も早く処理しないと面倒なことになると言って、直ちに総務部長を呼び、調査委員会を立ち上げるよう指示した。学内規程に基づき、調査委員会は、副学長、学生部長、当該学部長、総務部長、セクハラ防止委員会委員長、学生相談室長、それに学長指名の教授で構成され、副学長が委員長となった。

X教授には自宅に控えるよう申し渡した。数日後に急きょ開催した臨時教授会では、改革問題を議論していた時の激しくはあったが陽性の侃々諤々《かんかんがくがく》とは異質の、重く沈んだ空気の中で発言が相次いだ。学部長はいつこの事件を知ったのですか、その時からだいぶ日が経っていますが今まで我々に知らさなかったのはなぜですか、学部長は事件をもみ消そうとしたのではありませんか等々、矢継ぎ早に質問が飛ぶ。いえ、事実を確認するのに時間がかかったために先生方への報告が遅れました、その点はお詫びします、と答弁する。しかし、X教授を裏口から逃がすことなどを思いめぐらしたりして方針が定まらずに日を重ねたことは事実だから、教員たちの追及に対する私の弁明は、正直なところその場を取り繕う言い逃れにほかならず、明快さを欠いていたと自分でも思う。

調査委員会が発足して間もないある日、私は学生食堂で昼食を済ませ、キャンパス中央にある芝生のベンチに腰かけて、ぼんやりとしていた。傍らの木々では小鳥がさえずり合っている。ふと前方に視線を移すと、Y子が友人たちと楽しそうに芝生を横切って行くのが目に入った。Y子の笑顔は弾けんばかりだった。事情聴取の折には泣きながらX教授の職場排除を強く求めた彼女と、いま目の前で友人たちと笑い転げている彼女とが、私の中でどうにもつながらなかった。Y子は今回の件で心に深い傷を負っていると訴えていて、学生相談室で臨床心理士のカウンセリングを受けている筈だった。あの笑顔は、友人たちの前で無理に明るく振る舞おうと努めるY子なりの健気なポーズなのだろうか、それとも、泣きながら訴えていたセクハラ行為が実はさほどのものではないことを不覚にも表出してしまったのだろうか。私は、Y子たちの一団が芝生を横切り終わるのを見届けてベンチを離れた。

調査委員会は、被害を訴えているY子と加害を訴えられているX教授からそれぞれ複数回事情を聴取して、事実関係を確定することを任務とした。3月初めに第1回会議を開いた後、3ケ月余りにわたって会合を重ね、検討を行ったが、X教授がY子に具体的に一体どのような行為をしたかの詳細を明らかにする作業は、当事者の説明のほか特段の物証も目撃者もなく、難航した。判断は結局、どちらの言い分が矛盾なく一貫しているかという、調査委員会の印象ないし心証に依拠せざるをえなかった。気の重い討議を経て委員長は、X教授はY子に不適切な行為をしたことが認められる旨の報告案を作成し、委員会はこれを了承した。

4

6月中旬の早朝、X教授の処分を審議するために召集された全学の臨時評議会では、まず調査委員会の経過が報告され、質疑応答の末、委員会の認定事実がほぼ原案どおり承認された。事実の確定を受けて学長は、評議員を一人ずつ順に名指して、X教授に対する処分の種類・程度を問うた。懲戒解雇にすべきである、依願退職が適当と考える、停職とするのが相当である、判断しかねる等々、出席した10数名の評議員はそれぞれ言葉を選びながら重い口調で意見を述べた。順番が来て指名された私はとっさに、退職やむなしと表明した。当該学部の長である私を射るように見つめていた評議員たちは、ふっと息を継いだようだった。自己都合の退職願を提出させて裏口から逃がしてしまおうか、それとも本部に報告して規則どおりの手続を進めてもらうことにするか、ひそかにさんざん迷って決めかね、いわば幾筋もためらい傷を引いていたのに、土壇場での退職発言は、一体私のどこからわき出してきたのか、自分でもよく理解できない。多数決の結果、X教授は諭旨解雇とすることが決定された。異例の早朝臨時評議会はこうして、学生たちが登校する頃に終了、散会した。本部の会議室を出て学部長室に向かうメインストリートの欅並木は、梅雨空の下、けだるく静止していた。X教授に対する処分が決まったこの日の夕方、私は県庁内の記者クラブに出向き、申し訳ありませんでしたと頭を下げて謝罪した。

A大でセクハラ処理に関わったのはこれで二度目である。学生部長職にあった数年前、所属の事務官が出張先で「不適切行為」をした。出張先で接待された宴席にコンパニオンとして来ていたアルバイトの女子学生に、宴会のあと携帯電話をかけたところ、そのことを当該女子学生が大学で指導教員に話したことで、指導教員が本学に、これは許し難いセクハラであるから然るべく対応してもらいたいと電話して来たのである。誠意ある対応を示さないならマスコミに流し、法的手段にも訴える、とも言った由。これは事務官の仕出かした事ですから事務方で責任を持って処理させて頂きます、部長先生にご迷惑はおかけしませんと次長が間に入り、結局当該事務官は女子学生側に相当額の金員を支払うことで落着した。当時の事務局長は、時代が時代だからねえと苦笑し、事務官を厳重注意処分に付した。処分文書は私が当該事務官の面前で読み上げて手交した。携帯架電行為がなぜセクハラに該当するのか、私には必ずしも合点できないところがあった。先方の大学の指導教員が国家公務員の「不適切行為」について女子学生をあれこれと指南したのではないかとも邪推した。一方で本学の事務当局は、騒ぎが大きくならないよう火消しに努めたフシがあった。ともあれ、この件はごく狭い範囲の関係者のほかには学内外に知れ渡らずに収束した。

「セクシュアル・ハラスメント」は、1960年代にアメリカで女性の社会進出・職場進出に伴って問題にされ始め、これが80年代に日本に上陸、89年にはわが国最初の「セクハラ訴訟」が提起されるに至ったとされる（稲垣吉彦『平成・新語×流行語小辞典』、講談社現代新書、1999年、44～45頁）。以来「セクハラ」は、流行語の一つとなった。90年代に入ると、大学における教員の女子学生や女性教職員に対する「セクハラ」が裁判で争われる事態が集中的に現れた。X教授の事件はこの時期、この種の裁判が立て続けに起こされ、判決も出されて、世人の目が光っていた只中で生じたのだった。

セクハラ事件の処理は、当該行為が「セクハラ」に該当するかどうかを確認することから始まるが、事実の確認作業は難航することがある。セクハラは多くの場合、目撃者のいない密室で行われ、当事者の主張以外に客観的証拠を確かめることができないのが通例だからである。実際にも、セクハラ行為に当たるかどうか下級審と上級審で判断が分かれた裁判例があり、また、セクハラに問われた男性が実は濡れ衣だったというケースもある。それまで親密だった両人が何かの原因で疎遠になり、遠ざけられた側が「復讐」のために相手方を「セクハラ」加害者に仕立て上げる場合もありえないわけではない。被害者がセクハラだと声を上げ、「下手人」を名指して攻撃するのは比較的簡単であるが、事後に「セクハラ」を事実認定することは必ずしも容易でなく、判断を誤れば「冤罪」を生むことにもなりかねない。

早朝の臨時評議会の席上、評議員の一人が意見表明の際、国立大学は法人化したのだから、大学は社会的責任を果たす意味でもこれまで以上に厳格に自らを律しなければならない、コンプライアンスとはそういうことだと前置きし、X教授に厳しい処分を課すべきだと主張すると、何人かの評議員がそれに同調した。社会が大学に厳しい注文と批判の十字砲火を浴びせていることを意識しての発言に違いなかったが、それは奇しくも、大学は周囲の評判を考慮しなければならないのだということを、評議員たちに改めて思い知らせるものだった。国立大学の法人化は、もっぱら大学の自主性・自律性を広げるための施策だとされたが、同時に他方では、大学教育のサービス化を促して競争のるつぼに投げ入れ、大学の透明化と説明責任を迫り、世評に敏感に反応させるための仕組みにほかならないものでもあった。そして本学にあっては本件セクハラ事件の処理場面で、制度化が決まったばかりの法人化は、まさにそのように作動したのだった。

出席した評議員の中には、かつて大学に出入りする業者の接待旅行での宿泊先で遊興に耽った教員がいた。授業中に罵詈雑言を吐いて学生たちから抗議された教員もいる。長く生きていれば人は誰でも塵にまみれ、叩けば幾らかのほこりも出る。何かの行きがかりで不祥事を裁く立場に立たされるのはそれ故、一つや二つの間違いを犯しているに違いない人間にとって、皮肉なめぐり合わせとしか言いようがない。秩序や規範や「善良な風俗」に違反した者は非難され制裁を加えられ責めを負わされる。一方、裁く側に回った者は、「不祥事」を起こした者の非をあげつらい、公準に照らして厳正に「断罪」し、またそうせざるをえない立場に立たされる。加害者と被害者、追及される者と追及する者、裁かれる者と裁く者、……社会のシステム化が進行するにつれ、こうした二項対立は鮮明さとトゲトゲしさを増すばかりのような気がする。

X教授の行態が本当にセクハラであったかどうか、評議会での私の意見表明が適切であったかどうか、評議会の下した結論が妥当であったかどうか等々、何年も経った現在もなお、あの物悲しい事件の顚末を思い返すたびに、私には依然納得し切れていない暗闇の部分がある。「〇〇ハラスメント」の語が新たに次々と考案されている現在、その感をいっそう強くする。Y子やX元教授は今どこでどうしているだろうか、とも思う。

5

この年の7月初旬、今度は私に対する処分を審議する臨時評議会が開かれ、該当者である私を外した席で審議の結果、私はセクハラ事件に関して訓告処分を受けることになった。処分に対する異議申立ての期限が過ぎて数日後、学長室に呼ばれて手交された訓告文書には、「貴職は、学部長として学部教職員を管理・監督する立場にあるところ、その責務を怠り、かかる事態を発生させたことは、職務に対する認識が欠けていたと言わざるを得ず、よって、今後は、職責遂行に徹底を期し、再発防止に万全を期するよう、特に努められたい」と記されていた。

処分を受けた直後の7月中旬、講義棟の大学院生室でボヤが発生した。誰かが煙草の吸い殻を、よく火を消さないまま水の入っていないバケツに投げ入れたために、中の物が燃え出したらしかったが、はっきりしたことはわからず、警察の調べでも原因は不明だった。幸いバケツの周囲の床が焦げた程度で済んだが、一時は煙が廊下に充満し、消防車も駆けつけてキャンパスが騒然とした。

然るに同じ月の下旬には、学部の教員採用に応募して来た人の書類の処理と審査に不手際が生じるという事件が発生した。事務方が書類を間違って仕分けたために、応募者の書類が、同じ時期に教員を公募していた別の講座の応募書類に紛れ込み、応募者は結局本来の講座による審査を受けられず、一方、別の講座は、書類が誤って紛れ込んだことに気づかずに審査した結果、応募者に「不採用」の通知を発送してしまったのである。応募した講座とは異なる講座の名義で不採用通知を受けた応募者が学部に問い合わせて来て、不手際が発覚したのだった。問い合わせがあったのを受けてすぐ、本来の講座の審査委員たちに審査のやり直しをさせたところ、同応募者は公募条件を満たしていないことが書類から明白であることが確認されて、審査結果に変更は生じなかったが、慎重・厳格であるべき教員公募に関することだけに事態を看過することはできなかった。仕分けを担当した職員からの事情聴取は事務長に依頼し、一方、私は両講座の主任を呼んで報告を受け、それぞれ、書類の混入を糺《ただ》したが、それは事実を確認する作業ではあっても当面の迅速な問題解決にはならなかった。私は事務長を伴ってその日の午後、応募者の居宅に出向き、事情を説明して謝罪、先方も理解してくれて問題はその場で収束した。応募者の住まいはさほど遠く離れた地ではなかったが、特急列車で往復して帰宅は深夜になった。翌日私はこの件を、経過報告書を持参して学長に説明した。学長は、人事案件でこのように杜撰で重大なミスを犯すとは何事か、応募者に対して失礼極まるだけでなく、A大の社会的信用を失墜させるもので許し難い失態だと激怒した。

7月末日、私は事務長を部屋に呼び、学部に不祥事が集中したので学部長を辞任することにする、ついては近く臨時の教授会を開催して辞任の是非を諮りたいので招集の通知を出してほしいと申し向けた。ちょっと待ってください先生、任期満了まであと半年なのですから、それを全うした方がよいと思いますが。いや事務長、いろいろ事件が重なって学部が全学から不信の目で見られ、教職員たちも沈滞ムードに陥っているから、心機一転のためにも学部長は辞任する方がよい、何か事が起きたら責任を取って辞めるのも学部長の重要な仕事の一つだよ。私は慰留を断わった。8月中旬、臨時教授会で辞任の承認を求めた。やむをえないというのが教授会全体の空気だった。特に異論がないようなので9月末をもって辞任することにします、直ちに後任学部長の選挙の手続を開始するようお願いします。私はそう挨拶して教授会を閉じた。学長にはその日のうちにとりあえず口頭で辞任を伝えた。仕方ないというのが学長の反応だった。

学部長職を辞して教授職に戻った10月、評議会の議を経て私は応募書類取り違え事件で戒告処分を受けた。戒告文書には、「学部の総括責任者として、教員選考の重要さについての認識に欠けていると考えざるを得ず、本学の教育研究活動発展のため不可欠である有能な教員確保において、重大な過ちを犯し、大学全体に悪影響を及ぼしたものであり、断じて許すことはできず、管理・監督者としての認識が欠けていると判断され、よって、懲戒処分として戒告する」と書かれていた。口を極めて私の非を糾弾する同文書は、ひどくプライドを傷つけるものだったが、私は今回もことさら異議を申し立てることなくそれを受領した。学長室で戒告文書を交付された同じ日、ボヤ事件に関しても口頭で厳重注意を言い渡された。

学長とは以前から飲み屋で怪気炎を上げる間柄だった。セクハラ事件の訓告の時もそうだったが、学長は文書を読み上げてそれを私に手渡す際、私を見やってニヤリとし、私もまたニヤリとした。立会人として神妙な顔で同席していた事務局長は、儀式がひととおり終わるや、先生、私なんぞこれまでに赴任先の大学で部下の不始末の責任を取らされて、数えきれないくらい処分を受けましたよ、と言った。

学位論文

1

Ａ大に在職していた時、社会学の同僚が博士の学位を授与されて、祝賀会をやるのでぜひおいでくださいと招待されたことがある。彼と同年齢で親しくもあったから、私も宴席で祝意を表したかったが、あいにくその日は前から予定されていた会議に出なければならず、出席できなかった。後日その時の写真を見せてもらったが、彼は大勢の知人たちに囲まれて、祝賀会が盛大だったことが窺い知れた。文系で学位を取得する例が周囲ではまだ比較的少なかったこともあり、彼は仲間たちから大いに祝福された。何年か経って今度は、Ａ大に赴任する前に出身の私立大学で学位を取ったやはり同僚の女性教員が、何かの機会に、学位取得の祝賀パーティの写真を見せてくれたことがある。和服に身を包んで満面に笑みを浮かべ、華やかなパーティの賑わいが写されていた。写真を示しながら彼女は、論文の主査を担当した指導教授に相当額の金員を手渡すのが当該大学のしきたりだったので自分もそうした、と打ち明けた。

ある時期まで大学教員は、とりわけ文系では、さほど学位にこだわらない雰囲気があった。旧帝国大学や大手の大学の文系学部などにも、博士号を持っていない、あるいはあえて持とうとしない教員が少なくなく、しかしそれら教員たちの多くは優れた研究者だった。私が院生だった時の指導教授も、私をA大の専任教員に呼んでくれた教授も、A大で私の前任者であった教授も、それぞれ修士や学士だったが、いずれも然るべき研究業績を持ち、大学教員として十分な見識と品格と貫禄を具えていた。助手の頃、学位を取って間もない助教授が私に向かってしんみりと、自分の書いた博士論文なんてろくなものではありませんよ、指導してくれた教授の若い時分の卒業論文の足元にも及ばない、悔しいじゃありませんか、と言ったことがある。単なる謙遜でもなさそうだった。

１９９０年代に入ると、大学改革の一環として学位取得を促す政策が推し進められ、学位を授与する大学も増えて、理系だけでなく文系でも、大学院在学中の若いうちに学位を取り（いわゆる課程博士）、また、すでに大学を卒業していて何年か後に論文を提出し、学位を取得して（いわゆる論文博士）キャリアアップを図ることが、広く行われるようになった。最近は、大学に勤務している教員が学位取得をめざすようになっている。小中高等学校教員で学位を持っている者が珍しくない今日、大学の先生なら博士が当然で、大学教員が博士号を持っていないのはいかにも見栄えが悪いという空気が周囲に醸し出されていて、学位がなければ肩身が狭いと感じさせる社会的圧力があるようにも思う。さる月刊誌の連載で、いつも肩書に「教授」と並んで「博士」を明記する、名前だけは知っているが会ったことのない同業者がいた。小中学校の現場教師が読む２頁ほどのエッセイに、どうしてそのように毎回「博士」を書き添えるのだろうかと不思議な気がしたが、同教授のこうした自己顕示も、その連載を読む人たちの学位取得願望に棹さしたかもしれない。

文系でも博士号を有していることを教員採用の条件にする大学が増えている。学位を持っていない人を教員に採用する際には、面接の席で大学幹部が、本学に赴任したらなるべく早く学位を取得するようお願いしますと要請することが少なくなく、私は転出先のB大でもC大でも、幹部のそういう発言に何度か立ち会っている。

以前、見知らぬ人から郵便小包で学位論文のコピーが送られて来たことがあった。同封の書状によると、短大に勤務する講師で、ぶしつけで恐縮ですが、このたび学位が授与されたのでご高覧くださいとのことだった。全く面識のない私になぜこれを送り届けたのかわからなかったが、論文のテーマが私の専門分野だったので、どこかで私のことを調べて読んでほしいと思ったのだろう。私は公務に忙殺されていて、突然闖入してきた冊子を仔細に読む時間的余裕はなかったが、折角送ってくれたのだからと一読した。４００字詰め原稿用紙に換算して４００枚ほどの、文系の学位論文としては比較的少量の部類に属するものだった。各章節を閉じるごとに「まとめ」と題する10数行の文章があり、いずれも長方形の枠で囲うスタイルをとっていた。小中学校の教師が校内研修冊子などでよく用いる形式である。内容はしかし遺憾ながら、すでに他の論者が様々な機会に言及していることを表現を変えて記述している箇所が多く、先行研究を踏まえた上で新たな地平を切り拓いたところは見当たらず、引用文献も参考資料も、広く市販されている平凡なものばかりで、オリジナルなものは皆無だった。

最後の「謝辞」の頁には、学部・大学院時代からこのテーマに関心を持っていたこと、短大に就職してからもこの研究を続け、出身大学の教授の指導のもとに論文をまとめて提出に漕ぎ着けたこと、本論文はこの方面に新しい知見を提供し、学界に小さからぬ貢献をもたらすであろうこと、査読の労をとってくださった指導教授と副査の教授、及び、外部から審査に加わってくださった某大学教授に心からお礼申し上げます、といったことなどが綴られている。文面からは、学位を授与されたことの喜びや自負や誇りを率直に表現していることが読み取れる。私は礼状をしたためながら、この短大講師はきっと盛大な祝賀会を開いてもらったに違いないと推測した。

2

A大にも最初の転出先のB大にも、所属した学部に関連する大学院は修士課程しかなかったが、二つ目の転出先であるC大には前期・後期の博士課程があり、私は赴任当初から、学部生のほかに大学院生にも関わった。C大に赴任して3年ほど経って、私の所で学位論文を書きたいという40代の男性がやって来た。同じ学部の別の学科に所属するMu准教授である。研究計画を聞くと、福祉施設の利用者がどのような不満と要求を持ち、それがトラブルに発展したときに誰がどのような手続でどのように問題を解決するのかを、司法制度改革と関連させながら論じたいとのことだった。私は福祉の問題には全く不案内で、指導することなど覚束なく、この年齢になって学位論文の指導に携わることに煩わしさも覚えて、断わろうと思ったが、関心がないわけではないテーマだったので、専門領域の知識で何とかなるかもしれないと考え、准教授が周囲の事情からキャリアアップせざるをえない職場環境に置かれているらしいことに幾ばくかの同情心も手伝って、引き受けることにした。私が指導教員となることを承諾したので、彼はその年の秋に試験を受けて翌春、大学院博士後期課程に入学した。

C大に赴任してまだ比較的日が浅かったから、私は大学院に深入りしていなかったが、修士論文・博士論文の中間発表会と最終発表会には時々出席していた。論文の内容はいずれも私の専門領域とは違っていて、門外漢の私にはよく理解できなかったが、発表を聴く限り、どれもさほど入り組んだ内容ではなさそうな印象を受けた。研究分野の性質からか、アンケートや実験をもとにした数的処理がほとんどで、それを示す表やグラフに多大のスペースを割き、本文で展開すべきと思われる考察部分が手薄な傾向にあって、もともと数式や図表やグラフが好きでも得意でもない私は、彼らの論文にはあまり興味がわかなかった。

個人を対象として身体への侵襲を伴ったり精神的な介入を行ったりする研究では、事前に学内の倫理委員会に審査を申請しなければならないが、執筆者たちの中には、本研究は倫理委員会の審査を経ていますと発表の冒頭で述べる際、倫理委員会の承認を得たことで研究の出来具合そのものについてもお墨付きを与えられているかのような口ぶりの人もいる。実験・アンケートの結果等の数値化や図示化の部分は、複雑な数式を用いて試みているが、おそらく市販のソフトを使ってのものであろう。そこに示されている分析や考察は一見いかにも緻密で「科学的」な様相を呈しているが、しかし仔細に見ると、わざわざそのような複雑な手間をかけるまでもなく、単純な集計でも同様の結果が導かれるのではないかと思われるものもある。然るに執筆者の多くは、こうした研究はこれまで学界でほとんど明らかにされたことがなく、したがって非常に意義のあるものだと強調する。研究者は多かれ少なかれ誰もが、自分の選んだテーマの独自性と先進性に誇りを持ち、研究成果の意義や重要性をアピールするものだが、それも度が過ぎると鼻につく。

私は、指導することになったMu准教授に、図表やグラフや数的処理などをいたずらに挿入して頁数を稼ぐようなことはしないよう助言した。彼の研究は、社会福祉をめぐる裁判例を分類し、その具体的なケースを判決文によって分析するとともに、この方面の紛争の処理に関わっている団体や機関にも聞き取りなどを行い、内外の先行研究をも検討して新たな知見を加えるというもので、実験やプライバシーに関わるアンケートなどを伴うものでなかったから、倫理委員会にかける必要はないとのことだった。私はまた、博士後期課程3年間で論文を仕上げるべきことをも強く求めた。忙しいことを理由に執筆を遅らせて提出を延ばせば、論文はいつまで経っても完成しないのが相場だ、何が何でも3年で書くようにと。現職の大学教員で博士課程に入学し、あるいは論文提出を申し出ながら、本務の多忙を理由に中退し、あるいは提出に至らなかった例を、身近に聞き及んでいたからだった。

ゼミは1対1で行った。ゼミでは、彼がなぜその研究テーマを選んだのか何度も説明してもらい、テーマの選択と内容に揺らぎがないことを確認した後、目次を作成して、論文全体の流れとストーリーの見通しを立てるよう指導した。週1回のゼミのたびに目次に沿って各章の内容の概略と、そこで用いるべき文献・判決例・資料・聞き取り調査などを列挙・説明してもらい、次回までに必要な修正を施してくるよう指示した。私は目次の作成に多大なエネルギーを割かせた。目次が固まっても実際に執筆する段階ではそれを何度も組み直すことになるのは言うまでもない。しかしともかく論文の骨組みを確かにしておかないことには、Mu准教授が書こうとする論文は先に進みそうにないと考えたのだった。目次が一応固まるのに長い時間を要した。所属学科で授業のほかに、教務委員や図書委員や保健委員など幾つもの役割を分担する彼にとって、私が毎週申し渡す宿題はかなりの負担だったようである。Mu准教授は課題を律儀にやって来たが、私が内心思い描いたようには必ずしも円滑には進捗しなかった。

3

C大では毎年2月中旬に、大学院の授業を担当する教員が出席して論文の最終発表会が行われることになっていた。主査と副査は前もって論文を査読しておき、発表会が済んでから口頭試問を経て最終的に審査するというのが、本学の学位論文審査のスケジュールになっていた。私はその年、特に博士論文の発表を注意深く聴くことにした。２年後にはMu准教授が登壇する筈だから、私もあらかじめ種々心得て、それなりの準備をしておかなければならないと考えたのである。その年の博士学位論文提出者は、博士後期課程在籍中の若い院生が１名、外部からの提出者が２名だった。論文発表は各人30分のプレゼンテーションと15分の質疑応答という時間配分である。

博士後期課程在籍の院生は本学の学部学科を卒業し、前期課程を経て内部進学した若い男性で、当該学科が発足して初めてのストレート・ドクターの学位請求ということで、所属の教員たちが手塩にかけて育てたようだった。緊張気味ではあったが、彼はパソコンでカラフルな画像をいっぱい映し出して発表した。「ご清聴ありがとうございました」との最終画面がスクリーンに映し出されると、学科の教員たちから拍手が送られ、質疑では所属教員たちの好意的な励ましと称賛の発言が相次いだ。これは極めて優れた論文で、国際的なジャーナルに載せても十分通用するものだ、本学科卒業生の第一号学位論文の名にふさわしい出来栄えだ、と。

学外から論文を提出した２名のうちの１名は、福祉施設に勤めている中年男性で、福祉職員が置かれている厳しい勤務状況についてところどころマルクスの言説を引用しながら批判的に論じ、わが国の福祉政策と関連させてあるべき福祉職員像を展望するものだった。私が学生・院生の時代は、こうした論調の論文が多く見られた。今どき珍しいこの種の論文を、私は貴重に思い、彼のプレゼンを聴きながらレジュメを目で追う。然るに質疑応答になると、出席していた教授の一人が挙手し、論文の中で多用されている特定のタームを捉え、これってイデオロギー的な言い回しですが、学術論文でこういう表現を使うのはよろしくないのではありませんかと苦言を呈した。発表者は一瞬困惑の表情を浮かべ、しかしすぐに気を取り直して、貴重なご指摘ありがとうございます、もう一度よく点検して修正してみたいと思います、と応じた。指導に当たった老教授も質問者に丁寧に礼を述べ、表現上の不備は後日訂正させますと言い添えた。

学外者のもう1名は、県外の大学に勤めている年配の女性教授で、手元に配布された履歴書によると、専門学校を卒業して看護師となり、後輩看護師を指導する立場になったのを機に、通信制の大学で学士号と修士号を取り、看護系学部の教員になった人である。この研究は世界初のもので、その一部はすでに国際学会のジャーナルに掲載され、アメリカの研究者からも高い評価を受けました、このたび本学の教授先生のご指導のもとで論文を提出させて頂く機会を与えられました、どうぞよろしくお願い致します。女性教授はそう切り出してプレゼンに移った。自らが医療現場で扱った事例と、同僚看護師たちを対象に実施したアンケートの分析に基づいて考察するというのが論文の内容だった。夏休みには渡米して、知り合いに紹介してもらったアメリカの大学教授の研究室を訪ね、そこで約1週間、指導と助言を受けたと言う。発表の口調は明瞭できびきびしていた。論文の主査を務めた指導教授は発表後、彼女の研究の意義とその内容の斬新なことをコメントし、高く評価した。

３名の学位請求論文の発表を聴いたこの年の初夏、大学院で同級だった友人が、本を贈ってくれた。長らく勤めた大学を定年で退職した後、出身大学に提出して学位を授与されたという論文を公刊したものだった。フランスにおける労働運動とそれに携わった労働者のエンパワメントを、社会連帯と成人教育の観点から論じた全５００頁を超える分厚い著書だった。学位論文を指導していた最中だったから、私は丁寧に読破した。大学在職中に蓄積していた研究の集大成で、学会誌や大学紀要に発表した論文をもとにした、ダイナミックで重厚な内容だった。フランスに留学していた時に入手した膨大な資料をも駆使していて、整然とした構成と説得力に富む論理展開には感服するばかりである。文系の場合、学位論文の公刊は、科学研究費の研究成果公開促進助成を受け、学位論文の公刊を専門とする出版社から行う例が多いが、友人は出身大学の出版会から刊行した。著書の「あとがき」には、「口述審査において、有意義で刺激的な質疑をしてくださった先生方をはじめ、審査委員の諸先生方に心からお礼申し上げる」と書き記している。長大な学位論文を書き終えて公刊したという安堵感と、控え目で静かな自信が行間から伝わってくる。

4

Mu准教授の論文は、これまで学会誌や紀要に発表したものをベースにして構成するものだったが、何度も書き直した目次にそれら既発表の論稿を当てはめてみると、量的にも質的にも足りない箇所が沢山あった。それらをどのようにつなげ、どのような論文を新たに書き下ろして補えばまとまりあるものに仕上がっていくのか、見通しを立てるのが容易でなかった。

C大では、博士論文を提出する場合、課程博士の場合でも論文博士の場合でも、論文の中核をなす部分について査読付きの学会誌論文を2編以上発表していなければならなかった。彼には大学の紀要論文が複数編あったが、学会論文はまだ1編しかなかった。後期課程の3年で書き上げようとするなら、少なくともあと1編の学会誌論文が早急に必要だった。そこで、彼が属している幾つかの学会を調べ、その中から、投稿の締め切りまでにまだ時間がある学会を見つけて応募することにした。近時は学会に論文を投稿する院生や大学教員が増加しており、それ故論文が掲載されるのは狭き門になっている感がある。

私はMu准教授に、最近の学会誌への論文掲載は難しくなっているがおじけづく必要はないことを説き、テーマを見失わないこと、論点を外さないこと、所定の書式を厳守することなどを助言した上で、草稿に入るよう促した。彼はゼミのたびに下書きを持参して意見を求め、3ケ月ほどで一応の形にまとめた上、投稿した。同学会の投稿規程では、論文審査はまず一次査読を行い、これを通過すると二次査読を経て採否の最終決定がなされることになっていた。投稿後2ケ月くらい経って一次査読の結果が届いた。書面には、「以下の指摘事項について修正した原稿を再査読し、適とされれば二次審査に回し、最終的に掲載の可否を決定致します」と記載され、3名の査読者の意見が甲乙丙の匿名で付されていた。甲「課題を深める考察をしておらず、問題を整理し、動向を総花的に紹介しているだけという印象がある」。乙「論文は提言するだけのものではなく、理論と分析・リサーチに基づいて解明された結果を示す場である。この点を修正すれば意義のある論文と言える」。丙「論理構成もしっかりしているが、先行研究についての検討を省略してよいわけではない」。門前払いにこそならなかったものの、手厳しい評価だった。修正するよう指摘された諸点をMu准教授と検討し、訂正を施して再投稿したが、それから1ケ月ほど後、「慎重に検討した結果、二次審査には上程しないことに決定した」旨の通知が来た。一次審査で指摘したことを十分踏まえて修正していないことが主な理由だった。Mu准教授はひどく落ち込んだ。学位論文を書こうなんてもともと無理だったのです、自分の能力のなさを悟りました、執筆は断念しようと思いますと彼は弱音を吐き、ゼミも欠席しがちになった。

投稿論文を学会誌・紀要に掲載するかどうかの審査は、投稿者と査読者それぞれのプライドが鋭くぶつかり合う場面である。投稿者は、実はさほどの内容でなくても、本稿はこれまで誰も言及してこなかったテーマを扱っていて意義深いものであるなどと自賛し、一方査読者は、自らはさほどの力量を具えていなくても、他人の論文を審査し評価するという多かれ少なかれ優越的立場に基づいて「上から目線」で品定めをする。両者ともにプライド高く「学問的自己主張」をするのである。

Mu論文は、この方面では未開拓の領域であり、独創的で優れたものだと私は高く評価していた。

遺憾ながらしかし投稿先の学会の査読者たちは、先行研究の検討を省略した総花的な問題提起に過ぎないとして撥《は》ねたのだった。甲氏も乙氏も丙氏も、その査読意見から推測するに、Mu論文が扱っている分野についての知見が必ずしも豊富ではないように見受けられた。しかしこういうことは別段珍しくなく、学会の論文審査では時折見られる風景である。とまれ、Mu准教授をこのまま引っ込ませてしまうことは避けなければならない。学位論文の一部がうまくいかなかったからといって引き下がるなんて悔しいじゃないかとMu准教授を説き伏せ、書き直して分野の異なる別の学会の紀要に投稿してみようと申し向けた。すっかり弱気になっているMu准教授を励まし、他の所属学会でまだ論文投稿が可能な所がないかを調べさせた結果、2ケ月後に締め切りの学会が一つあった。やってみるしかないと説得して、落選論文に大幅な手を加えてリニューアルし、このたびは彼をファーストオーサー（筆頭者）にして私と共著の形で応募することにした。

リニューアル論文を投稿したのとほぼ入れ違いに、先の学会の紀要が准教授のもとに届いた。多数の応募論文があったが誌面の関係で今回は2編しか採用することができなかった旨の編集後記があった。同紀要には、特集テーマに関する学会幹部会員の巻頭論文が掲載されていたが、それは、特集テーマについての「論点整理」と題するかなり長い論文だった。「論点整理」は議論を進めるにあたって今後の道筋をつけていくような場合に、政策策定などで使われるタームであるが、読んでみると当該論文は、文字どおり論点の整理に留まっている。「整理し紹介しているだけ」「提言するだけ」のものは論文とは言えないと批判していたのは、ほかならぬこの学会の査読者たちだった。投稿者に向けた刃が学会幹部には向けられていないのは釈然としなかったが、それは所詮負け犬の遠吠えに過ぎない。よそ者には厳格で身内には寛大な扱いをするのはどの世界にもよくあることだから、こうしたことにいちいちいきり立つのは由なきことでもある。

リニューアル論文の審査結果は比較的早くもたらされた。若干の事項を修正すれば再度の審査を経ないで掲載されるという、当該学会の論文審査基準ではAランクに位置づけられてのパスだった。「これまで着目されなかった分野に光を当てたものと言える」、「非公開とされることが多かった資料を入手してこの領域にあえて踏み込んだ点で注目に値する」、「今後は事例のさらなる収集・蓄積が望まれる」と、査読意見はいずれも好意的だった。レベルが高いことで定評のあるこの学会誌の論文審査にパスすることは至難のわざと思われただけに、私たちの喜びはひとしおだった。

Mu准教授は、自らの研究テーマに自信が持てたのであろう、元気を回復して執筆に向けての取り組みが再開され、それまでの遅れを急ピッチで取り戻すことができる状態になった。ゼミを週２回に増やし、次々と書いて寄こす草稿の点検に私は多忙を極め、夏休み返上でその添削をした。かくて書き上げてみれば、４００字詰め原稿用紙に換算して８００枚ほどの、文系の博士論文としては平均的と思われる量で、内容もそれなりに充実したものになった。目次、英文概要等、提出に際して整えるべき書類一式が完成し、正本・副本合わせて３冊の製本を済ませたのは締め切りの数日前だった。

提出の翌週、11月初めに開催された研究科委員会で、Mu准教授の論文の主査は私、副査はEn教授、そしてもう一人の副査は、論文の内容に照らし、外部の法律実務家に依頼するのが適当ということになり、その方面に造詣が深く専門書を何冊か公刊していて、法学部の教授を経験したこともあるTa弁護士とすることが決定した。

副査のEn教授は、大手の私立大学で経済学部長を経験した人で、C大が大学院博士後期課程を設置するにあたり、学長が「三顧の礼」で招いたとのことだった。穏やかな人柄で、赴任した当初の数年間はC大の福祉系学部長を務め、学部長を任期満了で退いた後はもっぱら大学院の授業だけを担当していたが、すでに80歳近くになっていた。こうした年配教授は他にも何人かいたが、1年前、それら教授が高齢を理由に、たまたま相次いで辞めていったのを契機に、本部から退職を勧奨されていたようである。学位論文を執筆している院生の指導をしなければならないのでもう1年だけ待ってほしいと頼むと、次年度からは特任教授扱いにすると申し渡されたとのことだった。院生の論文指導を投げ出すわけにはいかなかったので、この非正規の再雇用を受け入れたと、En教授は穏やかな口調で私に一部始終を語り、あとしばらくの間本学にお世話になることですし、Mu先生は学科の同僚でもありますから、最後のご奉仕として学位論文を読ませて頂きますと、副査を快諾してくれた。以前学位論文の発表会に出た時に聴いた、福祉職員の体制批判的論文の指導をしたのは

En教授だった。

5

11月中旬、私は研修日を利用して東京に出向き、銀座にあるTa弁護士の事務所を訪ねることにした。Ta弁護士とは研究上のことでかねて面識があり、副査の件は電話で事前に依頼しておいた。久しぶりの東京だったので都内のホテルに前泊し、当日の午前中は時間があったので、上野の美術館で開催されていた奈良・興福寺の仏頭展を見ることにした。折しも私は仏像に凝っていて、それが昂じて何体かのミニチュア仏像を収集していた。順路に従ってまず地下の展示室で仏頭に関する古文書などを見、3階に行く。薄暗い会場には、木造十二神将立像が居並ぶ。どれも表情豊かで、隆々たる筋肉には覇気がみなぎっている。1体1体が実に魅力的である。その奥の正面に、メインである仏頭が柔らかな照明の中に安置されていた。火災に見舞われて頭部だけが残ったと言われ、痛々しい痕跡を留めていたが、両眼とかすかな笑みを浮かべている口元が印象的だった。角度を変えたり、近づいたり遠ざかったりして何度も何度も眺める。1300年を経て、白鳳時代のこの銅造仏頭は私にも何かを語りかけてくれているのかもしれないと、自分に引き寄せながら眺める。美術館にはずいぶん長時間いて、すっかり満ち足りた。

約束の時間は午後2時半だった。上野駅から山手線で有楽町に出る。大学を卒業してすぐ民間会社に就職した時、工場での実習を済ませてから銀座にある東京支社に配属となり、2年ほど勤務したことがあるから、ずいぶん昔のことではあったが銀座は「勝手知ったる街」だった。西銀座の交番前では当時、高名な右翼の領袖が街宣車で演説して人々を惹きつけていた。そのユーモア溢れる街頭演説にはいつも人だかりがしていて、私も足を止めてしばし聴き惚れたものだった。

約束の時刻にはまだ少し間があったので、西銀座デパート脇の小さな公園のベンチに腰を下ろす。足元に落ち葉が降りかかる。遠くの方から何やらスピーカーで訴える声が耳に入った。次第に近づいて来て、ある業界の労働者たちのデモ行進だとわかる。仕事を中小の業者にも回せ、労働単価を上げろ、消費増税反対、原発再稼働反対などの声がボリュームいっぱいのスピーカーから流れる。デモに加わっているのは高齢者が多いが、先導する車の中でマイクを握っているのは若い女性だった。大規模な決起集会を挙行した後のデモ行進らしく、日比谷公園方面からやって来る行列は、信号で切れ切れになりながら延々と続く。警備に当たっているのはヘルメットとジュラルミンの盾で身を固めた機動隊員ではなく、制服姿の穏やかな顔つきの交通警察官である。先導車の若い女性が時々、「シュプレヒコール!」と叫んで参加者たちの唱和を促す。「シュプレヒコール!」――半世紀ぶりに間近で耳にしたこの言葉に一瞬胸が高鳴ったが、デモ行進に参加している当の高齢者たちはのんびりした足どりで、隣を歩く仲間との談笑に余念がなく、シュプレヒコールも気合を入れて声を張り上げているわけではなかった。目をつり上げて叫んだ全学連デモの時代はもう終わっているのだと言い聞かせて私は、思わず高鳴ってしまった自らの胸の鼓動を鎮める。

2時半が近づいたので公園を離れる。Ta弁護士の事務所はそこからすぐの小さなビルの5階だった。ドアをノックして招き入れられ、挨拶を交わし、C大大学院における学位論文の審査要領と審査基準を定めた書類を示して副査就任を改めて依頼し、手順や日程を説明する。私も大学に勤めたことがありますが、博士論文の査読は初めてです、私なんかにできるでしょうか。Ta弁護士は謙虚な口調で、向かい側に座った机にメモ用紙を広げ、ペンを握って尋ねる。何をおっしゃいますか、この論文はぜひとも先生にご覧頂きたいのです、先生の豊富な実務経験とご研究に照らしてお読みくださり、コメントを頂ければそれで十分です、どうかよろしくお願い致します、と私。打ち合わせの途中で、いつも父がお世話になっていますと、事務を引き受けているらしい娘さんがお茶を運んで来てくれる。いかにもアットホームな法律事務所だった。打ち合わせがスムーズに進行し、思いのほか用件が早く済んで世間話に移る。久しぶりで銀座に来ました。この辺りもずいぶん変わりましたよ、古い店が少なくなって、デパートも様変わりしたし、歌舞伎座も新しくなりました、折角いらっしゃったのですからどうぞゆっくり銀ブラでもなさってください。事務所を出ると、夕暮れが近づいている中、東京は秋晴れだった。

これでMu准教授の学位論文の査読の環境は整った。私にとって最初にして最後になるであろう博士論文の指導と主査と評価を、En教授とTa弁護士ともども粛々と進めなければならない。

教員応募

1

C大学の短期大学部を4年制の学部に改組再編することが、10月末に文部科学省から認可されると、学部長に就任するよう学長から言われていた私は、11月に入るとすぐ、新学部発足に向けての準備会議を立ち上げた。会議のメンバーは、短大部から新学部に移行する予定の全専任教員である。短大部は隔週水曜日の午後を学科会議に充てており、水曜日は会議日とされていたので、準備会議は毎週水曜日の午後とし、学科会議のある時はそれに続けて開催することにした。学部設置に向けての事前調査で私は、短大部は改善すべき幾つかの課題を抱えた職場であるとの印象を強く持っていた。そのことを念頭に置き、短大部時代からの「因習」を取り除いて職場を「テコ入れ」する必要があることを視野に入れて準備会議に臨むことにした。短大部には、新学部発足の1年前、A大学を定年退職した教授が学科長として赴任していた。A大の同じ学部で同僚だった人で、新学部設置の準備段階から私は、優れた人材だからと、新学部における学科長候補として彼を学長に推薦していた。短大部の学科長ポストが欠員となっていたことから学長は、新学部開設に先立って彼を短大部の学科長に採用し、学部発足とともに引き続き学科長に就任することにしてくれた。

学生を躾やイベントやパフォーマンスで惹きつけるのではなくおとな扱いすること、会議で決まったことを後日個々の教員が上層部と談合して覆したりしないこと等を、私は11月の第一回準備会議の冒頭、あえて要請した。だがこうした発言に頷いた教員は少数で、他の大部分は押し黙っていた。学部長に就任予定のよそ者が突然やって来て、短大部時代の行動様式を否定して「淳風美俗」を壊すのではないかという警戒の表明に違いなかった。新学部発足後も1年間は併存する短大部のJi学部長は、短大部閉鎖に伴って高齢を理由に勇退することになっていたが、準備会議では私の隣席でほとんど発言しなかった。今思えば、当初の私のこうした「上から目線」の発言は、その後の私と旧短大部教員との間に、いかんともし難い溝を作ってしまう火種となったのだった。

新学部の教員たちの経歴は多彩だった。短大を卒業して保育園に勤め、勤務先で主任となってから私大の通信課程で学士号を取って本学に採用された人、福祉施設で長年実務に携わっていた人、自宅でピアノ教室を開いていた人、教員採用試験を何度か受けたが合格しないので大学院進学に進路変更して修士号を取得した人、等々。これら短大部からの移行教員のほか、中学校で教師を勤めながら教材開発に関する論文で学位を取得し、それをアピールしてぜひ雇ってほしい旨の手紙を大学宛に出し続けて叶えられた人や、教育委員会で指導主事等を歴任して定年退職後、教員就職にひと肌脱ぎたいと働きかけてスタッフに迎えられた人もいた。短大部で教授だった者は新学部でもそのまま教授となり、かの中学教師も指導主事も、実務家教員として採用された。教授に任用されることになった中学教師は、一期生の入学ガイダンスの当日、真新しい白衣を着込んで来て、自分は教育現場で理論と実践の経験を積んだ科学者で、理系のドクターだと自己紹介した。

準備会議での私の「テコ入れ」姿勢に共感した短大部教員の一人に、Ho准教授がいた。50代後半の、眼鏡をかけた小太りの、人のよさそうな男性だった。準備会議が発足して間もなく、彼は私の研究室にやって来て短大部の様子をいろいろ話した。学生が最終学年（2年次）に履修することになっている「総合演習」は、卒業研究に相当する科目であるが、どの教員の演習を受講するかは一応学生の選択に任されているところ、多くの学生から選択されることが自分の「人気度」のバロメーターであると考える教員たちが、学生を一人でも多く獲得しようとし、その一方で、気に食わない同僚教員には受講生を差し向けないように「干して」しまおうと画策することもあった、と教えてくれた。私も干されそうになったことがあります、そういうことを取り仕切っている教員グループがいるのです、先生はもうすでにお調べのことと思いますが、と准教授は言った。短大部では声の大きい教員が幅をきかせていて、嫌な思いをした教員が何人もいるのです、南先生が学科長先生と職場を改革しようとしておられること、自分にはよくわかります、とも。彼は新学部が発足してからはしばしば学部長室を訪れ、時には携帯メールを使って、短大部の内情をさらに具体的・詳細に告げ知らせるようになった。内気で誠実そうで口下手なひと回り年下のHoと、私は間もなく親しくなった。

2

新学部が発足して1年目が終了する3月、教員が1名他大学に転出した。若い女性講師で、教養教育を担当する教員として別の学部に所属していたが、新学部の専任として配置換えして来たのである。伝統大学の出身で学位も持っており、学識は豊かで確かだった。教養科目の担当はそのままにして新学部の専門科目が加わったため、担当コマ数が一挙に増えて、あまりにも増え過ぎたので軽減してほしいと学務部長に直訴したところ、週に10コマ程度は過重とは言えない、と一蹴されたということで、それを苦にしてうつ状態に陥っていた。隔週の学科会議に欠席をくり返していたので、私は9月下旬のある日彼女を呼んで事情を聞き、彼女が落ち込むに至ったいきさつを知った。裕福な家庭に育って世間の荒波にもまれてこなかったせいか、彼女は打たれ弱いところがあった。学務部長さんからお叱りを受けてショックでした、それ以来学科会議に出ると息が苦しくなってしまって、精神科に通院するようになりました、主治医の先生は実家のある町にいまして、この大学からはずいぶん遠く離れていて、新幹線で通院するのが負担になっておりますので、退職して実家に帰り、治療に専念しようかと考え始めています。まつ毛の長い華奢な女性だった。その後彼女は、授業はどうにかこなしていたが会議は欠席を重ね、その状態が2ケ月ほど続いた。

12月に入って、今度は彼女の方から面会にやって来て、私やっぱり退職することに致しましたと告げた。体調が良くならないのかい？　ええ、それもありますが、実はS大学に雇って頂くことになりまして。彼女は顔を少し伏せ、しかし2ケ月前に私と面談した時に比べて格段に明るい表情でそう言った。たまたま知ってる人から、実家の近くにあるS大で教員を欲しがっているとお聞きしましたので、急いで応募してみましたら、運よく採用して頂けたのです、学部ができたばっかりで学部長先生にはご迷惑をおかけしますが本当に申し訳ありません、これから事務局次長さんにもご報告に参ります。彼女が学務部長の一言によって本当にうつ状態に陥っていたのか、それとも、実はその前からひそかにS大に応募していてそれをカムフラージュするための「仮病」だったのか、真相はわからない。ともあれ、彼女がいなくなると、さしあたり非常勤講師で欠を補わなければならず、早急にその手立てを講じる必要がある。新しい活躍の場が見つかってよかったねと祝福すべきところだったが、短期間での欠員補充作業の煩わしさの方が気になった。

この年、女性講師のほかに事務職の若い男性も退職した。これまで何度か受けていた教員採用試験に合格して、4月から公立中学校の体育教師になるとのことだった。年度末の3月、駅に隣接するホテルのレストランで二人の送別会を開いた。やっと念願の教師になることができました、先生方から沢山のことを学ばせて頂きました、4月からそれを自分の糧とし、教育現場で生かしていきたいと思います、長い間ありがとうございましたと、長身の事務職員は張りのある声で挨拶した。盛んな拍手がわいた。次に挨拶に立った女性講師は、いろいろ考えることがありまして、このたび他大学に移ることになりました、学部ができて1年しか経っていないのに、何のお役にも立てないで辞めることになってしまい、深くお詫び致しますと、抑揚のない口調で言った。拍手は心なしかまばらだった。同僚が一人ずつ短いはなむけの言葉を述べ、2時間ほどの宴の最後に、それぞれ花束を贈呈してお開きとなった。両主賓が部屋を退出して、残った者も三々五々帰り支度をする。クロークでコートを着ながら何人かの女性教員が、あの人って1年間ほとんど仕事しないで転勤ねと、ひそひそ言い交わす声を、私は耳にした。

3

女性講師が退職した年の9月、学科長と相談して案を練り、教授会で協議の上、学部教員選考規程を制定した。教員選考に関しては全学の一般的規程は存在していたが、学部固有のものは未制定で、いずれ学外の第三者による評価を受ける際には、その点が指摘されることが予想されたからだが、何よりも、その種の規程を制定することによって学部教員の意識とレベルを引き上げようと目論んだのである。学部が発足して1年以上経つ時点で、研究論文らしいものを書いて発表する教員は少数に留まっていた。

以前勤めていた国立大学では、教員の採用・昇任は各講座からの申請を待って学部長が発議することになっていたが、C大の新学部は規模が小さかったので、全体を見渡す立場にある学部長が直接発議し、これを学部の選考委員会にかけ、最終的には全学協議会での承認を要することを内容とする規程とし、教授・准教授・講師・助教・助手それぞれの任用要件を定めた。例えば教授の場合、その資格は、専攻分野について研究教育上又は実務上特に優れた知識・能力及び実績を有することとし、最近10年間に公刊された著書・論文の本数と、そのうち査読のある学会誌等に掲載されているものの本数を具体的に定めた。制定にあたっては学校教育法の関係条文のほか、他大学の例を参考にしたが、著書・論文の本数はいずれも他大学の例より少なくした。素案の段階で学長の意見を求めたところ、研究者の経歴を持つ学長は、この程度の論文数では緩すぎるからもっと引き上げたらどうかと注文をつけたが、私は、新学部の現状に照らすとそれは現実的ではないと思いますと主張して、当面は緩いままにしておくことを認めてもらった。

その緩い要件でも、規程が定める各職位の水準をクリアしている教員はわずかだった。研究業績が不足がちでいっそうの努力を要すると思われる彼らはしかし、新学部設置に際しての教員審査で担当予定の科目を不適とされたことなどを格別気にするふうでもなく、中には、担当するコマ数が以前より減ったのを奇貨として、他の短大や専門学校の非常勤講師のアルバイトを探し出して多忙になった教員もいた。新学部は授業担当以外にもやるべき業務が山積していたから、教員たちには授業だけでなく、それら多くの業務に積極的に関わってほしかったが、彼らの何人かは必ずしも本務の遂行には熱心でなかった。研究の成果を学外に還元するのは大学教員の大切な任務であり、自分がいろいろな所に出向くことで本学の名前が広く知れ渡るのだから大学にも学部にも有益なのだと主張して学外の仕事に邁進し、それを誇る教員もいた。

Ho准教授の研究業績は抜きん出ており、選考規程で定める教授資格の要件をはるかに上回っていた。近々還暦になろうとしている彼が、准教授として短大部に採用されて以来、今なお教授に昇格できていないのは、彼の言によると、有力教授がHoを教授とすることを嫌い、短大部長もこれに同調していたからだった。Hoは県外の私立短大で教授を務めていたが、老母の介護で生家に戻らざるをえず、地元のC大に頼み込んで採用してもらったのだと言う。大学側はHoを准教授に格付けしようとし、これに対してHoは、格下の職位でも老母のもとで教職に就けるということで甘受した、とのことだった。

私は選考規程の制定を機に、Hoを教授にしなければと考えた。正規の教員人事は、まず事務局次長に事前相談した上で進めるのを全学的な慣例としていた。次長は事務職員だけでなく教員の人事も統括していた。私より4歳下で、「こう言っちゃ何だけど」が口癖の男性だった。C大に赴任して間もない頃、私は彼から、「ちょっと南クン、次長室まで来てくれないか」と電話で呼び出されたことがある。事務職員から「クン」呼びされたのはこれが初めてだった。教員の最終的人事権は学部ではなく本部にあり、次長を経て事務局長から学長に上げていくことになっていたから、Ho准教授を昇任させるには、慣例に従ってまず次長の意向を聞き、予め彼の内諾を得ておく必要があった。

そこで、次長室に出向く。ご存知のとおりこのたび学部の教員選考規程を制定しましたと、私は切り出した。そうそう、厳密なものができたね、今後はあれに従って候補を立ててください、それを受けて本部で検討します、と次長。ところで次長さん、Ho先生のことですが、彼の研究業績は他の教授の誰よりもダントツで、年齢も高いですし、この際昇格させるのが適当ではないかと考えますが。Ho先生？ ああ心理学の先生ね。ええ。ふーん、だけど新学部は設置2年目だからなあ、学年進行中に昇任させた例は他学部でも過去にないわけではないけどね。学年進行中なので改めて大学設置審議会などの教員審査が必要かと思いますが、審査にパスすることを条件にして、Ho先生を教授に昇格させて頂けますか、このまま准教授に留めておくのは全体のバランスが悪い気がします。次長は困惑したように笑って、こう言っちゃ何だけど、Hoさんは学科長に値する人かい？と妙な質問をした。いや、彼を学科長にするという意味ではなくてね、彼が教員たちからどう見られているか、学科長になってもいいくらいに信頼されているかってことだよ。はあ、真面目で、律儀で、責任感が強くて、土日も出勤して一生懸命仕事する人ですが。そうか、でもね、どちらかって言うと彼は孤立しがちで、みんなにうまく合わせることが不得意だという面がある、そもそもHoさんはウチで採用する際、雇って頂けるだけでもありがたいことです、准教授で十分ですと言っていたよ、昇格は選考規程だけでなく、人柄や同僚とのコミュニケーションがどうかという方面からも考えなくてはならないしね。Hoの昇格と聞くや、人柄や人間関係も大事な要素だという条件を持ち出した。Hoの昇格には気が乗らないのだった。次長は仕方なさそうに、まあほかでもない南学部長がそうおっしゃるのだから、上の方には一応話題を提供しておきますが、なかなか難しいねと締めくくった。その口調から、彼は私の申し出を上層部に伝えないだろうことが読み取れた。

4

ある日Ho准教授が学部長室をノックした。隣の県にある国立E大学で教員を公募していることをネットで知りました、自分の専門分野に近いし、職種も講師から教授まで広範囲で、応募の年齢も特に限定されていません、通勤も今の住まいから可能なのでお袋を世話することもできます、試しに応募してみようと思うのですが、という相談だった。彼の昇格を事務局次長に打診したのは私の一存のアイデアに過ぎなかったから、もとより彼には話していなかった。次長は消極的な反応を示しているし、その後も特に動きがなく、Hoの不遇を何とかしなければと思いながら、その実現が困難だという空気を感じ取っていた矢先だったので、私は、彼が見つけてきた公募の情報を即座に歓迎した。学年進行中ですがご迷惑にならないでしょうか。大丈夫、気にしなくていい、ただしこれは極秘のうちに進めよう、人事は漏れると何かと具合悪くなることがあるからね、で、応募の締め切りはいつだい？　１ケ月後です。念のため公募要領を見せてくれないか、国立大学の教員採用はけっこう競争が激しいから、書類の作成には多少のテクニックも必要だ、事がうまく運ぶとは限らないけど、やってみよう。ありがとうございます、よろしくお願いします。

2、3日してHoは、インターネットからプリントアウトしたE大の公募要領と応募書類を持参した。大学指定の履歴書と研究業績一覧、公刊された論文の実物又は抜き刷り又はコピーを数点、採用された場合の赴任先での研究計画と抱負を各2000字程度に記述したものが、提出すべき一式書類だった。履歴書と研究業績書はすでにひととおり下書きされてあった。私の業績と言ったらこんな程度ですが。Hoは不安そうに私の顔を覗き込む。著書の分担執筆が6冊、学会誌論文が3点、大学紀要論文が5点、雑誌掲載論文が9編か、立派な業績だね、点検して必要なら手を入れてみるから、研究計画・抱負もあとで下書きを見せてください。私はとりあえず、Hoが作成した履歴書と研究業績書の下書きを預かった。業績内容は見劣りするものではないが、彼の年齢からすると採用される可能性はそれほど高くないかもしれない。しかし協力しなければと思う。その後Hoは書類を作成する過程で何度も私を訪れた。改めて自分の業績を見て、これではとてもだめだという気がします、あの、あの、あの、と少しつっかえながら自信なさそうにHoは弱音を吐く。かもね、でも挑戦してみなければ何も動かないよ。そ、そうですね、頑張ってやってみます。

それから2週間ほどは、彼と頻繁に連絡を取りながら応募書類を整えた。こんな年齢になってこんなことするなんて可笑しいですよねとHoは自嘲気味に言う。そんなことあるもんか、私なんか若い頃から大学の教員をめざして、方々に応募して、そのたびに履歴書だの業績書だのを懸命に作成して、それでも何度も落選したよ、大学の教員なんてそんなもんさ。研究計画・抱負記載書の下書きには、文章が重複していたり冗長な部分があったりしたので、若干手を入れた。「以上三つの方向から研究を深める所存です」と結んであった抱負記載書に、「私はすでに高齢で、貴学に在職できるのは必ずしも長くありませんが、限られた期間、全力で教育研究に邁進し、貴学に貢献したいと考えます」と、あえて書き足してみることにした。年齢が高いことを率直に認め、これをプラス方向に記述することが却って有利に働くのではないかと考えたのである。Ｅ大の定年は、多くの国立大学と同様65歳である。

　Ｅ大はＡ大と同じくらいの規模の地方大学で、以前頼まれて何年か続けて非常勤で講義を担当したことがあり、今の学長は私と同窓の後輩で親しく、他にもＥ大には知り合いが何人かいた。そうした人脈を生かし、彼らに声をかけて便宜を図ってもらおうかとの思いが胸をよぎらないでもなかったが、それはしないことにした。国立大学の人事はオーナー経営の小規模な地方私学とは根本的に異なる。講座での事前審査や予備選考、学部レベルの選考委員会での審査、教授会での投票等、幾重もの関門を経る採用人事手続が、個人的な働きかけによって都合よく進行する筈はなく、そのような手練《てれん》手管《てくだ》を弄すべきでもない。HoがＥ大に採用されることを私は切望するが、だからこそHoには正々堂々と選考を受けてもらいたいと考える。そう考えて推薦状も書かなかった。Ａ大で学部の人事委員長をしていた時、採用人事で応募者が、提出を求められてもいないのに高名な教授の推薦状を添えて来て、甚だ不愉快な思いをしたことがあり、そういうことをするのは逆効果だという経験をしていたからだった。

こうしてその年の11月初旬、応募締め切りの3日前、二人で何度も練り上げて作成した書類一式を速達書留で郵送した。私はその日の晩帰宅して、単身赴任のマンションの一室にぶら下げてある郷里の神社の御守り札に、思わず二拝二拍手一拝した。

5

E大に応募して1ケ月半ほど経った12月中旬、Ho准教授から携帯メールが入った。「不採用通知が届きました。自分の力不足を痛感させられました。申し訳ありません。いろいろお世話になりありがとうございました。今後ともよろしくご指導をお願い申し上げます」。業績の量も質も一定のレベルに達していたとの印象があったから、もしかしたらという気持ちがないわけではなかったが、うまくいかなかった。やはり年齢が災いしたのだろうか。「落選」もある程度想定していたとはいえ、一縷の望みがないわけでもなかっただけに、私はひどく落胆した。本人のショックはそれ以上だったに違いない。しかしともかく、闘いは敗戦で決着し、Hoはまた同じ職場で准教授を続けていかなければならなくなった。私が学部長であるうちに彼を昇格させることはもうできないだろう。

この年はいつもより早めに郷里に帰省した。年末ぎりぎりまで仕事をして仕事始め早々に出勤するのが長年のクセだったが、その習慣を破って長く休むことにした。Hoの応募が不調に終わったのは自分のせいだと感じたからだったが、同時に、ちょっとしたことでも疲労を強く感じるようになっていて、早く帰って休養したいと思ったからでもあった。年を取るというのはこういうことなのだろう。郷里では孫たちを相手に毎日他愛なく遊んで暮らした。この年もまた親しかった知人が何人か亡くなった。古稀を超え、自分にもひたひたと行き着く先が迫っていることを、いつになく意識する。学年進行が終了するまでのあと2年余りの日々をスムーズに職務遂行できるかどうか、今まであまり気にならなかったのに、この年はひときわ気になった。気になって、例年の元日の神社詣も、押し合いへし合いの本殿前でなく、御垣内《みかきうち》でやった。

冬休みが終わって職場に戻り、学部長室で学科長と打ち合わせをする。スポーツ特待生が強化合宿や競技会出場で授業を何回も欠席するが、それをどのように扱うかが、この日の打ち合わせ事項だった。コーチを兼任している他学部の教授から、特待生の扱いに格別の配慮をお願いしたいとの依頼が来ていたのである。出席すべき全授業回数の3分の1を超えて欠席した場合は期末試験を受ける資格を失うというのが全学の基本ルールである。スポーツ特待生は本学の「広告塔」でもあるが、だからと言って学業をおろそかにしていいというわけにはいかないよなと、学科長と話す。そこで、公式試合などによって欠席が授業全体の3分の1を超えたら、超えた部分は何らかの形で補講をするが、それ以上の特別扱いはしないという申し合わせを学科会議に提案することにした。スポーツ特待制度は難しいですよねえ、この学部は資格や免許をいっぱい取得させようとしているから、スポーツ特待生が競技と勉学を両立させるのは無理な面がある、と学科長は渋い顔をした。

打ち合わせを済ませると学科長が、先日Waさんがこんな書類を置いていきましたがどうしましょうか、と言う。Ａ４判数枚の書面には、教授会で制定された教員選考規程に照らすと自分は教授になる資格があるので昇格させてほしいという趣旨の文が、研究業績一覧とともに記載されてあった。Wa准教授は40代前半で、短大部時代から本学に勤務している。他大学の研究仲間と行っている研究について、この研究は日本でも最高水準のもので、科研費の補助も受けており、学会からも高く評価されていて、自分はその中心を担っているので多忙だが、過密なスケジュールをこなしながら本学には十分貢献し、授業にも全力を尽くしていて、学生による授業評価も高得点を維持している、などと書かれている。新学部設置に伴って増築された建物の研究室配分に際し、文献と諸々の器具が山ほどあるからと、彼は粘りに粘って、他のどの教員よりも広い部屋を獲得した。同僚を自室に引き入れて自らの研究のレベルの高さを長時間にわたって披歴し、同僚が辟易するといったこともあるようだった。何年か前に大学紀要に論文を投稿した折、論文の中に、自分は様々な資格を持っているが、このように資格を沢山持っている研究者はわが国では自分だけであると記述した箇所があり、査読にあたった他学部の教員の一人が、品格が疑われるとして掲載不可にしたこともあったらしい。

つい3ケ月ほど前、Ho准教授の昇格の件で事務局次長室を訪ねた時のことを思い起こしながら、私は学科長に、この学部は学年進行中だから昇格人事は慎重に行う、昇格するにあたっては学部全体のバランスを考慮する必要がある、放置しておいては明らかに公平に反するという事態が認められない限り昇格人事は行わない、Waさんはまだ若く、今回の申し出は特別の事情に該当しないから見合わせた方がよいと考えると言った。Wa准教授には大学の教員としてまだまだ修業を積まなければならない余地があるという思いが私の中にはくすぶっていた。そうですね、私もWaさんの昇格にはあまり賛成できませんと学科長が同調する。じゃあWaさんには週明けにでも学科長からそう伝えてください。Wa准教授がこれに対して、資格があるのになぜ昇格させないのかとクレームを申し立てるだろうことは十分予想できたが、その場合には然るべく説明して納得してもらうしかない。

大学教員たちの間にはかつて、ある種の相互了解と同質性があった。外部から見ればそれは閉鎖的で鼻もちならない「エリート意識」と映っていたであろうが、当事者としては、研究と教育に携わっている者同士の連帯感と言うべきものだった。それが最近薄れているように思われるのは、ひと頃に比べて、多様な経歴を有する者が大学教員に任用されることがごく普通になって、教員世界の幅が格段に広がったせいかもしれない。他方また、教員の自己アピールや足の引っ張り合い等が目立つようになっているのは、厳しい国際状況の中で大学と大学教育のサービス業的色彩が濃くなり、大学に民間企業的風土が培われて、教員の自己主張と競争が職場内で強まるに至ったからなのかもしれない。C大の新学部は、大学をめぐる環境の全般的な変化に加え、一部の有力教員グループの影響を色濃く反映して築き上げられるに至った短大部時代からの風土や規範が複雑に絡んで、それがとりわけ顕著なようだった。

教員応募の失敗、職場のボス支配、陰湿な同僚ハラスメント、条件のよい職場への不意の転出、教員間の異質性の拡大、自画自賛と自信過剰等々は、C大に限らず、今どきはどの大学でも多かれ少なかれ見受けられるごくありふれた光景だが、それらを目にしたりその対応に携わったりするにあたっての耐性が、高齢の私の中では確実に衰えつつあるようである。

師匠たち

1

授業でヘルバルトに言及する。教育学の講義ではよく登場する人物である。ヘルバルトは1776年に生まれたドイツの哲学者・心理学者・教育学者で、ゲッティンゲン大学やケーニヒスベルク大学などの教授を歴任し、その著『一般教育学』は近代教育学の出発点をなすとされている、と話し始める。ヘルバルトは教育の方法として「教授」「訓練」「管理」の三つを考え、そのうち「教授」については、「専心」(Vertiefung)と「致思」(Besinnung)という二つの概念を提起した、「専心」とは没頭すること、「致思」とは「専心」によって獲得したものを統合する働きのことだ、これとの関連で教授の進め方として、「明瞭・連合・系統・方法」という4段階説を主張した。――配布された資料を手に学生たちは、馴染みのない人名と熟語の連発に戸惑いながら、つまらなさそうに聞く。ヘルバルトの学説は世に大きな影響を与えて、ヘルバルト学派を形成するまでになったが、この学派に属するラインという学者は後年、ヘルバルトの理論を受け継ぎながら、4段階教授法を改良して、「予備・提示・比較・概括・応用」という5段階の指導方法を定型化した、これが有名な「5段階教授法」だよ。学生たちの退屈そうな顔を見やりながら私は話を進める。

5段階教授法は19世紀末、東京帝国大学で教育学を講義したハウスクネヒトという先生を通じて日本に伝えられたが、当時の日本の学校教育現場でまたたく間に大流行した、今でも学校では、先生たちが指導案に、「導入・展開・まとめ」などと授業の進め方を書くことが多いけど、それはこの5段階教授法の名残りと言える。私は学生たちの面白くなさそうな表情にはお構いなしにしゃべり続ける。明治期に大流行したこの教授法について、当時の教師たちが口ずさんだ歌がある、「5段教授で　汗水垂らし　きょうもお腹が　ヘルバルト」っていうのがそれだ。そこでようやく学生たちは、配布資料に記された一節の意味がつかめて、アハハと、元気なさそうに笑う。ただし諸君、注意しなければならないことは、ヘルバルト自身が提唱したのは5段教授ではなくて4段教授だということだ、5段教授を主張したのはヘルバルト学派のラインやツィラーで、わが国で大人気となった5段教授法はラインという人のメソッドだからね、そこは間違わないように、と念を押す。これ、たまに教員採用試験に出されることがあるよ。

ところで諸君、プリントにあるこの歌、七七七五になっているのがわかるだろ?「どどいつ」って言うんだよ、漢字だと「都々逸」と書く、知ってる? と近くの学生を当てる。知りませんと答える。俳句は五七五、短歌は五七五七七だね、都々逸は七七七五だよ、もっとも、この七七七五、その中身にはちょっとしたきまりがあって、三四・四三・三四・五というのがその定石だ、それから、七七七五はあくまで基本形で、この定型にこだわらない変形もある、と断わりを入れてから、都々逸について前日ネットで仕入れたうんちくを傾ける。都々逸はね、大阪辺りで流行していた「よしこの節」という唄をもとに、江戸の寄席芸人だった都々逸坊扇歌が、「名古屋節」の「どどいつどどいつ」とか「どどいつどいどい」などの合いの手を取り入れて出来上がったものだと言われていて、庶民に愛され、昭和のある時期までは寄席には欠かせない音曲だったようだ、名古屋の熱田神宮という所の近くに「都々逸発祥の地」という記念碑が建っている、私もこの記念碑を一度見たことがある、因みに、俳句は一句二句と数え、短歌は一首二首と数えるが、都々逸は一節二節とか一曲二曲とか数えるらしい、などと、一夜漬けの知識を得意になって披露する。先ほどまで、それがどうしたの？といった迷惑そうな顔をしていた学生たちは、都々逸の解説が進むにつれ、心持ち生き生きとしてくるようだった。

教育基本法の2条5号に、教育の目標として、「伝統と文化を尊重し、それらをはぐくんできた我が国と郷土を愛する」という文言がある、私は今ここで諸君に、わが国の伝統と文化の一端を伝えているわけだ。学生たちは先ほどよりは少し大きな声でアハハと笑う。２００６年12月に全面改正された教基法に私が批判的であることを、普段の授業を通じて学生たちは知っているから、教基法の条文をわざと肯定的に引用した皮肉を、彼らは可笑しがったのだった。どうだい諸君、来週までに各人二つか三つぐらい、七七七五を作ってこないかい？都々逸の定石なんか気にしなくていいからさ。私の提案に学生たちは、えーっとかうわーっとかの声を上げるが、まんざらでもなさそうなので、次週までの宿題とする。こういうのがあるよ、参考にしてみたら？と、私は黒板に一例を挙げる。「可哀そうだよ　ズボンのおなら　右と左に　泣き別れ」。学生たちは爆笑する。それはずいぶん昔、さる人気漫才コンビの舞台で聞いたことのあるものだった。

2

翌週、授業の冒頭に宿題を提出させる。集まった用紙を揃えながら、とりあえず無作為に拾って読み上げる。七七七五に字数を合わせることに四苦八苦の労作がほとんどだったが、まあまあの出来もあった。

・ボクも都々逸　作ってみたよ　これで単位を　ゲットかも
・いつも見てます　あなたの背中　どこに行っても　見ています
・恋をしたこと　一度もないが　猫がいるから　それでいい

学生が書いてきた作品を適宜ピックアップして、それの紹介とその場の思い付きのコメントを終えて私は、用意してきたテープをラジカセにセットする。都々逸と言ったって、それがどんな節回しで唄われるのか知らないだろう？これから諸君に「やなぎや　みきまつ」という人の都々逸を聞かせてあげるよ、柳家三亀松はね、三味線漫談家・お色気漫談家として戦前から人気を博していた芸人で、特に都々逸を得意にしていて、あまりにもお色気が行き過ぎだったために寄席で演じるのを禁止されたほどで、レコードも発禁処分を受けたものが多かったそうだよ、1968年に66歳で亡くなったが、その少し前に芸術祭奨励賞を受賞している、これから聞かせるテープの中には妖しい文句も含まれているけど、諸君はもうおとなだから大丈夫だろう、日本の伝統芸能をじっくり味わってみるのもたまにはいいと思うよ。私は黒板に、「風流」とか「艶笑」とか「粋談」などと書きながら、三亀松師匠についての説明をする。学生たちは好奇心を募らせる。三亀松師匠の都々逸は定型から外れたものが少なくないよと言いながら、テープで何曲かを聞かせる。

〽あの虫は　いきな虫だよ　蛍じゃないか　しのぶ恋路の　道をてらす
〽ほととぎす　いきな声して　人足を止めて　手を出しゃお前は　逃げるだろう
〽鐘が鳴りました　忍ぶ恋路に　せき立つ胸を　エーじれったい　夜の雨

（ビクターエンタテイメント『決定版　都々逸入門』、1991年）

よく通る高く伸びやかな澄んだ艶っぽい声と、七七七五の合間に時折入れる、女性の声を模した三亀松独特の甘えた台詞「アハーン」「イヤーン」「バカー」が、学生たちを恥ずかしがらせ喜ばせたのは言うまでもない。

小学生の時分から、亡父はたびたび私を寄席に連れて行ってくれた。大抵は当時住んでいた台東区入谷の自宅から近い上野か浅草の演芸場だった。志ん生、圓生、可楽、今輔、馬風、柳橋といったいずれも個性溢れる噺家たち、漫談家の牧野周一、奇術師のアダチ龍光、紙切りの正楽など、当代随一の名人たちの高座に、お陰で私は少年時代からずいぶん親しんだ。都々逸漫談の柳家三亀松もその一人だった。ある日、やはり父と寄席に出かけると、三亀松師匠が高座に上がって三味線を弾き始める。客席をひとわたり見回してから、おもむろに私の方を向いて、きょうは子どもがいるからあんまり色っぽすぎるのは控えようなどと言いながら、あの切れのよい高い声、そして絶妙のタイミングで「ハァ」という合いの手を差し挟みながら、結局は過激な七七七五を次々と唄い込んでいく。小学生にも理解可能なストレートにどぎつい内容で、私も他のおとなの客たちと一緒に大笑いした。三亀松師匠は再び私に視線を向け、坊やわかったのかい？ 恐ろしいねえなどと私をダシにして、客席をどっとわかせた。

講義室でニヤニヤとラジカセに聞き入る学生たちを眺めながら、私はしきりに往年の三亀松師匠に思いを馳せる。パートナーに見立てた三味線を抱いて高座で社交ダンスをしてみせた姿が目に浮かぶ。男と女の微妙で危うくて色っぽい絡み合いの表現を、私は父と何度も寄席に通って白昼堂々、三亀松師匠から教わった。セクハラ、ストーカーなどといったよそよそしい表現が多用される現代とは異なる日本のおおらかな空気が、そこにはあったような気がする。

講義室で三亀松師匠の名調子を聞かされ、粋《いき》で風流で猥雑な大衆芸能の一端にいっときふれて、そうかそういう世界もあったのかとふと立ち止まり、しかし学生たちは教室を出れば、資格取得のための科目履修と採用試験対策と就活に追いまくられる。専門職業人の養成を使命とする大学・学部は目下のところ、学生たちに「余計な興味」を抱かせるのがタブーになっているかのようである。一つでも多くの資格を取って有利な職にありつくこと、それに直接役立つ科目の履修に専念すること、これこそが学生たちの、そして保護者たちの最大の関心事であり、大学はそうした要望に応えなければならないのである。スマートフォンをはじめとする最先端技術の小道具を手に携え、小さな画面を指でなぞって覗き込み、憑かれたように仮想の世界に遊んでいるこの国の青年たちは、本当に豊かで幸福なのだろうかと思ってみるが、そんなことを心配しても世の中は何も変わらないで前に突き進む。青年たちをそのように仕立て上げたのは、次々と便利で楽しげな小道具を生み出す現代文明と消費社会なのである。

さる国立大学に長く勤め、今は退職して畑仕事に余念がない友人に、都々逸の好きな男がいる。まだ現役だった頃、学園都々逸愛好会という会員が本人だけの組織を立ち上げて、「教育都々逸」を世に広めようと企んだが、同好の士が集まらないまま協会は2年足らずで閉店となった。都々逸は私も興味関心を持っていて、彼が愛好会を作ったことは知っていたが、誘われもしなかったので、加わらなかった。会を立ち上げた当初は張り切って、友人は専門雑誌の連載論文の中に必ず自作の都々逸を文脈に合わせて挿入していた。中には都々逸に合わせて組み立てたのではないかと思われる論文もあった。傑作・自信作のほどはその詳細を承知していないが、本人は師匠然として、授業でよく学生たちに作らせては添削を施していたようだった。私はそうした才覚を持ち合わせていないので、先の宿題にも添削はせず、提出された学生の七七七五を全てそのまま印刷して簡易製本し、授業の最終日に学生に配ってあげた。

3

授業では「正義」を講じることもある。社会では様々なもめごと・トラブルが生じ、社会あるところ争いありなのだが、争いは、それに巻き込まれた当事者や関係者に多かれ少なかれ苦痛・不安・負担を与えるもので、したがって紛争が起きないようにすることは大切だけれども、一方、紛争を解決する過程で「正義」が実現され、社会における正義の総量が増し、いわば雨降って地固まることになるから、その意味では紛争は有意義でもある、という文脈で正義に言及するのである。

直径30センチのピザを、お父さん、お母さん、おじいさん、おばあさん、中学生の男の子、小学生の女の子、計6人で分けるとき、分け前をどのようにするのが正義に適っているか、と学生たちに問いかける。正義の問題を論じる際にしばしば出される例え話である。中心角を60度ずつ切って平等に分ければよい、年齢に応じて角度を比例配分すればよい、健康状態や性別を勘案する必要がある、一人ひとりの希望を重視すべきだ等々、学生たちの意見は多彩である。この場面で私は、そもそも正義とは何かが明らかにならなければ、「正義に適った配分」がどんなものであるかを確定できないのではないだろうか、正義って何だろうねと質問する。指名された何人かの学生たちは口ごもりながら、正しいこと、とか、みんなが納得できること、とか、バランスがとれていること、平等なことなどと、それぞれ定義を試みるが、気のきいた表現には容易にはたどり着かない。

そこで私は、正義はこれまで2000年余りにわたって人類が考え続けてきた難問中の難問なのだと前置きして、アリストテレスほか何人かの偉大な先人たちの言説を紹介する。正義に関して多くの大学でやっているような標準的な授業が、ここで少しの間展開される。等しき者には等しく、等しからざる者には等しからざるようにという配分的正義の原理、これって何だかいかめしくて権威ありげだけど、あんまり実質的な意味はなさそうだよなあ、汝のなすべきことを汝はなすべきだなんていうのも空虚でナンセンスだしね、などと言ってみたりする。20世紀最大の正義論者と言われるアメリカの哲学者ロールズは、人は誰でもできるだけ広範な基本的自由に対する平等な権利を持つべきこと、そして不平等は全ての人々の利益になるように作用する場合にだけ認められるべきことという「正義の二原理」を、「原初状態」や「無知のヴェール」という概念を用いながら主張し、功利主義的正義に取って代わる正義論を展開したんだよ、リベラリズムに基づいて社会正義を説いたものとして魅力に富むけれど、じっくり吟味してみると、結局はアメリカのドリーム社会を前提とした政治的正義論のような気がする。――自分でもよく理解できないままあれこれ受け売りの説明をする私の「正義論」を、学生たちは何のことかさっぱりわからないという顔をして聞いている。

ところで諸君、正義は、これが正義だと思う人にとっては正義だが、正義ではないと思う人にとっては正義ではないという点に着目して、正義は相対的なのだという学説もある、オーストリアの法学者ケルゼンの主張だよと、私は相対的正義論の紹介に移る。ケルゼン先生は『正義とは何か』という著作の中で、正義はしばしば絶対性を伴うが、実は絶対に正しいものなんて存在しない、つまり、正義は価値と価値とが衝突する場面で生じる問題で、価値の問題は絶対的ではなく相対的なのだから、正義に対する解答は、条件付きで相対的なものにすぎない、というようなことを言っている、どうだい、正義は相対的だというこの理論、魅力的だと思わないかい？　学生たちはますますわからなくなる。

若い頃、ケルゼンの法実証主義にのめり込んで、『正義とは何か』をむさぼり読んだことがあるが、その影響は今なお私のどこかにこびりついていて、絶対に正しいものなど世の中には存在しない、これこそが正義だと一義的・絶対的に定義できるようなものは存在しないのだ、という気持ちがある。自らが抱く正義を唯一絶対だとして正義を振りかざせば、正義と正義の衝突が生じて血みどろの争いになる。そのことを学生たちに伝えようとする。例えば諸君、政治の世界では、○○政党の掲げる正義は××政党にとっては不正義とされたりするだろ？ 正義って結局は、正義とはこれこれのことだと主張する者にだけ通用する概念なんじゃないだろうか。

講義が終わりに近づいて、一人の学生がハイと手を挙げる。じゃあ先生自身は正義をどのように捉えているのですか。うーん、自分でもよくわからないんだ、正義など存在しないと断言することもできない気がするしなあ、まあ、あえてありていに言えば、「強きをくじき、弱きを助ける」というのが正義かねえ。何人かの学生たちが、ばかばかしいと言わんばかりに、低い声でハハハハと笑う。質問に立った学生も、なーんだそんなことかと軽蔑したような表情を浮かべ、はあそうですかと納得できない様子で着席する。原初状態だの無知のヴェールだの価値相対主義だのと勿体ぶった説明をした挙句の、いかにも俗っぽい正義概念に、学生たちは「うっちゃり」を食ったような気になったのかもしれない。さらに開き直って私は学生たちに、「正義は勝つ」なんていう心地よい格言があるけど、あれは嘘だと思うよ、少年少女向けの物語では最後にいつも正義が実現されるが、現実の世の中では、正義はたいてい時の多数派や権力者から抑圧されて片隅に追いやられるのがオチだ、などと言ってみたりする。いつだったか学生の授業評価アンケートの自由記述欄に、「先生の授業には時々中身の薄いネタが混じりますね（笑）」と書かれていたことがあるが、おそらくは私のこうした次元の低い放言を指してのクレーム・皮肉なのだろう。

4

私は小学校2年生まで東京の豊島区雑司ヶ谷に住んだ。3歳の春、東京大空襲に遭遇した。人間の記憶がいつから始まるのかよくわからないが、私は空襲の光景を見たような気もするし、そうではなくてそれは実は、後で父母たちが折にふれ話してくれた体験談によって形成されたイメージに過ぎないような気もする。ただしかし、ある一つの光景だけは、私自身が直接目にしたものだと今でも確信している。雑司ヶ谷の自宅の玄関前に防空壕があった。空襲警報が鳴り、逃げろ！との合図（私はそれを耳にした覚えはないが）に隣の家族と一緒に壕に逃げ込み、身をひそめて外を眺めていた時、父が勝手口から布団を担いで防空壕に運び込んで来た光景である。彼のこわばった表情は、私の脳裏に焼きついて離れない。それは父や母の体験談によって作られたイメージではなく、確かに私が目撃した1コマだった。空襲になると、防空壕だけでなく、近くの雑司ヶ谷墓地にも逃げ込んで、墓石に家族で身を寄せて難を逃れたとも聞いているが、その記憶は私にはない。焼夷弾で辺りが火の海になり、子ども達も大勢死んだらしいが、それについての恐怖の記憶もない。それに対して防空壕から見た父の姿は、形成されつつあった私の記憶システムの中に刷り込まれ、鮮やかに再現できるものになっているようである。

戦争が終わり、私を含む雑司ヶ谷の子ども達は元気よく外で遊んだ。夕方になると、自転車の荷台に大きな箱をくくり付けて紙芝居のおじさんが近所にやって来るようになった。私たちは彼を「夕方のおじさん」と親しみを込めて呼んだ。夕方のおじさんはカッチカッチと拍子木を叩いて子ども達を集める。親からわずかなお金をもらって小走りに出かける。荷台の箱の抽斗の中には、お煎餅だの水飴だの、その他今ではもう覚えていないおいしそうなお菓子がたくさん詰め込まれていた。手に握っている小銭と相談しながら品定めをしてそのうちの一品を買い、大事に口に運ぶ。2本の割り箸に絡みついた水飴を盛んにこねて真っ白にしている子もいる。寒天のような板状のお菓子に、ストローか何かでいっぱい穴をあけて、それが一定数以上の穴になると、もう一枚おまけがもらえることもあった。集まった子ども達にひとわたりお菓子を売ってから、やがておじさんは紙芝居を始める。出し物の中で最も印象に残っているのは『黄金バット』である。昭和の初期から子ども達の間で人気を博していたものらしい。

いつだったか勤務先の大学の近くの公立図書館に、『黄金バット　ナゾー編』（加太こうじ作画、話の日本社、全10枚）が所蔵されているのを知って借りて来たことがある。それはまさしく、私が雑司ヶ谷で見たのと同じものだった。4枚目の裏には、5枚目の説明として、「突如としてあらわれた正義の味方黄金バット。『ウハハハハハハ』アルプスの山やまにとどろく黄金バットの笑い声」との台詞が書かれているから、紙芝居でこれを口演する時は、演者はこれを声高らかに読み上げたのであろう。私たちの「夕方のおじさん」は、この台詞を少しアレンジして、「強きをくじき、弱きを助ける、正義の味方黄金バット！」と叫んでいた。この、「強きをくじき、弱きを助ける、正義の味方黄金バット！」という夕方のおじさんの獅子吼こそ、プラトンやアリストテレス、ベンサムやミル、ケルゼンやロールズなど偉大な理論家たちのどの言説よりも鮮やかに私の脳裏に焼きつけられた「正義」にほかならない。

人々は敗戦直後の焼け野原に放り出されて呆然自失となり、しかし、それまでの国家主義・軍国主義に取って代わって手にした国民主権・基本的人権尊重・永久平和に、熱い思いを馳せた筈である。子どもながらにその新しい空気を鋭く感じ取ったからこそ、雑司ヶ谷の路地で夕方のおじさんが、強きをくじき弱きを助けると叫んだ「黄金バットの正義」は、子ども達の心に深く入り込み、かくて戦前生まれの黄金バットは敗戦直後、新たな命と任務を注入されてよみがえり、私の中にも不動の正義概念が樹立したのだった。なーんだそんなことかと学生たちから馬鹿にされようとも、私の正義観の基本は強きをくじき弱きを助けることであり、私の正義論の恩師は黄金バットと夕方のおじさんなのである。誰が「強き者」で誰が「弱き者」であるか、またそれを一体誰が判定するのか、そもそも「くじく」「助ける」とは具体的にはどうすることか、さらには、「強きをくじき、弱きを助ける」は、「判官びいき」や「正義の二原理」に通じるのかどうか等は、別途アカデミックに解明すべき課題ではあるが。

5

雑司ヶ谷の自宅の前の道を左に少し行くと、丁字路になっている大通りにぶつかり、そこを右に折れたすぐの所、大塚と早稲田を結んでいる都電の踏切の手前に、石田一松《いちまつ》宅があった。ずっと後にネットで知ったことだが、彼は広島の出身で、上京して町工場で働いていたが、低賃金の工員たちの不平を工場長に訴えたことで解雇されるなどした後、大学法学部に入り、演歌師・添田唖蟬坊《あぜんぼう》らと知り合い、授業料を稼ぐために自らも演歌師となり、テキヤの子分になったり「流し」をしたりしたが、中学時代に習ったことのあるバイオリンを弾きながら「のんき節」を唄った。「のんき節」はもともと唖蟬坊が作ったものである。

〽学校の先生は　えらいもんぢゃさうな
えらいから　なんでも教へるさうな
教へりゃ　生徒は無邪気なもので
それもさうかと　思ふげな
ア　ノンキだね
〽うんとしぼり取って　泣かせておいて

目薬ほど出すのを　慈善と申すげな
なるほど慈善家は　慈善をするが
あとは見ぬふり　知らぬふり
アノンキだね

（水野喬『闘った「のんき節」』、文芸社、２００２年）

石田は「インテリ・時事小唄・法学士」を看板に、自作の唄や替え唄を引っ提げて一世を風靡し、寄席の高座にも上がって政治や世相を風刺して当局から睨まれ、出演を禁じられるなどしたが、戦後の第一回衆議院議員選挙に出馬して当選し、わが国のタレント議員第一号となった。第一回衆院選は１９４６年、私が４歳になる年の４月に行われた。当選を果たした日の晩だったと思うが、父が近所のよしみでお祝いに出かけるのにくっついて行った。玄関からすぐの応接間（だったような気がする）に、ロイド眼鏡をかけた一松氏がいて、大勢の来客でごった返す中、ニコニコと私たち父子を迎えてくれたことを覚えている。

唖蟬坊は「アノンキだね」と唄ったが、一松氏は「ハハノンキだね」とか「へへノンキだね」と唄っていた。

〽板垣死すとも　自由は死せず
一松死すとも　演歌は死せず
生きてるかぎり　唄います
どうかよろしく　たのみます
はは　ノンキだね
〽生きてゐりゃこそ　平和も御座る
死んで花見が　あるものか
焦土に芽をふく　名無草
咲こうよ　日本の平和境
へへ　ノンキだね

（石田一松『のんき哲学』、大空社、１９４６年　等より）

豊島区雑司ヶ谷から台東区入谷に移り住んで数年が経っていた中学時代、ラジオから一松氏の「のんき節」が流れたのを耳にしたことがある。久しぶりに石田のおじさんの声を耳にして、感無量だった。ウィキペディアによると、一松氏は１９５６年１月に亡くなったようだが、その時期からすると、その時の放送は一松氏を追悼する番組だったかもしれない。

添田唖蟬坊には添田知道《ともみち》といぅ長男がいた。彼も演歌師になったが、その作品の一つに「東京節」がある。メロディはアメリカでヘンリ・クレイ・ワークといぅ人が作曲した「ジョージア行進曲」だと言われているが、知道（芸名さつき）が作詞して「パイノパイノパイ」として売り出した。各節のおしまいを、「ラメチャンタラ　ギッチョンチョンデ　パイノパイノパイ　ラメコトパナナデフライフライフライ」と締めくくることで知られた唄である。「東京節」は、大正期の大阪を舞台にした小説にも登場する。単身赴任の主人公が住まいにしている宿屋で、隣室の男女らが酒に酔って「パイノパイノパイ」と唄い騒ぐのを耳にして、給仕の女性に尋ねる場面である。


わけのわからない文句に節をつけて合唱し、中には手拍子をたゝく者もあった。止《や》んだと思ふと又始め、繰返しうたふのだった。

「なんだい、あれは。」

「流行《はや》ってまんね。」

（水上瀧太郎『大阪』、新潮文庫、１９５８年、54頁）


能の『翁』では、シテの翁が橋掛りから直面《ひためん》（面を着けない素顔）で登場して舞台中央に歩み、膝をついて客席に「拝」（お辞儀）をした後、笛柱の近くに座り、囃子に続けて、「とうとうたらり

たらりらたらり　あがりららりとう」と謡い始める。この出だしは意味不明な詞章とされている。意味不明ながら曲の中で重要不可欠な中枢をなしている点では、「ラメチャンタラ」も「とうとうたらり」に一脈通じるところがある。

6

七五三のお祓いを受けた大鳥神社、鬼子母神の大銀杏、万灯や「すすきみみずく」（薄《すすき》の穂で木菟《みみずく》を形作った雑司ヶ谷の民芸品）、入学したばかりの小学校の近くの空き地に咲き乱れていた菜の花や校庭の二宮金次郎像などがあった雑司ヶ谷で、黄金バットや夕方のおじさんから学んだ正義は、青年期の一時期、古今東西の巨匠たちの高尚で難解な理論と「アカデミック」に取り組むことに忙殺されて片隅に追いやられることもあったが、年を経てひょっこりと頭をもたげ、古稀を過ぎての大学の講義で学生たちと質疑応答をする際に、厳然とよみがえったのだった。

一松氏も三亀松も、古今亭志ん生も鈴々舎馬風も春風亭柳橋も、夕方のおじさんも黄金バットも、学校教育以外の場で私にいろいろなことを教え、私の「思想」を形成する上で絶大な影響を与えてくれた師匠たちである。ひとり私だけでなく、都々逸にせよ黄金バットにせよ、のんき節にせよパイノパイノパイにせよ、今なお広く人々の間に脈々と息づいている。彼らは紛れもなく、多くの人たちにとっての師匠であり続けている。

この半世紀、大学のキャンパスで、状況を批判し、異議を申し立て、起ち上がり、闘争に突き進む学生はあまり見かけない。大学の内外で視野に入るのはもっぱら、「ビジネスチャンス」を探し求めてやまない企業の餌食となって欲望と消費を煽られ、あるいは会社訪問や資格取得や就職対策、ダイエットや化粧やファッションに明け暮れ、スマホやイベントに興じ、スポーツ観戦に熱狂し、地方に出かけてボランティア活動に汗を流す若者たちの姿である。大学・大学人もまたその流れに合わせて学生たちに寄り添い、彼らの面倒を見る。手を取り足を取ってのそうした面倒見のよさのお陰で、学生たちは羊と化してしまっているかのようである。

しかしいつの日か青年たち自身が、それは少し変だと気づき、社会に批判の十字砲火を浴びせ、団結し、わが身の危険を顧みず「正義」のために闘う時が来るかもしれない。その時、この国のありようを大衆芸能に託して痛烈に揶揄し攻撃していたかつての筋金入りの、一筋縄ではいかなかった粋な師匠たちは、忽然とよみがえって、状況に対する批判や怒りや闘いに何がしかの貴重な表現内容と表現方法を提供するに違いない。彼ら師匠たちは、発禁処分を受けたり舞台出演を禁じられたりしつつ、なおしぶとく自らの節を曲げなかった。世界のあちこちで阿鼻叫喚地獄がくり広げられ、わが国でも暗雲が垂れ込めて「閉塞状態」が訪れ始めている感のある現在、学生たちに都々逸を聞かせ、「黄金バットの正義」を論じ、のんき節やパイノパイノパイを紹介することは、高齢の身でなお単身赴任を続けながら大学教師を務めている私の、せめてものささやかな社会貢献ではある。

陽光を浴びて

1

年齢は下であったが大学院時代は学年が上だった友人から4月中旬、このたび二度目の定年退職を迎えましたとの知らせが届いた。国立大学を定年退職し、私立大学に再就職して、70歳に達したのでそこも定年になったのだった。挨拶状によると、大学勤めから解放されたのを機に、自宅近くの公民館で子ども達向けの読み聞かせのボランティア活動を始めた由。足腰が少し弱っていますが何とか元気なので、家に閉じこもってしまわずにまだしばらくは社会とつながっていようと思います、と書いて寄こした。友人は院生時代から学会誌や専門誌に鋭い筆致の論文を精力的に発表していて、研究室きっての俊才で論客だった。古稀を過ぎて今なおだらだらと大学に在職し、仕事に日々追いまくられている凡庸なわが身を顧みるとき、まだ辛うじて現役に留まっている自己の境遇に感謝すべきか、それとも自由を手にして好きなことをしている悠々自適の友人を羨むべきか、複雑な思いに駆られる。

友人からの挨拶状をもらって間もない日曜日の昼下がり、掃除と洗濯を済ませて、散歩がてら街なかに出かけた。C大学で新しい学部を立ち上げる仕事に従事し、引き続きその運営に携わっているが、年齢のせいもあってか根気がなくなり、疲れ易くもなって、休日はもっぱら自宅に引きこもり、終日誰とも会話せずに過ごすことが最近多い。単身赴任が20年余りにもなるから、誰とも口をきかないことに慣れているとはいえ、さすがに気が滅入ることもたまにはある。この日別段用事はなかったが、気晴らしに外出を思い立った。朝からよく晴れて、風は初夏の薫りを含んでいた。

Ａ大在職中、退勤の途中に時々立ち寄っていた大通りの八百屋を覗いてみることにした。街はだいぶ前からすっかりさびれて、シャッターを閉めたままの店が目立ち、メインの大通りもひっそりしているが、粗末な造りのままの八百屋には、相変わらず地元の高齢者たちが群れていた。板で作られた傾き加減の台にせっせと商品を並べているのは60代後半と思しき主人、客の相手をしているのはその妻、レジを打っているのは娘さんと見受けられる。以前と同じ家族の役割分担だった。ホウレンソウもピーマンもネギも大根も、スーパーの半額かそれ以下の値段で売っている。その他、豆腐、漬物、果物、缶詰、乾物、牛乳、菓子等々、薄暗くてさほど広くない店内に、日常の食品類が雑然と山積みされており、八百屋はこの辺り一帯のよろず屋を引き受けていた。

軒先の歩道にはみ出して鉢植えの花も何種類か並べてある。しゃがみ込んで品定めをする。ボール紙の値札にボロニアと書いてあって４００円が２８０円に、ルピナスと書いてあって２３０円が１２０円に、それぞれ手書きでこれ見よがしに値引きが表示されている鉢植え二つを選んで買った。バナナを1房と3本入りの人参を1袋、６コ入りのドーナツ１パックも買った。ガタガタの台の上で、鉢植えとバナナと人参とドーナツを二つの袋に詰め直し、持ち易く整える。

八百屋の左隣の文房具店、さらにその隣の理髪店の前を過ぎると、弁当屋がある。ごめんくださいと声をかけると、はーいと面倒くさそうに中年の女性が出て来て、何にしますかと聞く。夕食用に寿司を1折買い求める。弁当屋の2、3軒先、アーケードの角の蕎麦屋は、私がA大に赴任した時からあって、今も同じたたずまいだった。味が自慢で当時はいつも混み合い、店内の壁には、それまでに来店したことのある地元出身の国会議員や県知事、スポーツ選手や芸能人など「名士」たちの色紙が賑やかに貼ってあった。A大の学長や学部長は見当たりませんねと私が言うと、彼らは名士に数えられていないんだろうねと連れの同僚は笑い飛ばしたものだった。その頃のひっきりなしの人の出入りは今はなく、構えは往時のままだが蕎麦屋の入り口はひっそりしている。蕎麦屋の奥に続くアーケード通りは、日曜日なのに人の行き来がほとんどない。洋品店の女性従業員が、手持無沙汰で店の前にぼんやり立って通りを眺めている。このアーケードが賑わうのは、正月の初市と夏の七夕と秋祭りの各数日だけになっている。A大の学生有志が商店街の主人たちと街興しを試みているようだが、実を結ぶに至っていない。

鉢植えとバナナと人参とドーナツと寿司で重くなった袋を両手に提げて、大通りの十字路を左に折れてもと来た道を引き返す。歩道の左側の銀行支店は空きビルになっている。その隣は電力会社支店、その隣は新しくできたファミリーレストラン、さらにその隣は空き地で、菜の花と大根の花が咲き乱れている。私をA大に呼んでくれた今は亡きTo先生としばしば訪れた赤ちょうちんをはじめ、そこは何軒かの小さな居酒屋が立ち並んでいた跡地だった。遊ぶことが好きだったTo先生は、周囲の知人を誘って、「オンボロ自転車に楽しく乗ろう会」なる同好会を立ち上げたことがある。メンバーには私のほか、会計士だの高校教師、市の教育長、和菓子屋の主人などが加わった。月に1、2回、土曜日や日曜日に、県内の公園や河川敷を、おしゃべりしながらサイクリングして楽しんだ。メンバーの一人だった地裁判事は定年退職して弁護士を開業したが、彼が事務所を構えていた雑居ビルの1階は、ドコモの店舗に改装されていた。運転免許を取ろうと教習所で試験を受けたが交通法規の点が悪くて合格に手間取ったなどと冗談を言って、元判事はみんなを笑わせたことがある。

2

信号を待っていると、先生！　と声をかける人がいる。南先生じゃありませんかA大の、私、ほら、先生が学部長さんだった時、附属小学校にいたNeですよ、覚えていらっしゃいますか。白髪の、明るいベージュ色の薄いセーターを着た背の高い男性だった。やあNe先生、お久しぶりです、こんな所でお目にかかるとは偶然ですね、お元気そうで何よりです。お陰さまで、もうとっくに退職して、女房と二人暮らしですよ、先生はどうしておられますか。C大に勤めていて、相変わらずまだ教師やってます。C大ですか、よく知っています、今上り坂の元気大学と聞いています。

一緒に信号を渡って、煎餅屋の前で立ち話の続きをする。Ne氏は附属小に勤務してから県教育委員会に転出し、数年後に副校長として附属小に戻り、さらに市内の小学校の校長になって大過なく勤め上げたと言う。教師を辞めてすっかり地域の好々爺になったようだった。町内会の役員を仰せつかっていましてね、きょうもこれから子ども会育成会の会合に行くところなんです。そうでしたか、お引き留めしてすみません。とんでもない、先生にお会いできて嬉しいです、またゆっくりお話したいです、そのうちぜひお出かけください、家はこの近くですから。Ne氏は深々とお辞儀をして、細い道を公民館の方に曲がって行った。

Ne氏の後ろ姿を見ながら改めていろいろ思い出す。附属学校園には職務上、所用でよく出向いた。印象深いものに卒業式があった。明治初期に近代学校制度が整えられ、小学校教師を養成する師範学校も各地にできて、その附属として設置された小学校は、地域のエリート校として独自の校風を形成していった。A大附属小学校も、師範学校附属時代からの伝統を踏まえ、公立の小学校とは異なる厳かな卒業式を挙行していた。卒業生が担任教師から呼名され、一人ずつ校長の前で卒業証書を受け取ると、壇上でくるりと向き直り、臨席している5年生と保護者に卒業後の抱負などをひと言述べ、両手で頭上に高々と証書を掲げて見せ、それから壇を下りて自分の席に戻る。席に戻ると次の児童がそれと同じことをする。長い時間をかけて全員がそれをする。幼稚園でも中学校でも、子どもたちは各人各様にしゃちほこばった仕草をくり返した。学部長の挨拶も、それにふさわしく厳粛で格調高いものでなければならなかった。

附属養護学校（今は附属特別支援学校）の小学部・中学部・高等部の卒業式は、それに比べると形式にとらわれなかった。式の間じっと座っていられない児童生徒が少なからずいる。呼名されると教師に付き添われて壇に上り、校長から証書を受け取る。壇上で、人差し指と中指でＶの字を作って突き上げ、イエーイと大声で叫ぶ子もいた。みんなで盛んな拍手をしてあげる。式が終わると、私は彼らの席に出向いて一人ひとりと握手した。あ、く、しゅと言いながら、にこにこと応えてくれる子ども達が沢山いた。

Ａ大附属学校の先生たちは多忙を極め、出勤は早朝、退勤は夜中になることが少なくなく、いずれも暗い中での出退勤だったため、附属学校は「ちょうちん学校」などと呼ばれていたようだが、しかし附属に勤めることは教員たちの誇りでもあった。附属勤務は多忙で緊張に満ちてはいたが、そこでの勤務を通して教師としての力量は格段に向上したし、そこに何年か勤めると比較的早く管理職に昇進することが暗黙裏に約束され、県内の公立学校教師たちのいわば出世コースだった。附属学校園の教員の経験のある者で組織している親睦団体があって、それはあたかも陰の教育委員会といった趣を呈していた。学部長は年１回の親睦会総会＝宴会に招待されるのが慣例だった。教育長、教育次長、部課長、指導主事、校長、教頭といったメンバーが馳せ参じ、宴会は様々な情報と交渉が入り乱れる場だった。そろそろ現任校から異動しなければならない時期ですが、次はもう少し便のいい所に移れたらなあと思います、ぜひよろしくお願いします。よしわかった、教職員課長に話しておこう。酔いが回ってそういう類の会話があちこちで交わされていた。

附属学校園はまた、地域の保護者たちの憧れでもあった。小学校の男児は房のついた角帽に紺の上着に短めの半ズボン、女児は帯のついた丸帽に紺の上着にスカート、ひと目で附属に通っていることがわかり、それを披歴するのが保護者の自慢だった。学部長をしていた時、県選出のさる国会議員の秘書から電話がかかり、市内に住んでいる某医師がお嬢さんを附属小学校に入学させたがっていて、議員もぜひよろしくと申しているのですが、お力になって頂けないでしょうか、といった依頼を複数回受けたことがある。それ相当のお礼を致しますと持ちかけてくる地元の有力者もいた。附属に入学するには徒歩で通学可能な一定区域に居住していることが要件であること、入学者選抜は附属校が独自に実施していて学部長は一切手が出せないことなどを縷々述べ、当然のことながら全て丁重に断わった。

3

街なかからマンションに戻る途中に川がある。長い蛇行を経てやがて海に注ぐのだが、この辺りは上流で水の色も勢いもまだ若々しい。橋の袂《たもと》の道を下りて河原に出てみる。しばらく雨が降っていないので、川沿いの遊歩道に通じる道は、粉をまぶしたような白っぽい土で覆われていて、歩くたびにそれが低く舞い上がって靴にまとわりつく。河原は大小の、どれも流水に洗われて丸みを帯びた石が一面に秩序なく折り重なっている。どっしりと座っている大きなもの、不安定に置かれているものなど、様々な顔つきをした石の上を、重い袋を両手に持って危なっかしく伝い歩き、水際にたどり着く。向こう岸には波消しブロックがうず高く積まれ、水はそれにぶつかって勢いよく泡立っている。その手前の流れは深い緑色をして滑らかに帯を描いている。石がごろごろ広がっているこちらの水際には、波がひたひたと小刻みに打ち寄せ、石の隙間に入り込んで来る。雪解けの澄んだ水の量はすこぶる豊かである。背後の土手では、新緑の木々の梢がかすかに風に揺れている。

波打ち際の大きな丸い岩に腰かけて川面を眺める。流れの音は何と表現できるだろうか、水の流れを見るたびにそう思う。童謡で春の小川は「サラサラ」と形容され、少年詩人の大関松三郎はかつて、やかんの口から飲む水を「にょろにょろ」と表現した。勢いよく泡立つ白い波、滑らかに通り過ぎる深緑色の帯、足元に静かに寄せる幾筋もの波のどれも、私は適切な擬音を用いて表現できない。宮沢賢治だったらきっとどこかで、ぴったりと描き表わしているに違いない。飽くなき水態のくり返しに見入る。足元の透明な水を両手にすくうと、はるか雪山から流れて来たそれはさわやかで冷たい。水に洗われる石と石の隙間に小さな草が生えていて、頼りなくうち震えている。遠く左手に架かる鉄橋を、オレンジとグリーンのツートンカラーのＪＲローカル電車が、３両編成で青空の中、かすかな音を立ててゆっくりと過ぎていく。

A大に勤めていた頃、ここから更に上流にある河原に学生たちを連れ出し、輪になってゼミをしたことが何度もある。卒論のテーマはもう決まったかい？とか、バイト先の家庭教師の中学生はどんな具合なんだい？とか、何科目か単位を落としているようだがちゃんと挽回できるようにしてあるのかな？等々、ゼミに関係あること関係ないことを聞いたり話したりした。資格や免許や就職のことを気にしてあくせくする雰囲気は、学生たちの間にも教員にも当時はまだなかった。誰もが何とかなると思い、実際にも大抵は何とかなっていた。ゼミはいつしか学生たちと人生や恋愛を論じる場になるのが常だった。土手を上ると安くて大盛りでおいしいしゃれたパスタ店があり、そこに入って賑やかに食事をすることもあった。夫婦で経営している店で、注文を聞く時も料理を運んで来る時も、奥方はいつも無愛想だった。あ、先生、午後の授業にもう間に合いません、ボクこのままここにいて授業に出るのやめます、などと言う学生もいた。

ＪＲ線の鉄橋の少し上流にある公園の釣り堀で、職場の教員組合が主催する秋の釣り大会に何度か参加した。釣りが好きでよく授業をサボって渓流釣りに出かけていた教育方法学の教授は、講座の主任だったが、自分は釣りのプロなのだと言わんばかりのいかにも気取った長靴姿で登場して、釣りのことなど皆目知らない私を指南してくれた。お陰で何匹も釣り上げた。ひんやりと清澄な空気に包まれた釣り堀には、色とりどりの紅葉が散って浮かんでいた。

私が属する講座は5人の教員で構成されていて、老・壮・青のバランスが取れていた。夏と冬にはみんなで温泉に出かけて泊まりがけの宴を開き、夜が更けるまで学問や政治や趣味などよもやまのおしゃべりをした。大学改革だの学部再編だのを気ぜわしく押し付けられることがなかったあの時代、私たちは自由に、悠然と、時にはいい加減に、しかし然るべき責任感を持って熱心に、研究と教育と講座運営に邁進していた。

この川では辛い経験もした。学生部長をしていたある夏の夜、仲間と泳いでいた男子学生が、岩から飛び込んで深みにはまり、行方不明となった。事務局からの緊急電話で大学に駆けつけると、教職員たちがあわただしく学生部長室に出入りして逐一報告をした。誰もが悲痛な表情だった。数時間経った明け方、警察と消防から、遺体が発見されたとの知らせが届いた。あーだめだったんだ！ 居合わせた女性教員がそう呟いて椅子に倒れ込んだ。

4

C大新学部の設置後3年目も終わりに近づきつつある今、短期大学部からの移行教員の何人かが、私と学科長に強い反感を示すようになっていて、学科会議ではしばしばそれが表面化する。学部長・学科長のちょっとした言い間違いや議事進行の不備を、連携して語気鋭く指摘・攻撃するのだった。

そうした動きの一環だったようにも思われるが、学科会議を終えて学部長室に戻った某日の夕方、二人の教員が、さっき会議で決定された議案が自分たちにはどうしても納得いかない、もう一度考え直してくれないかと言って来たことがある。でもお二人は会議の席で意見を述べたり異議を申し立てたりしなかったではありませんか、会議では特に反対もなく議決されましたが。いえ、あの議案はきょう急に出されたもので、私たちはすぐに判断できずに黙っていました、落ち着いて考えてみるとやっぱりあの結論はおかしいです、納得できません。確かに、きのうの朝の段階で急きょ本部から問い合わせがあり、きょうの学科会議で何が何でも急いで決めなくてもよいと本部は言っていましたから、各委員長には、近々賛否を取りまとめてほしいと申し渡しておいたのですが、きのうの夕方までに全ての委員会から意見が届いたので、次回まで延ばすこともないと考えてそれを集約し、学科長とも相談してきょうの会議に提案したのです、おっしゃるとおり前々から予告しておいた議案ではなかったのですが、お二人が属する委員会でも委員長から意見をもらっていて、それも踏まえて提案を作成しましたから、提案の仕方に落ち度があったとは思えません。委員長の説明が不十分なまま委員会決定がなされたのです。会議の席でなぜそう言わなかったのですか、学科会議でもう一度議決し直すべきだとおっしゃるのですか。議決し直せなどと言っていませんん。じゃあどうしろとおっしゃるのですか。決議は変だと言っているのです。先生方は、納得できないから考え直してほしいと言っておられる、どう考え直せばいいのですか、結局議決し直せとおっしゃっているのではありませんか。そんなこと言ってません、とにかく絶対に納得できません。

じゃあ、考え直してほしいというのは具体的にどうすることなのかおっしゃってください。もういいです、学部長先生はそういうやり方で学部を運営するおつもりなのですね、それって独裁ではありませんか、わかりました！もういいです！　代わる代わる尖った口調で攻撃してから、二人はドアを荒々しく閉めて出て行った。

新学部の母体となった短大部ではかつてある時期、一部教員グループと、それとソリの合わない教員たちとの間で人間関係がうまくいかず、それが原因で複数の教員が職場を去ったことがある。学部設置の準備過程でそうした事実を耳にしていた私は、学科長と共に、職場の体質を変えることに腐心した。私は会議の席で、短大部時代の何を引き継ぎ何を改めるべきかを点検する必要があると、機会あるたびにくり返したが、「改める」にアクセントを置く私の発言に反発する教員たちがいた。学部長先生も学科長先生もずっと国立大学でお仕事をしてこられたので、保育士や幼稚園教諭の養成には慣れておられないとお見受けしますが、短大部は経験が豊富なのです、というのがさしあたっての苦言だった。——短大部からの移行教員とりわけ幼児教育コースの教員たちのこの種のクレームは、一期生が3年生になって就職指導をするに際し、顕著になった。短大部時代にこのコースのベテラン教員たちは、県内外の私立保育園・幼稚園と個人的な強い絆を持っていて、実習に出向いた園に学生をそのまま就職させることが少なくなかったが、学生が必ずしも望まない園に就職させられるという事態もここから生じるように思われた。ツテやコネによってではなく学生自身の選択と実力によって就職活動させることを第一にすべきだとする私たちの方針を、一部教員たちは、学部長と学科長は幼児教育に携わる者の就職について十分理解していない、と批判した。

新学部で私が学部長に、Ａ大での元同僚が学科長に、それぞれ就任したことで、新学部では当初から、一部移行教員たちと学部長・学科長との間がぎくしゃくしていた。もっとも、私と学科長とでは、教員たちに対する口のきき方や物腰に若干のニュアンスの違いがあった。学科長は言葉づかいを慎重にし、事がスムーズに進むよう比較的穏やかに臨んでいたのに対し、私は鋭角的・直言的だった。学科長は漢方薬、私は劇薬だった。私に対する教員たちの眼差しが一段と厳しい所以はこうしたところにもあった。好んで事を荒立てる意図は私とてもとより毛頭なかったが、私のそうした「リーダーシップ」ぶりは、一部教員たちの目には煙たく映ったに違いない。同僚を信頼し、各人の持ち味を生かすように職場を運営すべきだという、管理職向けのハウツー本に書いてあるような寛大で温厚な態度を、遺憾ながら私は取ることができなかった。

学部を運営する過程で私と学科長は、Ａ大の例を引くことが時折あったが、それも彼らにしてみれば、ここはＣ大であってＡ大ではありません、いちいちＡ大を持ち出すのはやめてください、との異議を申し立てたくもあっただろうし、現にそう申し立てることが一再ならずあった。率直なところ、Ａ大はあえて模範として引き合いに出すほど非の打ちどころのない大学では必ずしもなかったが、開設間もないＣ大新学部には、なおＡ大を参考にすべき点が少なからずあると考えたのである。しかし彼らには不愉快以外の何ものでもなく、そうした引き合いは学部長と学科長が自分たちを「上から目線」で眺めているからだと感じているようだった。本学部の一部教員に対して私が抱いているあまり芳しくない印象は、一面で、私が彼らを「大学人」らしくないと思い込んでいるからにほかならないが、しかし実は、彼らの「らしくない振る舞い」などに原因があるのではなく、私自身の「大学教員像」が時代遅れになってしまっていることに由来するものなのである。

親しい准教授が、一部教員たちの間で学部長と学科長をボイコットする動きがあると教えてくれたのは、新学部3年目の秋だった。とりわけ学部長に対する反感が強いとのことだった。短大部時代に培った良さを何かにつけて壊そうとしている学部長の学部運営は不当だということを、この際学長に直訴しようと何人かが談合している、というのである。教務委員会に検討を依頼した案件が、3ケ月以上も放置されたままになっていることについて、私が夏休み明けの学科会議で、委員会は責任を持って迅速に仕事を進捗させてほしいと強く促したことについて、短大部からの移行教員である同委員会の長が、公の場で非難される謂《いわ》れはない、それは悪質なパワハラだと立腹して、周囲に私への「不服従」を呼びかけたことが事の始まりだったらしい。短大部時代の慣習に批判的な私の態度に不満を募らせ、それがついに爆発したようだった。長い間にわたって伝統を作り上げてきた彼らの立場に立てば、それも無理からぬ面があった。幼児教育系の学部学科で仕事をしている教員たちは多かれ少なかれそういう雰囲気を持っているんだから、そんなに目くじら立てる必要はないですよと忠告してくれる同僚もいたが、それは、乳幼児の保育・教育は「子守り」レベルのものだということを追認せよというのにほかならない。保育士も幼稚園教諭も高度な専門職であるべきだと、短大部から移行した幼児教育担当の教員たちは機会あるたびに強調するが、それとは裏腹に彼らは、それにふさわしい「高度な専門教育」を構築・工夫することなく、相変わらず短大部時代のやり方を踏襲して、イベント的・パフォーマンス的な「楽しい授業」の実践に邁進している。乳幼児の保育・教育の専門的担い手となるべき学生を大学で教育することの意味を、彼らは理解していないかのようである。

この年齢になって未だなお達観の境地に至っていない自分自身に苛立ちながら私は、学長に告げ口したり私を排斥する運動をしたりするのならそれも仕方がないなと、「不穏な動き」を告げ知らせてくれた准教授にそう返答した。

5

35歳でA大に赴任して嬉しかったのは、月給とボーナスが定期的にもらえて家族を養えるようになったということのほかに、正規の大学教員として、自分の研究していることを学生たちに語ることができる拠点を得たことだった。自分のやっている研究などもとより大したものではなく、ひけらかすような業績を持ち合わせているわけでもなかったが、学生たちと勉強する恒常的な場を手にすることができたのは、この上ない喜びだった。当時はまだ、大学が国益や政策に貢献するようあからさまに求められたり、他大学との競争を強いられたり、大学の諸々の成果が数値化されたり、教員の働きぶりが評価されたり、大学・学部の諸々の事情がいちいちインターネットで公表されたりすることもなく、目立たない研究・教育でも自由に息長く従事できる空気があった。赴任したA大は学部の数も少ない地方国立大学だったが、その伸びやかな雰囲気は、私の身の丈に合うものだった。そしてしばらくの間、私はA大で充実した日々を過ごすことができた。

それを続けるのが難しくなるきっかけをもたらしたのは、1980年代後半から顕著となったわが国の大学改革だった。冷戦体制が崩壊し、地球全体が単一の巨大な市場と化し、グローバル化とナショナリズムの同時進行が国際社会を覆ったことなどが、大学改革の背景をなした。国際的な大競争場裏に投げ込まれた大学は、経済と地域社会と国家の発展のためのエンジンとなるよう政界・官界・財界から要請され、急速に変貌を余儀なくされる。大学は、豊かな経済的可能性を秘めた「宝の山」なのだから、そこから多くを掘り出して国富に貢献すべく、また、「人づくり」の拠点たる大学は現場ですぐに役立つ人材の養成機関に徹すべく、目に見える具体的な結果を出すことを強く求められた。大学もまたこうした要請に積極的に応えようとするのである。同時に、そのためにも、大学は定員を確保し、経営を安定させる必要がある。スポーツ競技や文化的活動で全国大会に出場し、優秀な成績を残してマスコミに大々的に報道されることをめざすのも、大学の生き残りを意識してのことである。ひとたびその活躍ぶりが報道されれば全国的に名が知れ渡り、受験生の大幅増に結びつくことになりうる。学生の資格取得率と就職率と並び、スポーツや文化のコンクールで名を上げることは、大学のランクを上昇させる有力な方法で、それは以前から行われてきたものではあるが、ローカル大学においてこの手法が好んで用いられる例が近年増えているような気がする。

思索し、構想を練り、形を作っていくには、精神的な閑暇が不可欠であるところ、この国の政治家と官僚と企業人は、そして国民全般も、大学教員にそうした余裕を与えようとしない。見渡せば、大学だけでなく、多くの職場で多くの勤労者があくせくと動き回り、競争のるつぼの中で先陣を切って目立とうとして気疲れしている。競争と成果と評価が行き渡る中で、大学教員の大部分は誠実に職務を遂行しているが、しかし時として大学人にふさわしくないやり方で、学生たちを叱咤激励せざるをえないことにもなる。教員養成にあってはそれがいっそう顕著である。教員養成系学部における源氏物語研究は文学部におけるそれとは基本的に異なるべきだといった類の、「実践力・即戦力・実益」重視志向のもと、基礎学力の乏しい学生にひたすら教員採用試験向けの猛訓練を施し、ともかく合格させることに腐心する。特訓漬けで教採試験に合格して教壇に立ち、現場で役立つ力（のみ）を身につけた学力不十分の、「奥行き」に乏しい新任教師は、やがて子ども達の前で化けの皮が剥がれるのではないかと、老婆心ながら憂慮する。

小規模の、とりわけ新設の私立ローカル大学の教員養成系学部・学科・課程の教員たちは、自らの仕事を通して教育や国家や世界のありようを考究し批判し展望するよりは、教採試験に一人でも多く学生を合格させ、ライバル大学に差をつける=差別化することに精力を割かざるをえない。私もそうである。成績良好な1年生に目ぼしをつけて教採を受けることを強く勧め、見込みのありそうな学生をピックアップしてこれに奨学金を与え、教員が付きっきりで指導して試験に臨ませる大学が近県にある、と学長は私に申し向ける。先生は学部長としてどのような教採対策を講じているか、と。大学の経営者としては当然の焦燥と要請ではあるが、私は強迫観念に苛《さいな》まれ、機会あるごとに学生に向かって、教採をめざして受験勉強に邁進せよと駆り立てることになるのである。ここにはもはや、「アカデミズム」を高唱する余地はない。アカデミズムを自らの強み・特色として標榜できる大学・学部はごく限られている。教員養成系大学・学部で「アカデミズム」を持ち出すことは、困難な、あるいは「滑稽」な状況でさえある。もともと教員養成は戦前、「正規の学校体系」とは別の、中等教育レベルの師範学校から出発している。学問と教育を区分し、学問は大学で、教育は師範学校で、という趣旨のことを主張したのは、初代文部大臣・森有礼だった。大学は時代と共にあり、時代と共に変化し、現に大きく変化しているが、官僚や世間や受験生が今なお教員養成系大学・学部を一段低く見ているのは、明治期に打ち立てられてこの国に根強く残存することになった思想と構造なのかもしれない。

それにしても、国策・国益に追い立てられ、それに合わせようと周囲を見回し、様々なことを忖《そん》度《たく》してやまない大学教員と、入学と同時に就職を心配するよう仕向けられる学生は、それぞれ大学で一体何を手にすることになるのだろうか。大学は、政治・経済によって外的に発展させられもするが、内的に歪められもする。遺憾ながらしかし、そのようなことはもはや、私ごとき「博物館行き」の田舎教師が心配することではなくなってしまっている。——

さっきとは反対方面から、五月晴れの中空に浮かぶ鉄橋を3両編成の電車が通過して行く。鉄橋のずっと向こうには、浅緑に色づいた山が雄大な裾野を広げている。さらにその奥には、登山愛好家たちの間で人気の山々が、まだ頂上付近に雪を筋状に蓄えて連なっている。河原を吹き渡る風が心持ち涼しくなってきた。私は、足元に落ちていた握り拳ほどの大きさの、緑地に白い筋の入った形のよい石を一つ拾って持ち帰った。

明日からまた職場での空しい暗闘に明け暮れる。

1　授業

どうして学校の先生になりたいと思ったのかと学生に聞くと、子どもが好きだからとか、担任だった先生がとても優しくて自分もああいう教師になれたらいいなあと思ったからとか、地元で勤められるからなどと答える者が多い。親が教員だからと答える学生も少なくない。正しい主権者を育てて世直ししたいからなどと答える者にはまず出会わない。

翻って自らを省みるに、私のキャリア選択も、その動機において崇高だったとは到底言い難い。大学を卒業する時は勿論、卒業後もしばらくの間は、研究・教育職に就こうなどと考えたことはなかった。大学を出ていったん民間会社に就職し、2年後に退社して出身大学の法律学科に学士入学し、そこで出会った刑法学の先生が、遠隔地の二つの国立大学の併任教授を務めていて、毎週長距離列車に乗り、ホテルに泊まって通勤しているのを、ダイナミックで楽しそうだなあと羨ましく思ったことがある。ドイツに留学してかの地の高名な碩学に師事した新進気鋭の研究者で、先生の刑法総論は高度で難解だったがユーモアに溢れ、時に学生たちを爆笑させ、魅力に富む講義だった。大学教員という職業に憧れめいた関心を抱いた最初だった。学士入学して間もなく遭遇した「大学紛争」のさなか、思うところあって法律学から再び教育学に転向することとなり、大学院教育学研究科に進学したが、その先に待ち受けているのは大学の教師ぐらいしかないという当時の選択肢の中で、私の研究・教育職志向は、成り行きにより確定したのだった。

結果的には運よく、博士課程修了と同時に助手に採用され、2年後には地方のA大学の講師になってとりあえず俸給をもらうようになったが、実のところ授業をするのはあまり好きでなかった。好きでなくなったというのが正しい。赴任した当初は若気の至りで、駄洒落などを連発して学生たちの気を惹いていたが、やがて、大切なのはそういうことではない、授業は娯楽でも芸能でもショーでもない、講義の内容や質こそが重要なのだと思い知るに至り、それまでの漫談授業ないし雑談授業を深く反省し、同時に、自分の授業に我ながら嫌気がさしたのだった。大学に赴任して10年が経ち、教授に昇任した頃のことである。もはや若くはないと自覚したからだけでなく、大学で講義を担当することの意味は何かと、ある日突然自問してしまったことによる。ともあれ、教室で学生たちを笑わせて満足し、半ば得意になることは、この自問に取りつかれたことを機に、終わらせた。以来ずっと、漫談・雑談はやめて「生真面目な講義」をしているが、未だに授業に何らの品格も備わっていないことと並んで、大学で講義することの意味をなお明らかにしえていない。

A大在職中は、もっぱら自分の専門分野に関連する科目を数コマ担当していたが、最初の転出先のB大では、専門領域の科目を担当したのは一つか二つで、それ以外に、教育に関するものではあったが専門外の科目を幾つも受け持った。まだ60代半ばで多少はエネルギーがあったから、それまでやったことのない科目でも必死に予習して、うわべはどうにかこなしていたけれども、付け焼刃のにわか準備で臨んでいたため、しんどい思いをすることが少なからずあった。次の転出先であるC大ではさらに専門外の科目担当が増えたが、ここで初めて担当することになった道徳教育には難儀した。

戦後の六三制教育で育った私たちの世代は道徳教育を受けてこなかったし、教育学研究をめざした大学院では、1958年の小中学校への道徳教育の導入は戦前の修身教育の反動的な復活だとして、断固反対すべきであるとの空気が強かったこともあり、道徳教育については私も、これを胡散くさいものとする感覚・先入観が身についていた。C大で道徳教育を受け持つことになって、ただでさえ講義が好きでなくなっていた私は、だからすこぶる憂鬱だった。市販されている教職課程向けの道徳教育概説書などを買って読んでみたが、どれも通俗的で空虚で軽薄な印象を与えるものばかりだった。いっそのこと「本丸」である文教当局の著作の方がストレートで率直で手っ取り早くてわかり易いと思い、小学校と中学校の学習指導要領及びその解説書（道徳教育編）をテキストに用いることにした。学習指導要領やその解説書をテキストに使うなど、それまで考えてみたこともなかったが、C大で初めてそうすることにした。

文科省著作物をテキストにしてはみたものの、その内容は、集団、法やきまり、責任、義務、公徳心等々を背景に置きつつ、政策担当者や執筆者自身でさえおよそ守れそうにない心構えが子ども達に向かってしかつめらしく説かれていて、やはり気が滅入る。「うそをついたりごまかしをしたりしないで、素直に伸び伸びと生活する」「自然のすばらしさや不思議さに感動し、自然や動植物を大切にする」「約束や社会のきまりを守り、公徳心をもつ」(「小学校学習指導要領」、２００８年)、「真理を愛し、真実を求め、理想の実現を目指して自己の人生を切り拓《ひら》いていく」「人間には弱さや醜さを克服する強さや気高さがあることを信じて、人間として生きることに喜びを見いだすように努める」「世界の中の日本人としての自覚をもち、国際的視野に立って、世界の平和と人類の幸福に貢献する」(「中学校学習指導要領」、２００８年)、等々。

タレントのビートたけしは道徳教育に「ツッコミ」を入れる。「なんの議論もなしに、『これが道徳です』と、数学の真理と同じ調子で、子どもたちに教えるのは間違いなのだ」「昔をふり返って過去の栄光にひたるのは、要するに年寄りの発想なのだ。そういう発想をする奴が道徳の教科書を書いているわけだ」(北野武『新しい道徳　～「いいことをすると気持ちがいい」のはなぜか～』、幻冬舎、２０１５年、14頁、16頁)。

2

嫌々ながら道徳教育を担当して、しかしそう言ってばかりもいられないと気を取り直し、A大附属中学校に電話する。かつて同僚だった書道の教授が校長になっていた。すみませんが道徳の授業を見学させてくれないでしょうか、と頼んでみる。どうぞどうぞ、普段どおりの授業でよろしければいつでも大歓迎です、久しぶりに南先生とお話ししたいこともあります、と快諾してくれた。1年B組の2時間目の授業を見せてもらうことにする。

数日前に降った雪がまだかなり残っている2月初めだった。附中は街の中心から少し外れて、田畑が散在する場所にある。A大在職中は何度も訪れたことのある校長室で、書道教授と再会する。最近は学部の教員が附属学校に積極的に関わるようになって、附中でも毎日のように大学側からいろんな先生方が出向いていろんな授業をやっています、現場出身の先生方が学部に沢山いらっしゃるようになったことと、教員養成学部では教員自身が学校現場での実践経験を積むことが不可欠だという共通認識が定着したためと思われます。教授は学部と附属校の密接な連携ぶりを話してくれる。昔は学部教員は教育実習の巡回で挨拶するのと研究授業を見る程度だったけど、様変わりしたのですね、と私。ええ、こういう動きはここ何年かの間に急速に進みましたね。同席していた副校長が、そうなんです、と相づちを打つ。校長先生がおっしゃるように、大学の先生方がしょっちゅうおいでになって、授業をやってくださったり研究会に参加してくださったりして、附中も活気づいていています、本当にありがたいことです。

1年B組は男女同数、合わせて34名だった。休み時間にセットしておいたのか、教室内の4列の机が2列ずつ外側に寄せられ、中央に通路スペースが作られている。生徒たちが起立して、お願いします、と担任に挨拶をして着席すると、担任は傘を持ち出し、こないだの雪はひどかったねえと話しかける。みんな傘をさして歩いただろ？ 細い所は歩きにくかったかな、これからこの真ん中のスペースを狭い道に見立てて、傘をさしてすれ違ってみよう。そう言って担任は、生徒に傘を持たせ、逆方向から一人ずつ順に歩いてすれ違わせる。生徒たちは面白がって、ガヤガヤとすれ違う。全員がひとわたり歩き終えると担任は生徒たちを自席に戻し、ところでみんなは、傘をさしてすれ違うとき、どういうふうにしただろうか、と質問する。○○君。えーと、外側に傾けました、と答える。どうしてだい？ と担任。相手とぶつからないようにと思って。なるほど、じゃあ△△君は？

相手が濡れないように。何人かの生徒を指名して答えさせてから担任は、雨や雪が降っている狭い道を傘をさしてすれ違う時、お互いに傘を外側に傾けるだろ？ みんなはたぶん無意識にそうしたんだろうね、実はこれ、昔から江戸っ子たちが、人間関係を円滑にするためにやってきた動作なんだ。そう言って担任は自作のプリントを配り、「傘かしげ」という「江戸しぐさ」があったことを紹介する。生徒たちはへえといった表情でプリントの説明文とイラストに見入る。

50分の道徳授業では、「傘かしげ」から始まり、「うかつあやまり」とか「こぶし腰浮かせ」など、生徒たちとの問答を交えながら、幾つかの「江戸しぐさ」を学ばせた。配布プリントによれば、「傘かしげ」とは、「相手も自分も傘を外側に傾けて、互いの体に雨や雪のしずくがかからないようにするためだけでなく、破れやすい番傘がぶつからないようにすること」、「うかつあやまり」とは、「足を踏んでしまった人はもちろん、踏まれた人も、こちらこそうかつでしたと、さっとあやまること」、「こぶし腰浮かせ」とは、「渡し舟などに乗っているとき、後から乗ってきた人のために、先に座っていた客が腰をこぶし分浮かせて席を詰め、あけること」、とされる。残り10分で担任教師は、「江戸しぐさ」から気づいたことを各自にノートさせ、授業は終了した。教室を出ると、担任が小走りに駆け寄って来て、生徒全員に発言させることに重点を置きましたが時間がなくて却って展開が不十分になってしまいました、お恥ずかしい限りですと謙遜した。

当時のウィキペディアは、「江戸しぐさ」について、芝三光なる人物が提唱し、その後NPO法人が普及・振興を促進しているものだが、江戸時代にそういうものが実在していたという事実は史料によって確認されておらず、「１９８０年代に…（中略）…『発明』された全く歴史的根拠のないもの」「空想」「とんでもない話」などと記載していた。真偽のほどはわからない。「江戸しぐさ」をめぐるこうした指摘を承知の上でこの担任が授業をしたのかどうかもわからない。仮に「江戸しぐさ」が後世に創作された虚構だとしても、マナーとしての内容が道徳的見地から有益だと判断した上で採用した教材だったかもしれない。授業に先立って校内の道徳教育部会でどのような議論がなされ、それに学部の教員がどんな助言・指導をしたのかも、私にはわからない。私はそうしたことを一切担任に質問しなかった。私は担任に、興味深い授業を見せてくださってありがとうございました、とだけ礼を述べた。

授業参観を終えて帰りがけ、玄関まで見送りに来た校長が小声で、実はね先生、最近は附属校に赴任を希望する教員が少ないのです、附属に移ると月給が下がるのと、朝早くから夜遅くまで忙殺されることで、公立校の先生たちは附属を敬遠してるんです、優秀な教員がなかなか来てくれなくて困っています、と耳打ちした。

3

どのような教材を用い、どのような方法で授業を進めたらよいかについて、近年はＦＤの延長線上で、大学でも盛んに議論され実践が試みられている。交流学習とか協働学習、グループ討議、アクティブ・ラーニングなどは、今や全国津々浦々で大学が唱えてやまないものである。２０１６年度から国立大学は第三期中期目標・中期計画を策定し実施に移すことになっているが、管見するところ、新たな中期目標・計画の中で多くの大学が、様々の文脈においてアクティブ・ラーニング等の導入を、判で押したように強調している。当局を意識しての導入であることは明らかである。アクティブ・ラーニングについて中央教育審議会は、「教員と学生が意思疎通を図りつつ、一緒になって切磋琢磨し、相互に刺激を与えながら知的に成長する場を創り、学生が主体的に問題を発見し解を見いだしていく能動的学修」と言い（「新たな未来を築くための大学教育の質的転換に向けて」、中教審答申）、文部科学省は、「学修者の能動的な学修への参加を取り入れた教授・学習法の総称」

と定義する(「用語集」、文科省)。

アクティブ・ラーニングは、発見学習、問題解決学習、体験学習、グループディスカッション、能動的・主体的学習等々を構成要素とする。発見学習、問題解決学習、体験学習、グループディスカッション、能動的・主体的学習などは、すでに前世紀ないし前々世紀から内外の教育実践家や教育学者たちが唱え、学校現場で実践してきたもので、わが国でも戦前・戦後の学校教育・社会教育において理論と実践が豊富に積み重ねられている。大学においても従来、あえてこうしたネーミングを用いなかったが、学修上の性格から自然に、あるいは担当教員が意識的に、ゼミにおいては双方向の質疑応答を行い、大教室では画像や映像を見せ、グループで調査・報告をさせ、学生自身に問題の解決を試みさせるなど、行政当局から推奨されるまでもなく、いわば当然の方法・形態として多彩な工夫をして授業を実施してきたのである。どれほどその意義を強調し、気のきいた解説やもっともらしい詳細なコメントを施そうとも、大筋においてアクティブ・ラーニングには取り立てて目新しいものは存在しない。何を今さらアクティブ・ラーニングか。

もっとも、私が学生時代を過ごした大学では、教授が教科書やノートを抑揚なく読み上げ、学生は必死になってそれを書き写す、又はノートなど取らずに腕組みして聞くだけ、といった講義が一般的で、先生たちはそれを意識してかしないでか、学生のことなどお構いなしに、一方的に講義するばかりで、工夫を凝らして授業に臨む教員は稀で、授業方法はどうあるべきかなど考えもしていなかったように見受けられる。情報化が進み、誰でも最新の高度な専門的知識を簡単に手に入れることができる今日、文科省が一方的な講義形式の教育を批判し、教員が教え込むのではなく学修者が自ら能動的に学修することによって汎用的能力を身につけるべきだとするのは、時宜に適っていると一応は言える。目的意識や勉学の意欲が必ずしも明確・積極的でない学生が少なくないこと、学生の学力の幅が広範に及んでいること、障害のある青年たちが大学で学ぶことがごく普通になっていることなど、学生が多様化している現状のもとでは、授業の内容や学生の状況等に応じてそれにふさわしい教授方法を工夫することが必要で、そのことを文科当局が大学教員に勧めることにも一定の意味はある。しかしそれは、何でもかんでもアクティブにという一元的な要請を強調することと直結するわけではない。アクティブ・ラーニングに馴染まない授業もあるのだ。

小中高校ですでに経験済みの教育・学習方法を、新たな装いと言い回しのもと、しきりに当局が大学に導入するよう促し、大学がこぞって（猫も杓子も！）それに迎合しているのは一体なぜだろうか。視聴覚教材や話し合いを賑々しく取り入れてアクティブに、初等中等教育並みの楽しい授業を展開しなければ、この国の大学生は能動的に学ばないと見られているのだろうか。幼・小・中・高・大への進学には然るべき「飛躍」があり、子ども・青年はその「飛躍」を通じて成長する筈のところ、最近は、幼小、小中、中高、高大など、各学校間のスムーズな連続性が求められる傾向にあるが、初等中等学校で盛んに行われているアクティブ・ラーニングが大学でも同じように導入されようとしているのは、こうした「スムーズ要請風潮」の一環なのかもしれない。あるいはまた、プロジェクトチームを組んで新商品の開発会議でアクティブに熱い議論を闘わす企業戦士たるべき人材を大学時代から育成し、日本資本主義が厳しい国際的競争場裏で生き残り勝ち残ることができるようにとの、経済界ののっぴきならない危機意識が背景にあるためなのかもしれない。

思うに、大学における授業は、学生の表情などに細心の注意を向けながら、担当教員が自らの研究を踏まえ、ものの考え方の道筋を伝える緊張に満ちた営みなのである。話し方が流暢だから優れているとか、ユーモアを交えているから聞き易いとか、グループ討議を取り入れているから活発だとか、反対に、一方通行だから良くないなどと、表面的に評価されるべき性格のものではない。大学の授業は、その内容も方法も、「国権」に指図されることには馴染まないのである。

私自身は若い頃から一方通行の講義を基本としているが（その方が楽だから）、最近は、アクティブな授業を心がけなければと思って、2、3の授業で学生による報告を組み込んでいる。教育学概論の授業がその一つで、最初の20分ほどを学生の発表に充てている。ある日3人の学生たちに、コンドルセについての発表を課題に出しておいた。当日、3人が前に出てプリントを配布し、では発表しまーすと切り出す。プリントを見てくださーい、まずクイズをしまーす、コンドルセってどこの国の人でしょうかぁ、プリントのどこかに答えが書いてありまーす。□□君と指名された学生はプリントに目をやって、フランスぅ、と答える。ピンポーン、当ったりぃ！ それから彼らは、ネットで調べたコンドルセについて、クイズを交えながら、18世紀フランスの数学者にして思想家、公教育の父とも称せられていることなどを報告する。発表を終えた3人を私は、なかなかよかったねと褒める。学生に阿《おもね》る習性が身に付いてしまった自分が忌々《いまいま》しい。この日のリアクションペーパーには、コンドルセという名前は初めて聞きましたとか、きょうの発表もクイズがいっぱいあって楽しかったです、などと書き込まれていた。毎回同じような授業に立ち会い、毎回同じように疲れる。

授業でのＤＶＤ視聴やグループワークを、「手抜き」のためにやっている同僚がいる。90分の授業で45分ほどビデオを見せて残りの45分ほどで学生たちに感想を言わせる、あるいは、授業の前半をグループ討議に、後半をグループごとの発表に充てる、といった具合である。授業でＤＶＤを見せたりグループで活動させたりするにあたっては、担当教員が当該テーマについて十分な知見を持ち合わせていなければならないといった極めてハイレベルな力量が必要であるが、遺憾ながら同僚たちの中には、自分が楽をしようとの意図に出てそれを行っているかのような人もいる。アクティブ・ラーニング授業は、勿論それとして効果的かつ有意義だが、一方的に話しかけるだけの講義にも深い味わいと魅力がある、と私は考えている。教員の話に耳を傾けながら問題を発見し、整理し、深化させ、解きほぐすことができるなど、一方通行的講義にも厳然たる効用があることを、見落とすべきではない。取って付けたようなアクティブ・ラーニングなどより、一方通行の講義の方が大学生にははるかに有益な場合があるのである。

還暦をかなり過ぎた一時期、勤務先の大学を早めに退勤し、さる弁護士による3ケ月余りの連続講義に列車を乗り継いで毎週通いつめたことがある。週1回、平日の夕方5時過ぎから8時過ぎまで2コマ3時間、計15回30コマの講義だった。大学の授業に換算すると1年間の通年講義に相当する。そこでは講師の執筆した５００頁ほどの分厚い著書がテキストに使われ、講師がテキストに沿って一方的にしゃべるだけだった。格別のユーモアもギャグもない。受講者は弁護士や司法書士などの法律実務家、法律学担当の大学教員や法科大学院の院生ら合わせて数十名である。淡々と行われたこのクラシカルな一方通行的連続講義で、退屈だと感じたことは一度もなかった。自分の問題意識と照らし合わせながら講義に聞き入っていたからだと思う。アクティブで双方向で協働作業的でなかったからこそ、充実感を持って聴講することができた。受講者の年齢やキャリアや「能力」「理解力」などを考慮に入れるべきことは言うまでもないが、難しい講義は無価値だ、主体的に考える力を持った人材は受動的な講義・授業では育たないなどと一律に説くのは、ドグマである。政策側が掲げたアクティブ・ラーニングをそのまま一斉に導入しようとするのは、もとより諸々の事情を「損得計算」してのことではあるにしても、大学としては不用意だという気がする。

4

新学部一期生に遅刻の常習者がいた。遅刻の程度が半端でない。20分や30分の遅刻ではない。9

時からの授業だと10時近くに、10時半からだと11時半頃に登校して教室に入って来る。教員の中には、遅刻3回を欠席1回と扱う人もいるから、そういう科目では彼女の欠席回数は少なくなく、したがって毎学期の成績は甚だ芳しくない。その一方で彼女は、軽音楽サークルの練習や発表会には集合時間を厳守する。その彼女が3年次後期から私の研究室で卒業論文を書くことになった。他の教員の研究室への配属を希望していたが成績が振るわないとの理由で教員が入室を門前払いとしたため、私の研究室に所属となったのだった。私は3年生向け配布の「卒論案内」文書に、「文献を読んだり文章を書いたりすることの苦手な学生諸君は来ない方がよろしいのでは」などというメッセージを書き込んでいたから、私の研究室にやって来る卒業研究生はもともと多くなかったので、各教員の卒研生受け入れ数の平準化という観点から、私が彼女を引き受けることになったのである。

どんなテーマで卒論を書こうと考えているんだい？　面接の10月初旬、彼女に質問する。まだあんまりはっきりしていないんですけどぉ、小さな子はどうして「妖怪ウオッチ」が好きなんだろうかを調べてみてもいいかなって思います、それから、子どもには「いやらしい漫画」を読む権利がないのかっていうことにもちょっと興味があります、あと、幼稚園で英語を教えるのがいいか悪いかについても少し関心があります。ふーん、今のところは関心がバラバラに拡散して固まっていないね、まだ時間に余裕があるから、これからしばらくの間いろいろ考えながら絞っていこうか。はい、よろしくお願いします。

卒研生は彼女のほかに2名いた。二人とも一応は第一希望で私の研究室を選んだこともあり、それぞれ、「PTA活動における母親同士の関係」「小学校における学級の歴史と意義」と、当初からテーマが定まっていた。件《くだん》の女子学生がようやく卒論のテーマを決めたのは翌年3月、4年生になる直前だった。テーマが確定するまでの5ケ月近く、冬休みも春休みもなく毎週指導したが、いつも50分前後遅刻し、何の連絡もなく休むことも何度かあった。どんなに注意しても直らなかった。きょうもまたごゆっくりのご登場ですねと、毎回時間を守って来室する他の両名は彼女の遅刻をさりげなく受け流し、気にも留めずに自分たちの作業に取り組んでいた。卒論指導が軌道に乗ったある時、いつものように大幅に遅れて来た彼女に、私はさすがに腹を立て、ドアの入り口で、きょうはどこかで自習しなさいと申し渡して研究室に入れず、追い返した。「江戸しぐさ」ふうに言えば、約束の時間に遅れるなどで相手の時間を奪うのは「時泥棒」にほかならず、「十両の罪」に相当する。次の週、多少は反省したのか数分の遅刻に収まったが、間もなくまた1時間程度の遅刻に戻った。

彼女が選んだ卒論テーマは、子どもに「猥褻文書」を見せないようにしている青少年保護育成条例の規定を子どもの知る権利から検討することだった。何だか最近とっても世の中が不寛容になったような気がするんです、政治が間違っているように思えてなりません、と彼女は言う。この鋭く的確な現状認識と遅刻常習との落差が、私には不可解だったが、彼女の問題意識に感心しながら、彼女が自分で探し出した猥褻文書事件判決を素材にしつつ、幾つかの都道府県の青少年保護育成条例と関連させて表現の自由と子どもの知る権利を論じさせることにした。憲法のテキストを参照させ、関連事件の判決例を読ませたが、彼女は研究室で居眠りしながらそれらと取り組んだ。もとより法学の知識も不十分なままの執筆だったから、その内容たるや、どう贔屓目《ひいき》に見ても上出来とは言い難かったが、相変わらず遅刻をくり返し、それが矯正されないまま、どうにか体裁を整えて12月の締切日に卒論を提出した。

遅刻のたびにかなりのストレスを感じさせられながら、しかし学生を怒鳴りつけたりすればパワハラとかアカハラとか言われかねない世情ゆえ、辛抱強く指導して、ともかく卒論を無事提出させることができた。事務室の窓口に論文を出して、彼女は私に、ヤッター!とVの指を突き出した。他の両名の論文もそれなりの出来だった。提出して達成感に浸ったのは、学生たちよりもむしろ指導教員である私だった。3人とも提出したことで、いつの間にか「大甘」になっていた私は、彼らの評価をいずれも「優」とした。

学部長として何より安堵したのは、一期生全員が期限内に卒論を提出したことだった。かつて勤めていた国立A大の学部では毎年必ず何名かが提出できず、半年とか1年遅れて卒業する者がいた。私立C大でそうした学生が出なかったことは爽快だった。各人2頁ずつの『卒業論文要旨集』はすこぶる分厚いものになった。多くの研究室の学生たちは、各要旨の末尾に、「論文作成にあたり、ご指導してくださった○○先生に心からお礼申し上げます」といった一文を添えていた。謝辞を強要する教員もいるようだった。私は3人のゼミ生に、私への謝辞は一切不要だと申し渡しておいた。

卒論発表会も終わった2月上旬、ゼミ生たちと市内のホテルで会食した。二人はそれぞれアパレル会社と信用金庫に正規採用が内定し、猥褻文書学生は教員採用試験を受けたが一次で落ちてしまい、臨時（期限付き）の教員採用を地元の教育委員会に申請している。彼女は、しかし就職未決定を気にするふうでもなく、会食の晩も集合時間に10分遅刻した。ごめんなさーいと、スーツ姿の彼女は屈託なく笑顔で謝る。きょうは結構早いご到着でしたねと、他の二人のゼミ生はからかった。すでに私は、彼女の徹底した遅刻常習にある種の敬意さえ抱き始めていて、彼女は大成するかもしれないと、妙な期待をかけるまでになっていた。せんせー、卒論では本当にご迷惑をおかけしました、今夜はいっぱい食べていいですかと、遅刻嬢は誰よりも食欲旺盛だった。楽しそうにナイフとフォークを操る彼らを、私はいつしか可愛いと感じ、父親か祖父の眼差しで眺めているのだった。

5

3人と会食して間もないある日、「4年生有志」という差出名の投書が1通、学部長室に投げ込まれた。「××先生について」というタイトルが付いている。「先生は授業で、体調不良で休んだ学生を名指しして、病院に担ぎ込まれるほどの急病でない限り欠席してはいけないと、ものすごい剣幕で責め立て、みんな気分を害しました」と書き出し、「でも、次の授業では先生ご本人が欠席し、その翌週に先生は、頭痛のため休講したと話しました。学生に言っていることと自分自身の行動が矛盾していてとても不愉快です。こういう理不尽なことは過去に何度もありました。卒業を目前に控え、私たち一期生は、××先生が学生に対して取ってきた態度を、学部長先生にぜひお伝えしておきたいのです云々」と続く。

「授業でのグループワークは、先生が楽をするためのものとしか思えません。グループワークの時間に先生は研究室に戻り、授業が終わるまで戻って来ないことが度々あり、自分の部屋でスマホをいじっている姿も見られました。そのような行為をしているのに、授業の度に理不尽な批判を、それも毎回、しかも大声で長々と！　怒鳴り散らします。出てくる言葉は威圧的な人格否定ばかりです。

「先生のその時その時の気分で私たちが右往左往させられるのは、もうまっぴらです。

「複数の教員で行う授業では、他の先生が説明をしている間、教室の後ろから野次のように口を挟むので、他の先生たちは萎縮してしまい、学生から見ていても気の毒でなりません。……

名指しされた教授は以前から、何事も自分中心に進める傾向にあり、時には暴走して、そのとばっちりを受けて学生や教員が不快な思いをさせられることが少なくなかった。いささか一方的かつ辛辣に過ぎる嫌いのある匿名の投書から、直ちに同教授の授業や学生対応が適切さを欠くとは判断できないにしても、同教授には問題があるらしいことを改めて窺わせる文面だった。学科長を呼んで投書を読んでもらう。やっぱりそうですか、幹部たちの前ではうまいこと立ち回って高く買われているけど、実像は全く違うんだ、いい機会だからこの際学長にもこの投書を見せるべきだと思いますが、と学科長は言う。うーん、学部長が学長に同僚の振る舞いをタレ込むのは気が進まないな、これはとりあえず先生と私との間で留めておくことにして、しばらく様子を見ることにしよぅ。私は内心大いに腹立ちながらも、ゆっくりと投書をクリアファイルに挟み、机にしまった。

新学部には個性溢れる教員が少なからずいる。授業開始のチャイムが鳴る前に講義室に入って待ち構え、自分より遅く入室する学生を遅刻扱いする教員。……何かにつけて授業中に学生のアンケートを取り、それを材料にして論文を量産する教員。……単純な業務をわざわざ複雑に処理して事態を却って紛糾させる教員。……極端に語尾を伸ばし、尻上がりに発言する教員。これは結局ぅ、委員会で結論を出してぇ、学生たちに伝えるのがいいと思うんですけどぉ。この教員は学生を「この子」「あの子」と呼ぶ。……担当する授業の直前に出勤し、授業が終わると直ちに退勤して、委員会の仕事は委員たちに任せ、成果は自分に帰属させる委員長教員。……本学部に赴任する前に勤務していた小学校の授業実践で教委から表彰されたのを契機に、方々から講演を頼まれ、他大学の非常勤講師にも呼ばれ、そのため本務をしばしばおろそかにし、たまに出席する会議では、両脚を投げ出し、後頭部に両手を当てがい、ふんぞり返る姿勢を取ることがある実務家教員。等々、等々。

３月初旬には本学部で、外部講師による「絶対に失敗しない大学の授業」というテーマで年度末のＦＤ講演会が予定されている。その方面では名の知れた講師だとかで、教務委員長が人づてに探して依頼することになった由。講演を聞かなくともタイトルからその内容とレベルはほぼ察しがつく。拝聴したとしても私は今さら自分の授業のやり方を変えるつもりは毛頭ない。拝聴の必要を毫も感じないが、大学本部を経由して各学部に毎年度義務づけられている公式のＦＤ研修行事だから、当日は出席して冒頭に学部長挨拶をしなければならない。

アクティブ・ラーニングの一斉導入を大学の授業に求めてやまない文教政策、そうした流れに先を争って沿おうとする国公私立大学、そして身近な職場にいる個性豊かな同僚たち、……どれもこれもシルバー教授には身に堪える道具立てではある。

III 雲の色しづまるとき

雲の色しづまる秋か安らはぬ想ひにもいまは馴れぬとぞ思ふ

碓井正久『歌集 雲の色しづまるとき』（非売品）、不二出版、１９８３年、１２７頁

研究業績

1

校長のリーダーシップとか学校のマネジメントとかを論じた読み物にはあまり魅力を感じない。リーダーシップやマネジメント等、どちらかと言うと集団が一体となって効率的に活動し成果を上げることに焦点を当てた用語の強調は、学校現場には馴染まないのではないかという思い込みがあるせいもあるが、とかくそれらの言説が、教育現場の日常的問題について、数字や成果やランク付けや評価に熱心で、子どもを大切にすることを標榜する一方、保護者・地域住民からの評判獲得に力点を置き、さほど重要でもなさそうなことを饒舌に述べている文体がひどく気になるからである。因みに、そうした論者の中には、注や参考文献でしきりに自著を誇示する人がいる。

１９９０年前後あたりから一段と顕著になってきた「教育改革」の進行に伴い、この種の著作と著者がもてはやされ、斯界を席巻している観がある。学校・教師に対する世人の目が厳しさを増すばかりの状況を反映して、学校組織のあり方や教職員の仕事ぶりについて、保護者や住民に目に見える形で安全・安心の確保と確実な信頼性を示す必要に迫られているという、この国の近時の教育界の然らしめるところなのであろう。教育雑誌を開くと、「誰それの校長リーダーシップ論」だの「誰それの学校組織マネジメント論」、「誰それの学校経営メソッド論」などといった類の、名の通った書き手を冠した論稿を目にすることがある。有名人の教育論によって教師の実践的指導力や保護者対応力を高めようとの、教育出版関係者の狙いが伝わるが、それはあたかも、予備校のカリスマ講師の、「誰それの数学」だの「誰それの世界史」、「誰それの小論文」を彷彿とさせる。

書店の教育コーナーにこうした多彩なハウツー本・技法本ないし指南書がぎっしりと並べられているのと裏腹に、私が見るところ、腰を据えての熟読を誘うような教育学専門書は近頃すっかり品薄である。目につくのは、様々な警句やアイデアやイラスト、さらにはハッタリめいたキャッチコピーなどを散りばめた、読み易くはあるが軽めの著作か、大勢の分担執筆者が名を連ねて書き上げたテキスト類がもっぱらである。教育の本質や歴史や制度を論じた分厚い単著の学術書は、よほど大型の、それも専門的な書店ならともかく、駅ビルあたりの一般書店にはあまり並ばない。研究者入魂の格調高く重厚な、深い感動を与える専門書が、教育コーナーではなぜかくも冷遇されるようになってしまったのだろうか。関係者によると、教員採用試験のための問題集、大学の授業で大量に使用されることが見込まれる教科書、さもなければマスコミでの話題作等は別として、売れそうにない本は出版しないし並べもしないとのことである。確かに、今どき堅苦しい専門書など、多忙な現場教師はもとより大学院生も、大学教員でさえ手にしないことは、私も先刻承知している。

遠い昔、教育学科に入学した私たち新入生は担任教授から、教養時代に読んでおくべき１００冊のリストを渡された。ソクラテスの弁明、方法序説、社会契約論、純粋理性批判、共産党宣言、自由論、経済学批判、学校と社会、……どんな順序でもよいからできるだけ沢山読んでレポートを研究室に持参せよ、と。教授は基本的には保守主義者だったが、学生たちにはカントもウェーバーもマルクスもレーニンも読ませた。１００冊を読破した級友はいないようだったが、多寡の違いはあれ、私たちは各自ともかくも何冊かの読後感想文を提出した。ペスタロッチの『隠者の夕暮』はそうしたものの中で私が読んだ1冊だった。神への敬虔な態度と教育へのひたむきな情熱に溢れていて、読む者をしてある種のファンタジックな気分にさせる本だった。「神の親心と人類の子心」を中心に据えたその断想は、外からあてがわれた課題図書ではあったが、青年期に手にした忘れ難い書物である。同じ1冊の中に収められていた『シュタンツだより』も、孤児たちへの慈愛に満ちた活動を友人に宛てて記した書翰集で、感動的だった。ペスタロッチが体罰について肯定的に述べている箇所も、孤児に向けられた愛の深さを帳消しにするものではなかった。入試の重圧からようやく解き放たれ、ああこれでやっと自由になれたのだと安堵した日々、キャンパスにある池のほとりの草むらに腰を下ろし、初夏の風に吹かれながら読みふけった。もっとも、遺憾ながら私は、いつしか初心をないがしろにし、勉強をそっちのけにして遊び惚《ほう》けるようになってしまったが。

教育学科を卒業して民間会社に勤めたが、考えるところあって2年足らずで退社し、出身大学の法律学科に学士入学した。「不良学生」だった教育学科時代の反動もあり、大学に入り直してからは心を入れ替えて一応しおらしく勉強した。憲法・民法・刑法などのほか、法社会学・法哲学などを多読したが、ケルゼン、ラートブルフ、エールリッヒ等々にふれる過程で、実定法学より基礎法学に興味がわいた。中でもH・ケルゼンは、その豊富な古典・故事の引用やきっぱりとした文体で、私を魅了した。一切の政治的イデオロギーから純化された固有の客観的・科学的な法理論であるとする“Reine Rechtslehre”(『純粋法學』、横田喜三郎訳、岩波書店、1974年)や、ユダヤ総督ピラト、預言者モーゼに啓示されたヤハウェを登場させながら説く正義論(『ケルゼン選集 第3巻』、宮崎繁樹他訳、『同4巻』、長尾龍一訳、いずれも木鐸社、1975年)は、優れた邦訳のお陰もあって、私を虜にした。技術的・実務的・実用的な実定法学より原理的・文学的な、ないしはメタフォリカルで「詩的」でさえあるこれら法哲学ないし法理学に面白味と魅力を感じ、馴染んでいったのは、巨人たちのこうした著作によってである。ベンヤミンは、哲学者は研究者と芸術家との中間に位置を占めていると看破しているが(ヴァルター・ベンヤミン『暴力批判論 他十篇』、野村修編訳、岩波文庫、1994年、116頁)、若輩の私も当時、浅学非才ながらうすうすそのように感じていた。

2

法律学科に入り直した直後、「大学紛争」が勃発してキャンパスが学生たちによって「ロックアウト」された。指導教官であった公法学の教授が、ロックアウトでも授業をやるから登校せよと言うので、占拠している学生たちの検問を受けて入構し、研究室で1対1の授業を受けていると、ヘルメット姿の一団がなだれ込み、「お前ら何やってんだ」と叫んで、解散を命じられた。南君どうしますかと教授が聞くので、やめましょうと答えてその場のゼミを解散した。騒然たるキャンパスの芝生で行われた学生集会に参加していたある日、大学院教育学研究科に進学していた教育学科時代の同級生たちが、隣で輪になって教育論を闘わせているのが耳に入った。私に気づいた友人の一人が、あれ？南、お前こんな所で何やってるんだ、会社に就職したんじゃなかったのかと聞く。「遊び人」だった私が大学に舞い戻って勉強なんぞしていることが、彼らにはひどく意外なようだった。一度は離れた教育学に戻ってみようかとの思いが、その場でにわかに胸を突き上げる。フランスや中国での学生運動と符節を合わせて日本の大学でも突入していたバリケード闘争を目撃し、そうして、やがてその混乱状態が機動隊によって蹴散らされ収拾されて「秩序」が回復されるのを目のあたりにしつつ、私は、教育とは何か、教育制度とは何か、教育を方向づけているのは何かといったことに、改めて関心を向けることになった。かくて私は、めぐりめぐって、しかしこのたびは出身大学ではなく、別の大学の大学院教育学研究科に進学し、教育学に回帰したのだった。

私が初めて教育学に関する論文らしきものを公表したのは修士課程2年の時だった。博士課程の院生たちとの合同のゼミの先生が、ゼミでの研究成果を参加者全員が輪番で雑誌に連載発表することを企画して、私も何番目かに単独で執筆することとなったのである。私はまだ修士論文も書いていない時期で、研究者になれるかどうか、いわば海のものとも山のものともわからない段階にあったが、めぐり合わせで執筆の機会を与えられたわけだった。

ゼミ論文を分担執筆することになった当時、当然のことながら教育学の勉強に没頭していたが、私はどちらかというと教育学論文よりも法学論文に親しみを抱いていた。ちょうどわが国では教育法学の生成期にあり、教育学と法律学を融合させた新しい学問領域が学生・院生や若い研究者たちを惹きつけていて、私もそうした一人だった。教育法学はまだこの時期、その主たる担い手は教育学プロパーの研究者たちで、その文体も教育学的なニュアンスのものだったが、そのような「教育学的教育法学」にはあまり魅力を感じることができずにいた。私がもっぱら読みあさったのは、まだ数が多くなかった「法学的教育法学」であり、さらにその周辺にある憲法学や行政法学の著書・論文だった。「教育学的教育法学」の文体はどことなく幅の広さと「詩情」に乏しいような気がしていた。法規範という「枠」との関連で（さらに言えば、その限定の中で）記述する法学的文体の方が、とかく個人的な主張を展開・飛翔させる教育学的文体よりも、私の体質にマッチしていた。とはいえ、私自身はまだ修業中で、自分の文体（ここで私が言う「文体」とは、単なる「言い回し」ないしは「表現技法」にすぎないものなのだが）など持ち合わせていなかった。分担執筆の番が来た時、私は読み慣れていた「法学的文体」を手本として書くことにした。ショウペンハウエルによると、「文体は精神のもつ顔つきである」が（『読書について　他二編』、斎藤忍随訳、岩波文庫、１９８８年、55頁）、私は、法学の文体をまね、法学的顔つきで書くことにしたわけである。

その頃教育界はまた、「教育権」論の最盛期でもあり、「国家の教育権」論と「国民の教育権」論が鋭く対峙していた。大学院でも教育権に関する授業には院生が大入りだった。在籍していた大学院が「国民の教育権」論の牙城であった影響もあり、私もゼミなどに参加することを通じて「国民の教育権」論を妥当と考えていたが、一方でしかし、「国民の教育権」論にせよ「国家の教育権」論にせよ、主にそのテーマを扱う教育法学の論稿は、鋭い気迫に満ちてはいたが、ともに相手方陣営への非難・攻撃と味方陣営の称揚・防御に急で、いずれもそれぞれ特有の運動論的又は政策論的な、その意味で党派的な表現に彩られ、必ずしも読み応えの良さを感じることができないでいた。両陣営ともその所論は鋭利で正鵠を射るものではあったが、他面、あたかも必要な成分だけを詰め込んだ錠剤のような味気なさがあった。「言葉は数学の記号と並んで、学問の叙述のかけがえのない媒体」であるが（前出『暴力批判論　他十篇』、１３２頁）、曲がりなりにも学問をめざしていた私も、文体にはそれなりに強いこだわりを持っていた。

法律学科で勉強する中で出会ったＨ・ケルゼンに、私は依然として心酔していた。法政策的議論に変質してしまった法律学を真正の科学の高みに引き上げること、法学を科学の理想である客観性と正確性にできるだけ近づけること、そして科学というものは、現に支配の地位にある者に対しても支配者たろうと望む者に対しても、そのいずれにも好都合な方向性を提供するものではない。ケルゼンは『純粋法學』でそういう趣旨のことを述べている。科学の非政策性・非政治性を強調して新たな法学の世界を切り拓こうとするケルゼンのこの言明は、一方の運動論的な、他方の政策論的な、両者ともに政治的・党派的な色彩が濃厚な教育権論に食傷気味だった私を、中立で公正な「法の科学」とその文体に導いた。"Reine Rechtslehre"の原書を手に入れ、独和辞典と首っ引きで四苦八苦し、優れた邦訳と照らし合わせながら、その魅力に富む文体から多くを学び、自分もこうした文体を駆使できたらと憧れた。もっとも、「科学」とか「客観性」とか「中立性」とかに関しては後年、これを重視し過ぎることには幾ばくかの危険性を覚えることになった。主張というものは結局は立場性ないし党派性を帯びざるをえないのではないか、と。

ゼミ論文の分担執筆にあたり、「教育学的文体」ではなく「法学的文体」を選んだのは、このように、教育学言説とりわけ教育権言説における、いずれも多かれ少なかれイデオロギー的な色彩が漂う表現をそのまま受け入れることができなかったからだが、しかし所詮は知識不足の学徒の気負いゆえ、私の一文は結果的には力みが災いして、前のめりに終わった。この分担執筆に続いて修士論文に取りかかったが、修論執筆に際して参照した諸々の文献の中でしきりに頁をめくって手本にしたのは、たまたま出会った手島孝『現代行政国家論』（勁草書房、１９６９年）の華麗な文体と、またしても『純粋法學』だった。

3

博士課程を満期退学した後、在籍していた大学に助手で残ったが、ひょんなことから、A大学の教授から赴任を誘われた。助手時代、私の指導教授は、他大学の教授たちと共同研究に携わっていて、私もそれに加わっていたところ、共同研究者のメンバーであったA大学のTo教授が私に目を付けたらしく、ある晩、たまたま私の自宅のすぐ近くの赤ちょうちんで知人たちと飲んでいたTo教授が、突然電話をかけて来て私を呼び出し、少し呂律が回らない口調で、南さん、A大に来る気ある？と、A大を定年で退職する教授の後任に私を据えようとした。助手は2年くらいで切り上げるようにと日ごろ指導教授から言われていたので、はい行きたいです、どうかよろしくお願いしますと、私は喜び勇んでTo教授の誘いに乗った。しばらくしてからA大の学部長が指導教授を訪ねて来て、私の転出を正式に依頼した。後日私は指導教授の指示に従い、予約しておかないと手に入らない名物の羊羹を手土産に持参してA大に出向き、To教授に履歴書と研究業績書を提出した。まだ駆け出しの助手だったから、研究業績とて質量ともにたかが知れたもので、よろしくお願いしますと差し出した業績一覧は数も少なく、内容も生硬な代物ばかりだった。

１９７０年代半ば当時、分野に違いはあっただろうが、大学の教員採用は公募によってでなく、人脈を通じて行われる傾向にあった。院生やオーバー・ドクターや助手を多く抱える大規模大学の教授たちは、あちこちの知人を介して「弟子」を大学に送り込もうとし、現にそういうルートで大学に赴任した者は周囲に数多くいた。私もその一人だったわけである。

少々遅い年齢で大学に勤めることになったせいで、A大に赴任した当初、教育職の俸給表に位置づけられた私の等級号俸はかなり低く、同年齢の同僚教員の中では最も安月給で、家族を養うのには不足気味だった。そのためTo教授から、看護学校の非常勤講師だの教育委員会での講演だのを譲ってもらって副収入に充てた。何のツテもない出版社に書状をしたためて、月刊雑誌に論文を執筆させてもらえないかと頼み込んだのもこうした事情からである。無名の駆け出し教師の書状の何通かが幸運にも効を奏し、単発の小文を寄稿する機会を得、それを積み重ねているうちに、やがて1年2年、さらには数年にわたる連載執筆にありつくことができ、多い時は月に4本もの連載を同時に抱える「売れっ子」になった。若さにかまけて「論文」を大量に生産し、相当額の稿料を手にすることができて、薄給を補った。少ないネタを膨らませて多くを書くこと、本当は書きたいことでもそれを抑えて注文に合わせた内容にすることなどのほか、決められた枚数や行数や字数に収め、締め切りを厳守し、編集者が読み易いように原稿は丁寧な字で書くという物書きの礼儀とコツの一端は、この習作時代にある程度身についた。ショウペンハウエルは、大学教授や書きなぐり的文筆家たちは「収入が低く報酬がよくないため、金の必要から執筆する」と言っているが（前出『読書について　他二編』、43頁）、当時の私の「文筆活動」には、この辛辣な指摘がそのまま当てはまる。

研究者をめざし、研究者であり続けるためは学会で認められる必要があるから、私も人並みに、学会誌や紀要に専門領域の論文を投稿し、何編かは審査にパスして掲載された。そうした本来の研究活動のほか、必ずしも自分がよく知らない周辺的ないし他領域のテーマでも、頼まれれば引き受けて「副業」に精出したお陰で、これまでに書き溜めた「論文」の数は、現時点で８００編を超える。ざっと試算するに、数の面だけなら、10巻以上の著作集ができる量である。親しい友人が最近、大学を定年退職するのを記念して、それまで蓄積してあった論文類を全5巻の著作集にまとめて出版したが、もし私も同じことをすれば、ボリューム的にはその倍を超える巻を揃えることができるわけである。それを全国の大学図書館や公共図書館に並べてもらったらさぞかし壮観だろう。もとよりしかし、私の「研究業績」がそのように後世に残るような、あるいは残すべきようなものでないことは、私が一番よく知っている。森鷗外は、学者は偉いのも偉くないのも、地位を得ようとしてしきりに論文を書き、骨を折るが、ドイツ人はこういう人物を、嘲る意味を込めてStreberと呼ぶ、という趣旨のことを述べているが（森鷗外「当流比較言語学」、中村光夫編集・解説『文学の思想　現代日本思想大系13』、筑摩書房、１９６５年、１８９頁）、私はさしずめ、嘲りの対象たるStreber（努力家、頑張り屋、成功主義者）だったようである。

そもそも著作集や全集は、そこに収められるものが後世に残すに値する内容のものであるほか、何よりも、周囲の弟子・サポーターたちが企画し、出版社がそれに乗ってくれて初めて実現するものである。それ相応の力の持ち主でなければ、その種の書物は世に出せない。

4

年を取り、学会誌や紀要に論文を出すことが今ではすっかりなくなったけれども、依頼原稿を書く機会はむしろ増えている。枚数や行数や締め切りをきちんと守ってくれそうな上、危険なことは書かないだろうと編集者が安心しているためかと思われる。出版社が私に寄せるこの「信頼」は、私が長年にわたって培ってきた「状況順応力」の賜物（！）にほかならない。昔ほど生活に窮しているわけではないから、稿料を欲しがる必要はないが、若い時分の癖で頼まれれば引き受ける。因みに付言すると、原稿を依頼されるにあたっては、これは現場の先生方が読むので難しい表現を避けてわかり易く書いてくださいとか、実践に役立つようにお願いしますなどと注文をつける編集者が少なくない。承知しましたと一応返事はするものの、教師は専門職なのだから堅苦しい文章でも読んで十分理解でき、実践に生かす力量もある筈だと、そうした注文には面従腹背し、基本的には自分の思いどおりに書いてきた。今もそうである。貧乏だった時代に金の必要から執筆してきたStreberとはいえ、自分としては「御用学者」になり下がりたくないとの矜持がある。これは私なりのせめてもの譲れぬ一寸の魂である。

A大を退職して移ったB大では、校長や指導主事といった実務経験を持つ教授たちが学部教員の大部分を占めていた。いつだったか教授会の席で、何かの議題に関連して元小学校長の教授が、学者センセイの論文など現場には全く役に立たず、そもそも学者の論文なるものはヒマに任せての手慰みにすぎないと演説して、周囲から期せずして拍手がわき起こり、私を含む少数の研究者教員は縮こまってしまったことがある。Ａ大で実習委員長をしていた頃、実習先の教師たちと打ち合わせをするたびに小中学校側から、大学では難しい理論を講義するだけでなく、学生たちがきちんとスキルを身に付けることができるようにしてください、それこそが教員養成に携わっている先生方の役目ですと言われ、同席の小中学校教師たちが大きく頷いていた光景と、それは重なった。大学の学者センセイに対する現場教師のそうした注文ないし反感は、「純文学」に対する「大衆文学」の対抗意識になぞらえられるかもしれない。思うに、小中学校の教師と大学の教員とでは、「教師」という呼称では確かに共通する部分はあるが、やはりそれぞれ専門性の内容が異なる面があり、相互の連携協力は、そうした違いを踏まえた上でのものでなければならないのではないだろうか。

日本の近代学校とりわけ小学校は明治初期、立身出世のための実学を授ける機関として制度化された(「学事奨励ニ関スル被仰出書」、明治５年)。その後のわが国の公教育の歩みの中で、師範学校でトレーニングを積み、かの「師範タイプ」を形成した戦前教師たちのＤＮＡの一部は、平成の教師たちにも様々な形で、陰に陽に連綿と受け継がれている。教員養成は大学で行うとされた戦後の大原則は、福沢諭吉以来の伝統的ＤＮＡと近時の「実践的指導力」のかけ声のもと、実践に役立たない「学問」は無用で空しいとされ、装いを新たにした実学主義となっているように思われる。この国の人々は基本的に実用主義者なのだろう。教師向けの教育雑誌をはじめ、種々の教育専門書でも、執筆している大学教員たちが競って自らの言説を「実践的」たらしめようと努めているのは、現場教師の教育実践と共にありたいとする大学教員の誠実な使命感によるものに違いない。

当代きっての教育実践家はかつて、「大学教授の君らより実践の場を知れば君らより実践者をわれは尊ぶ」なる一首を詠んだことがある(『斎藤喜博全集　第15巻2』、国土社、1971年、194頁)。それは、現場知らずの教授センセイに対する痛烈な批判・不信と苛立ち、そして恐らくは侮蔑に出るものにほかならない。もっとも、「学問」は役に立たない無力なものだとする非難は日本の教育界に独特なものではない。なまじ学問などというものが登場したために真実が見失われてしまったと、ルソーも『人間不平等起原論』の中で言っていたような気がする。博識の中に確かに饒舌は見出せるが、その饒舌はむしろ人間の知恵を犠牲にするとか、真理を冗漫に表明することはさほど人類に役立つものではない旨、かのペスタロッチも言っている(『隠者の夕暮・シュタンツだより』、長田新訳、岩波文庫、1982年)。

幸か不幸か、私の専門分野は、教室や校庭での日常的な教育実践とは少し離れているため、指導案の書き方とか板書の仕方とか机間巡視の仕方といった場面について論じることはほとんどなかった。それでもたまに、実践と深く関わる事項の原稿執筆を頼まれることがあり、そういう時は私もそれなりに実践と関係づけるよう努めるが、同時に、何とかその根底にある「原理論」をも踏まえようとする。確かに、現場知らずの研究者が知ったかぶりをして綴る教育論は、現場を掻き乱すだけかもしれない。それを百も承知の上で、「研究者」である私が、教育現場をろくに知らないまま、否あえて知ろうともせず、なお教育の問題を書き続けることを正当化し自己弁護するとすれば、それはただ、私には書く時間があり、教育について「原理的」「客観的」ないし「体系的」「歴史的」に考えようとする「構え」があり、そうして、私自身が教育現場から一定の距離を置いているからこそだ、と言うほかない。現場を知らないことを誇りにしているわけではもとより毫もないが、現場に身を置いていないからこそ書くべきものがあり、書くこともできるのだと考える。

しかし、それにしても、私が従事してきた「学問・研究」と論文執筆には一体何の意味があっただろうかと、この期に及んで改めて思う。

5

かつて私は「投稿少年」だった。小学校４年生の時、小学生向けのある雑誌に、そこで連載されていた漫画の似顔絵を投稿したところ、たまたまそれが入選して掲載されたのをきっかけに、それが面白くなって、中学生になってからはあちこちの中学生向け雑誌にしきりに詩や作文を投稿し、やがて毎月必ずどこかの雑誌の文芸欄に作品と名前が載るまでの常連に成り上がった。「秀作」の時もあれば「一席」の時もあり、「入選」の時もあれば「三席」の時もあり、「佳作」の時もあった。詩では当時、村野四郎、蔵原伸二郎、大木惇夫、壺井繁治といった錚々《そうそう》たる詩人たちが選者を務めていた。投稿した詩が壺井氏から「秀作」に選ばれ、「評」で絶賛されたことがあるのを、私は今でも大切な思い出にしている。同氏は言うまでもなく、『二十四の瞳』の作者・壺井栄氏の夫君である。中学校を卒業してからは投稿もやめたが、人に文章を読ませるのであればそれにふさわしいものでなければならないという私なりのこだわりは、この時期のささやかな「文芸修業」を通じて培われた。私自身は論文執筆において然るべき文体を確立したわけではなく、文体について何かを言える立場にもなく、そもそも文体とは何かも理解していないが、文体というものに何がしかの思いを馳せる癖は、今に至るまで持ち続けている。一方また、私は注目を浴びるような優れた研究者などでないことは言うまでもなく、内容の豊かな論文を書いたことも、斯界に大きなインパクトを与えた論稿をものしたこともなく、他人の論説に的確な批評を加えることもできないが、ただ、少なくとも、読んで心が揺さぶられ、知的刺激に満ち、多くを学ぶに値する作品であるかどうかの目利きぐらいは、多少はできると思っている。

教員養成系は別として、教育学系の学部・学科に若者があまり近寄って来ない原因の一つは、彼らを惹きつけるに足る魅力的な「教育学」ないし「基礎教育学」関連の読み物が近時必ずしも豊富に用意されていないからだという気がする。政治に翻弄され、政策に絡め取られ、流行に飲み込まれて、その時その時の要請に合わせることにエネルギーを費やさざるをえない事情があるにせよ、教育学研究者があまりにも自らを実践や実務に結び付けようと気を遣い過ぎ、「実用教育学」の流れに身を任せているように思われてならない。19世紀ドイツにおける「国語破壊」についてではあるが、「学者である以上は、風潮に反抗する具体的範を示し、真のドイツ語を守って、その制止にあたるべき」であるのに、「一人としてこれに抵抗する学者を見ない」とし、「学者のこの従順な態度」を痛烈に批判したのはショウペンハウエルだが（前出『読書について　他二編』、124頁）、「抵抗の学者」が少なくなり「従順な学者」が多くなっていることは、現代日本の教育学界にも部分的に当てはまりそうである。

自らの「研究業績」を省みるに、私は、読む者の心を揺さぶり知的刺激に満ちた格調高い論文など1編たりとも書いてこなかったことに改めて気づく。量的にだけは著作集か全集ができるほど多くを生産したものの、結局のところ私は、教育実践や教育現実と切り結ぶことのない駄文をものしただけなのではないか。法則を認識し意識化し、人間についての全体的な連関を洞察することが教育学であり、認識と適用、意識と表現の結合こそが知恵というものであるとは、教育学についての古典的定義であるが（フレーベル『人間の教育（上）』、荒井武訳、岩波文庫、1990年、12頁）、私は、洞察力・認識力・表現力、要するに教育学的知見を欠いたまま長らく大学に留まり、学問的にも実践的にも何ら貢献しないものを書き綴ってきただけで終わろうとしている。800編を超える「研究業績」は、量的には一見なるほど「壮大」ではあろうが、それらは「壮大なるゼロ」ないしは「壮大なる粗大ゴミ」として、いずれ廃棄処分され、無に帰する運命にある。

きょう、教員養成系私立大学の全国的研究集会に行って来た。集会の冒頭に開催校の学長が挨拶に立つ。髪を茶色に染めて、大学の何たるかをあまり理解していそうにない若い女性だった。用意したメモを広げ、月並みの台詞を棒読みして席に戻る。続いてさる県の教育長が、最近の教員採用について記念講演をする。実は私の娘がこの大学に在学していて日頃お世話になっておりましてと教育長は話のついでに言って、学長の方に向かって会釈した。シンポジウムでは、基礎学力や一般常識が十分でない学生、精神的な問題を抱えた学生が年を追うごとに増えており、大学はこの状況にどう対応すべきか、といったことのほか、大学教育における理論と実践の両立などが取り上げられた。大学で学生たちに、教育思想や教育哲学などを講じる一方で、実践的スキルを身につけさせ、さらには教員採用試験に向けての受験勉強をも授業に組み込まなくてはならない養成現場の奮闘と苦悩が、担当者の口から迸《ほとばし》る。民間企業の経営手法が導入され、国家の成長戦略の一環に位置づけられ、即戦力を身につけた人材の養成機関と化した大学で、教員たちの任務とレーゾンデートルは那辺にあるのかという、心ある大学人ならば当然の問題提起が、教員養成に焦点を置いてなされ、しかしこれといった出口を見つけられないままでいる。この種の議論と試行錯誤と堂々めぐりは、これからもずっとくり返されることだろう。

特定シューレに属することなく、有力大学に在職したわけでもなく、それ故これといった「取り巻き」もおらず、弟子や後継者を育てる環境にもなく、してみると、私は研究者としては一体何者であったのか。――しかし、こうした疑問と悔悟は時すでに遅すぎる。今となってはただ、研究業績の収支決算で大幅な「赤字」が明るみに出たことを正面から黙って見据えるしか術はない。されば、李白に倣《なら》い、静夜頭《こうべ》を挙げて悄然と（「牀前《しょうぜん》」ではなく）月光を仰ぎ、嘆息するばかりである。同時に、しかし、天与の恵みを受けていないぼんくらであっても、否そのような者であったからこそ、真の学問研究に憧れ、それを追い求め、優れた研究者たちの業績にふれながらそれに到達しようと悪戦苦闘したことには、何ほどかの意味もあるのであり、私がそうした者の一人であったと自負することは、許してもらえるのではないかと考えるのである。

翠雨

1

1961年当時、朝7時東京発の東海道線・特急「こだま」は大阪着が午後1時30分であった。8時30分発の急行「六甲」は夕方4時に着く。大阪の実父母宅にはこのどれかで行くことが多かった。ごくたまに、22時45分発の関西本線経由の夜行列車「大和」に乗ることもあった。高級イメージの強い特急「つばめ」と「はと」には、ついぞ乗車したことがない。中学1年生になってすぐ、実はお前は養子で、本当の両親は大阪の叔父さんと叔母さんなのだと、それまで父母と思い込んでいた東京の養父母から聞かされて以来、夏休みや冬休みになると大阪に出かけたが、高校時代を過ぎてからはそれが繁くなり、滞在も長期になった。養父母は私のこうした動きから、実父母のもとに帰ってしまうのではないかと不安を抱いたようだった。

大阪駅で城東線（現在の環状線）に乗り換え、天王寺駅からさらに関西線に乗り換えて人気のない駅で降り、埃っぽい退屈な道を20分ほど歩くと実家に着く。生駒や信貴の連山が眺められる平屋建ての古びた小さな家だった。夏の夜にはどこからか河内音頭の太鼓の響きが風に乗って聞こえてきた。大阪に行くと一番喜ぶのは実母だった。実母の兄夫婦には子どもがいなかったので、東京に住む兄夫婦はしきりに私を欲しがって実母を説得し、挙句には半ば脅して奪うように私を養子にしたらしい。2歳になったばかりの私を抱いて上京し、兄夫婦に私を預けての帰り道、山手線の駅の陸橋にたたずみ、線路に飛び込んでしまおうかと思ったほど辛かったと、実母は後年、私に恨みごとをくり返した。あんたのこともっとぎょうさん抱いてあげたかったのにねえと、しげしげと私を見つめることもあった。再婚だった実父にとって私は5番目の子だったが、後妻の実母にとっては最初の子であったから、生まれて間もない私を手放した嘆きは相当だったようである。大阪に行くたびに実母は私の背中や腕をさすり、これ作っておいたんよと、わらび餅を皿に盛って出してくれるのがいつもの歓迎儀式だった。東京に戻る日は、私が玄関を出て通りの向かい側で手を振ると、急いで小走りに追いかけて来て、気いつけや、な、な、な、と言い含めるのだった。

実家には二つ年下の妹と六つ下の弟がいた。実父の先妻の子ども達はそれぞれ独立して別の場所に住んでいた。妹も弟もこのことをすでに知っていたが、私はこうした事情を誰からも知らされていなかった。一人っ子だとばかり思っていた私に弟妹がいると知ったのは、突然襲った驚きであり、喜びでもあり、だから大阪に行って何日かを過ごすことは、特に高校時代は、この上なく楽しかった。高校生と中学生と小学生の3人きょうだいで道頓堀や心斎橋に遊びに出かける。電車の中で、あんたらよう似てはりまんなあと見知らぬ乗客から話しかけられたりすると、それまで東京ではそういうことを言われた経験がなかった私は、自分と似た顔立ちの者が傍にいるということが、妙にこそばゆかった。あのおっちゃん、うちらそっくりや言うてはったわ。妹は笑いながら私の腕を揺する。吊り革につかまって妹のうなじを間近に見つめながら、父母を同じくするこの女子中学生に、私は、眩暈にも似た連帯感と一体感を覚えた。

大阪に滞在していると、実父は勤めから帰宅して夕方、家族をよく通天閣界隈に連れて行った。通天閣のふもとのジャンジャン横丁は猥雑な雰囲気に満ちていた。狭い路地に面した将棋道場では、男たちが煙草をくゆらしながら腕を組んで盤と睨み合っている。何やら怪しげな看板のかかった薄暗い店では、やはり男たちが小さな覗き窓に顔をくっつけて貪るように中を見つめている。裸電球の叩き売りの店先ではおっさんがねじり鉢巻きで、あうッ、どやこのバナナ、こないにぎょさんあって安売りや、さあ買わんかいと声を張り上げている。小さな店が所狭しと建ち並ぶ横丁をそぞろ歩き、食事は馴染みの和食店で済ませて、家族5人は天王寺公園を抜けて帰途につく。駅の歩道橋から見やる通天閣の夜景を私は、ここが自分の生まれた地なのだと思いながら眺めたものだった。

時あたかもこの国は高度経済成長期にあった。大阪をテーマとする歌詞の公募に入選した市民の作品が新聞に掲載されていたのを、滞在中の実家で目にしたことがある。「宇宙旅行は通天閣で」とかいう一節があった。それは、当時の大阪と大阪人の誇りと心意気の表明にほかならなかった。「無秩序に無反省に無道徳に活動し發展しつゝある大阪よ」と締めくくる大正時代の小説があるが

（水上瀧太郎『大阪の宿』、新潮文庫、１９５８年、２４９頁）、大阪は、無秩序で無反省で元気いっぱいで魅力溢れる街だった。

2

実父は師範学校を卒業し、市に編入される前の村の教育長を務め、編入後は市の出先機関の庶務課勤務となった。役所から帰宅すると、ユリ根を肴にして晩酌をするのが常だった。実母の料理が手間取ったりすると、何してんねや、遅いやんかと声を荒げた。実母は、すんまへん、今すぐできますさかいにと謝りながら、言うとおりにした。実父は、家族を粗末にはしなかったが、どこか温かみのない人で、自分のやりたいことをマイペースでやる、小柄で白髪、わがままで気むずかしい、それでいて実直な地方公務員だった。実母は連れ合いより10歳若く、背が高かった。父親よりも賢いという印象を子ども達に与えていた。

実父は８畳の居間の座卓でよく書き物をしていた。私は当時、彼が何を書いているのかわからなかったが、文芸雑誌や同人誌向けの短歌や戯曲や浪曲を執筆していたのだった。これも後で知ったことだが、若い頃は20歳余り年上の野口雨情とも交流があったらしい。実父は「翠雨」というペンネームを用いていたが、敬愛する雨情の「雨」にあやかったのだろうか。中学生時代、私も投稿少年だったが、実父の文学活動を全く知らなかった。何かの折に私が、『出家とその弟子』が面白かったと言ったら、そうか、これもなかなかええでと、書棚の『修禅寺物語』を渡してくれたことがある。束の間の文学談義はそれで終わった。父子は長い間、文学好きであることをお互いに気づかなかった。

実父専用の座卓にはノートや原稿用紙が雑然と積まれ、後ろの書棚には本がぎっしりと並んでいた。古典や小説や戯曲、詩集・歌集などだった。周囲にも本がうず高く積んであって、触ると崩れそうだった。高校生の夏休み、実父の留守中に書棚から丸尾長顕『芦屋夫人』(近代人社、昭和3年版だったか)を取り出して読んでいたら、そんなん読むのまだ早いでと、実母は私を叱って取り上げた。濃厚な濡れ場を含むこの種の発禁本が、書棚にはこれ以外にも何冊かあった。

私が大学4年生の12月下旬、実父は62歳で死んだ。役所を定年退職して地元新聞社に再就職し、論説などを担当するようになって張り切っていた矢先だった。その年の8月に手術をして、病院に見舞いに行った時は痩せて終末が近づいていることを窺わせた。顔も細くなって眼鏡がずり落ちてくるらしく、実父は私に、これをあつらえた店が心斎橋にあるからそこに行って直してもらってくれと頼んだ。真夏の日差しの中、心斎橋まで出向いて店を探す。父がこれを調節してくれと言っているのですが。店主は眼鏡をひっくり返しひっくり返し眺めて、あんさん、これ以上直されへんでと渋ったが、何とか形を整えてもらって病人に届けた。なんや直ってないやんか、あの店の親父いうたら売るだけ売っておいて不親切やと、実父は悪態をついた。ちょうど卒業論文の提出期限が目前に迫っていて、葬儀には出ることができなかった。中学1年までは叔父さん、それから後はお父さんだったが、さほどの悲しみを覚えなかった。卒論執筆であたふたしていたことだけがその理由ではなかったように思う。

大学を卒業してしばらく経って、私は実父の遺品の中から、日記帳3冊と数冊の同人誌、表紙に大阪府の「検閲済」や「支障ナシ」が赤く押印されている手書きの戯曲本を10数冊、それに谷崎潤一郎の『潤一郎新譯　源氏物語』全12巻（中央公論社、1951年〜54年）を譲り受けた。安月給の地方公務員で古くて小さな借家に住んでいたくらいだったから、遺産などある筈もなく、形見分けはその程度のものだった。実父は戯曲と浪曲の台本と短歌に力を注いでいたようだった。本人から聞いた話では、ある時浪曲の台本を地元の放送局に送ったところ、何の音沙汰もなかったのが、1年ほど経ってから、別の人の作として口演されていたのを偶然耳にして悔しい思いをしたということだった。本当のことかどうかわからないが、著作権や知的財産権といったものが確立していなかった時代には、そういう盗作が行われることもあったかもしれない。

ぱらぱらとめくった遺品の日記帳3冊には、いずれにもそれぞれ衝撃的な内容が複数頁にわたって記述されていた。私が中学2年だった年の5月某日の一節。「久乃に対する私の気持ちは数年前から変わっていない。久乃の私に対する愛も純粋で深いものであることを知っている。彼女以外に私を真実受け入れてくれる女性はいない」。高校1年だった年の6月某日の一節。「久乃は30歳。8年前、私に身も心も捧げた。以来久乃は、家庭のある私一人だけを愛して今に至っている。何とかしてあげねばならないとの気持ちが強く湧いてくる。しかし、私は既に50をとっくに過ぎ、日に日に衰えを感じている」。実父はこの時50代後半である。ずいぶん前から実母とうまくいっていなかったらしい様子も所々に読み取れる。日記にはこのほか、村が市に編入された際、旧村の職員の給与が市職員に比べて格段に低く待遇されていたことなどを糾弾する箇所もあった。巻末の住所録にはまた、サトウハチロー、藤森成吉、長田幹彦、今東光といった文人たちの氏名と住所が記されていた。

役所で管理職を務める傍ら文筆にいそしみ、定年後は地方新聞社の論説委員となって鋭い社会批判を展開していた実父に、25歳余り年下の愛人がいたとは思いもよらなかった。実母はこのことを知っていたのだろうか。妹に聞いてみると、うすうす気づいていたようやわと言った。二人はどんなきっかけで親しくなったのかな。知らんなあ。久乃さんに関する記載のある頁に付箋を挟み、3冊を机の奥にしまって、その後長い間日記帳を開くことはなかった。

3

私に長女が生まれ、妹にも最初の子どもができ、そして弟が大学を卒業して就職後間もなく、実母が死んだ。奈良の病院に入院し、せめて還暦までは生きなあかんと病床で自らに言い聞かせていたが、治療の効なく56歳で逝った。実母の死は、肉親を失うことによる痛切な悲嘆を私に味わわせた最初の出来事だった。実父が死んだ時には葬式にも行かず淡々としていたのに、実母の葬儀ではたくさん泣いた。入院中ずっと世話をしてきた妹も弟も泣いたが、私ほどではなかった。実母と知った後も叔母さん、叔母さんとだけ呼んでいて、お母さんと呼ぶことは一度もなかったが、死に顔を見ながら、そう呼ばないで終わったことが悔しかった。

実母が死んで5年後、養父が71歳で死んだ。実父と同年齢の養父は、自分の妹が10歳年上の、それも先妻を追い出した文士気取りの男と結婚することには強く反対し、結婚後は断絶に近い状態になったが、それでもたまに実母が大阪から東京に来ると、兄はあれこれと妹を気遣った。

私は中学・高校時代、養父とほとんど口をきかないで過ごしたが、大学生になってからは不思議と養父のことが好きになり、当時住んでいた団地近くの野原や川に出かけて一緒に摘み草や釣りをした。大学を出て一度は民間会社に就職し、ほどなくそこを辞めて研究者の道を選び、まだ職業も定まっていない中途半端な状況の中で結婚して子どもを儲けるなどしたことから貧乏暮しを余儀なくされたため、同居していた養父母にはずいぶんと迷惑をかけた。心中穏やかでなかったであろう養父母は、しかし私の身勝手な転身を黙って見守っていた。養父は実父と違って温厚で優しい人だった。養父の死は突然の心不全が惹き起こしたものだった。彼の急逝が私に与えたショックは並大抵でなく、それは実母との死別をも凌駕した。身近な人の死によって与えられる喪失感がいつまでも長く尾を引くようになったのは、養父の死以降のことである。

29年間勤めたA大学を退職する年の1月、養母が88歳で死んだ。70代半ば頃から認知症の兆しが出て、初めは老人保健施設に入り、その後は特別養護老人施設で過ごし、次いで病気に罹って特養を追い出され、自宅近くの小さな病院に引き取ってもらい、そこで最期を迎えた。東京大空襲のさなかでは、私を背負ったまま満水の盥《たらい》を振り回して消火に当たったという武勇伝の持ち主だった。漢字の書き取りがなかなかできなかった小学生の私を卓袱台《ちゃぶだい》の前に坐らせ、もっとちゃんと勉強しなさいと叱りつけた、その養母が死んだ。妻は同居の養母と気まずい思いをした時期もあったが、嫁と姑という世間に共通する普遍的な確執を、長い年月の中で彼女たちはそれぞれ何とか折り合いをつけ、それなりの信頼関係を構築していた。胸に指を組んで眠る養母の遺体をさすりながら妻は、おばあちゃん、おばあちゃんと呼びかけて泣いた。

自宅近くの病院に移った養母を、私は帰省するたびに見舞い、ベッド脇でしばし共に過ごした。血色は悪くなかったものの、養母は目を閉じて横たわったままで、話しかけてもほとんど反応しない。空襲に遭い、戦後もしばらく住んでいた東京都豊島区雑司ヶ谷には当時、演歌師でわが国最初のタレント国会議員になった石田一松氏が近所にいた。帰省した折、私はラジカセを持参して病院に行き、養母の枕元で一松氏の「のんき節」のCDを聞かせたことがある。

〽のんきな父さん　お巡りさんになったけど
サーベルが邪魔になって歩けない

一度転んで　またまた転び
さっき起きなければよかったものにとさ
へへのんきだね

（日本コロムビア『小沢昭一が選んだ　恋し懐かしはやり唄　五』１９９９年）

隣室に漏れないよう音を低くして何度もＣＤをかけていると、養母が目を閉じたまま穏やかな笑みを浮かべる。それは、私が小さかった頃、夕食を済ませて、ああおいしかったご馳走さまと箸を置く私を見て浮かべた笑みと同じだった。それから間もなく養母は他界した。真冬の明け方、赴任先のマンションで、妻からの電話でそれを知らされた。職場に連絡してその日の授業を休講にし、郷里に駆けつけた。病院にいた時と同じように目を閉じて、穏やかな表情で８畳間に眠っていたが、もう息をしていなかった。棺の蓋を閉めて釘を打ちつける時の、火葬場で係員が分厚い扉を閉める時の、胸をえぐられるような別離を、また経験した。

実父母も養父母も死んだ。この間に、妻の両親も死んだ。みんないなくなった。「人間はなぜ死ぬのでしょう！」と浪子は言うが（徳冨蘆花『不如帰』、岩波文庫、２０１２年、１３４頁）、人はいつか必ず死ぬ。どれほどの好人物でも優秀な人でも、どれほど陽気で健康で元気で長寿の人でも、いずれは逝く。シャボン玉は、屋根まで飛んでも飛ばなくても、壊れて消える。62歳で亡くなった雨情は童謡にそう書き遺した。風、風、吹くなといくら望んでも、シャボン玉は風に飛ばされてやがて壊れて消える。生きていれば必ず死ぬのだという当然の理《ことわり》を、身近な人たちとの死別のたびに、そして年齢を重ねるごとに、いっそう深い衝撃を伴って実感させられる。

〽往きぬる者は消《け》ぬる泡。來らん者は遊絲《かげろふ》の、暫し髣髴《ほのめ》く水の影

（坪内逍遙「新曲浦島」、伊藤整・龜井勝一郎・中村光夫・平野謙・山本健吉編集『日本現代文學全集第４　坪内逍遙・二葉亭四迷集』、講談社、１９８０年、93頁）

4

父母たちを見送り、自分もだいぶ年を取ってから、机の奥深く何年もしまってあった実父の日記帳を取り出し、付箋が挟んである頁を開いて読む。ありきたりの通俗道徳を振りかざして実父の不倫をなじるつもりは毛頭ない。それは、何かの弾みに誰もが出会いうる事態なのだから。父が愛した久乃さんはまだ健在だろうか。健在なら会わなければならないという使命感にも似た思いが込み上げてくる。

妹は結婚して３人の娘を産み、３人とも結婚して孫ができ始めた頃、連れ合いとの間に生じた行

き違いが深刻化して離婚した。その後仕事をしながら独身で暮らしていたが、勤めを辞めて還暦を過ぎてから幼馴染の男性と再婚し、姓を変えた。妹は社交的で年齢より若く見え、男性に好かれるタイプだったから、幼馴染のその男性も、そういう妹に惹かれたのに違いなかった。物静かで控え目で気弱そうなその男性は、何年も前に妻を病気で亡くし、一人娘と暮らしていた。私は彼をどこか好きになれず、彼を再婚相手に選んだ妹とは連絡を断つことにした。姪の一人は私に、ええ年してお母ちゃんアホやと妹をなじったことがある。年賀状もメールもケータイも、妹との連絡はもっぱら妻が引き受けていた。妻宛に届く年賀状などを通じて妹の消息を間接的に知るに留まっていたが、再婚相手と旅行会社のツアーで外国に出かけた折の両人のにこやかな写真をプリントした年賀状は、いつも私を不機嫌にした。然るに、もともとあまり体が丈夫でなかったその男性は、やがて入退院をくり返すようになり、病状が悪化して死んでしまった。70歳を目前にして一人暮らしを再開することになった妹を、私はようやく取り戻した気になった。

実父の死後も、妹は久乃さんとつながりを持っていた。久乃さんとの面会を果たさなければと思いつめるに至った私は、久乃さんの消息を知るために妹と接触せざるをえないこととなった。妻に頼んで久乃さんの連絡先を妹に聞いてもらうことにする。妻から私のアドレスを知らされた妹は、早速私宛にメールを寄こした。本当にご無沙汰しています、私も主人を亡くして一人ぼっちになって、寂しいです、貴方はお元気のようですね、ところでお尋ねの久乃さんですが、ずっと年賀状のやり取りをしていたのですが、数年前に道で転んで大けがをし、一度入院先にお見舞いに行って以来音信不通になっています、今どうしているかわかりません、お元気なら80代後半になっていると思います、ご主人もいますが、亡くなっているかどうかもわかりません、知っていることはこれだけです。10年にわたる空白で、私は妹にメールを返信するのに気後れを感じたが、久乃さんのことを知りたいという気持ちが強かったので、何とか彼女の居所を知る手立てはないものかなと送信した。折り返し妹は、では久乃さん宅に電話してみましょうか、今すぐというわけにはいきませんが、そのうち試みてみます、少しお待ちくださいと書いてきた。

だいぶ日が経って7月の中旬、妹からメールが届いた。久乃さんに電話してみました、寒くなると転んだ際に打ちつけた膝が痛むけど、何とか生きてますって、お元気そうな声でした、兄がぜひお会いしたいと申しておりますと伝えたら、すっかり年を取って物忘れが激しくなったので満足なお話ができないかもしれませんが、私もお会いしてみたいです、とのことでした。折り返し妹に電話する。妹とは長く疎遠が続き、声を聞くのに少なからぬ躊躇はあったが、思い切ってかけた。すぐ用件に入る。彼女どんな具合なんだい？　3年くらい前にご主人を亡くして、お子さんもおらんみたいや、今は週に2回ほどヘルパーさんが来る言うてはったわ、まだ何とか歩けるので、買い物は自分でしてるねんて、でも遠出ができないから、近くまでおいでくださると助かる言うてはった。あんまり時間に余裕がなさそうだから、早い時期に会う方がいいな。そやね、久乃さんの都合も聞かなあかんけど。あとは妹に仲介を任せ、大学が夏休みに入って間もなくの8月初旬を目途に、妹と連れ立って会うことになった。

5

勤め先の大学で夏休みに実施している短期の講習会の担当を終えて金曜日の夕方、大阪に出向き、ホテルに前泊して次の日の昼近く、環状線の駅で妹と落ち合う。晴れてはいるが空気が淀んでいて汗がにじむ。大阪の真夏はいつもこんなふうだった。やあ久しぶり、元気そうだな。ほんま、そちらも元気そうやね。妹は、茶色に染めた髪をポニーテールにしている。けっこう若い格好してるな。そうや、地味な格好してたらようけおばあさんになってまうもん。約束は2時だからまだ時間がある、その辺で昼ご飯を食べよう、何がいい？　焼き肉が食べたいわ。こんな暑いのに？　ええやんか、暑い時に熱い物食べるのってええと思うわ、元気つくもん。駅の周辺には焼き肉店が沢山並んでいて、ニンニクと甘辛いおいしそうな匂いが漂っている。

約束の10分ほど前、待ち合わせ場所にしてある駅前の噴水近くに立つ。向こうから通りを渡ってゆっくりと杖を突いて歩いて来る高齢の女性が目に入る。少し腰を屈めた小柄な人だった。久乃さんやと言って妹が小走りに近づいて行って背中に手を添え、女性のペースに合わせてこちらに向かって来る。日除けの帽子を被り、グレーの長袖の服で身を包み、時々腰を伸ばして私の方に顔を向けながら近づく。久乃さんですか。はい、初めまして。初めまして、よしひこです、暑い中お呼び立てをして申し訳ありませんでした。いえ、この近くにおりますから、こちらこそ遠い所からわざわざお見え頂きまして、おおきにありがとう存じます。先ほどの焼き肉店の２軒隣の喫茶店に入る。クーラーがよく効いている。

アイスコーヒーを注文して挨拶をし直す。お名前は何とおっしゃいましたっけ？　よしひこです、小さい時養子にもらわれて東京で育ちましたが、これの兄です。妹は改まって会釈する。そうでっか、よしひこさんね、翠雨先生の息子さん、ですね、お幾つになられますか。70を超えました。まだまだお若いねえ、私は90に手が届きますよ。その節は父がいろいろお世話になりました、父が死んで50年です。もうそんなになるんやねえ。コーヒーが来る。父とはどこでお知り合いになったのですか。戦争が終わって間もない頃、私は奈良に住んでおりまして、そしたら仲よしのお友達から、翠雨という先生が大阪の村の公民館で短歌の会をやっているから一緒に参加せえへんかと誘われて、そいで行くようになりましてん、楽しい会で、翠雨先生にはとてもよう教えて頂いて、それはもう感謝しております。

ケーキでも注文しよか、と妹が言う。そうだな、久乃さん、ケーキ召し上がりますか。おおきに、けどもう何もお構いなく。久乃さんは最初は遠慮したが私たちに合わせた。それぞれ希望のケーキを三つ注文する。妹が久乃さんに体調や日常生活のあれこれを尋ねる。クラシックのＢＧＭが流れる店内には数人の客が雑誌を手にして涼んでいた。妹の質問に答えながら久乃さんは、時折私に、探るような視線を投げる。妹から久乃さんのことをお聞きしていて、ぜひ一度お会いしたいと思っていました、きょうやっとお目にかかれて本当によかったです。翠雨先生のご子息にお会いできるなんて夢みたいや、長生きしててほんまよかった思います。

よもやまの話が途切れたところで、私は鞄を開け、持参した1冊を取り出した。これ、父の日記帳です、今まで大切にしまっておいた物です、久乃さんのことが書いてあります、ご覧になりますか。久乃さんの表情が一瞬硬くなった。何が書いてあるのかしらん。彼女に、付箋が挟まっている日記帳をそっと手渡す。しばらくの間膝の上に日記帳を置いたままじっと考え込むようにしてから、久乃さんは付箋の頁を開いて文字を目で追う。黒いレースのカーテンを通して午後の日差しがテーブルにまだら模様を描いている。妹は追加注文のチョコレートケーキにフォークを入れた。

そうやったんですか。頁から目を離して久乃さんは自らに言い聞かせるようにひとりごち、静かに日記帳を閉じて再び両手をその上に重ね、うつむいた。気づかれないように目をしばたいていた。心の中の雷鳴と豪雨の嵐を、抑制した動作で必死に防ぎ、平静を装おうとしているようだった。私は表紙に重ねた久乃さんの手を見つめる。沈黙が3人を包む。お冷のお代わりいかがですか。ウエイトレスがやって来て声をかける。ありがとう、お願いします。私だけがそれに応じた。コップに水を注ぐ時の氷の涼やかな音が、テーブルの上の空気をかすかに揺らす。

あら、もうこんな時間や。行きづまった空気を打開するように妹が言って腕時計を私に見せる。ほんとだ、すみません、長時間お引き留めしてしまって、お疲れになったでしょう。私がそう言うと、久乃さんは顔を上げて、いいえ、お会いできてよかったです、と小さく答えた。よしひこさんはこれからどちらへ？　仕事が溜まっているので、きょうはこのまま任地に戻ります。遠くて大変やねえ、気いつけてお帰りなさいね、これおおきにありがとう。深々と頭を下げ、日記帳を両手で慈しむようにして私に差し出す。つらい物を読ませてしまったような気がします、申し訳ありませんでした。そんなことあらしまへん、遠い遠い昔の翠雨先生の筆跡にお目にかかることができて、ほんま幸せでした、おおきにありがとうございました。

店先でもう一度挨拶を交わす。お宅までお送りしましょうか？　いえ大丈夫、すぐそこやから、きょうはほんまにありがとうございました。久乃さんは遠慮がちにためらいながら右手を差し出す。実父にふれたこともある筈のその掌はひんやりとしていた。手を握って2、3度揺らして解《ほど》こうとすると、すがりつくように握り返してきた。またお会いしましょうね。妹が幼い子どもを諭すような口調で話しかける。こっくり頷いて手を離し、さっき来た道を杖を突きながら戻って行く。角を曲がる手前でこちらに向き直り、丁寧にお辞儀をして小さく手を振り、郵便ポストを折れて見えなくなった。

じゃあオレはこれで帰るよ。ウチはあそこの停留所からバスに乗るわ。バス停まで送るよ。5時を少し過ぎて、陽は傾いていたが、足元のアスファルトからは熱気がまだゆらゆらと立ち上っている。生きてるといろいろあるんやねえ。歩きながら妹は、バッグを持ち替えてポツリと呟く。いろいろあるんだよ。久乃さんとはこれで永久にさいならかもしれへんね。そうだな、今生の別れだな。10年ぶりで妹とつながって、大阪にはこれからも何度か来ることがあるだろう。しかし大阪は同時に、今度こそ私から遠のいて行くような気がする。

夕暮れが迫っている。ガードの上を電車が通り過ぎる。

要介護1

1

自分の専門領域をがむしゃらに勉強したのは、A大に赴任した35歳から、学内の役職に就く50歳までの15年間ほどだった。担当する授業数は他の同僚教員並みで週5コマほど、だから毎日出勤する必要もなかったが、私はほとんど毎日朝早くから夜遅くまで、時には土日も休日も大学に出かけた。家庭教師や塾講師を目いっぱいやらなければ家族を養えなかった生活からやっと抜け出て、専任の大学教員として給料を手にすることができるようになり、大学で長い時間を過ごすことが無性に心地よかったのである。気が向くと勤務日でも「休養」を兼ねて講義を適当にサボり、小説を読みふけったり研究室のソファに横たわってうたた寝をしたりした。半期15回の授業を無断で2、3回休講しても誰も何も言わなかった。そういう環境の中にいることに乗じて、もっぱら副収入を目当てにしてではあったが、原稿を依頼されれば概ね全て引き受け、声がかかればどこにでも講演に出向いた。教育委員会事務局の職員や小中学校の現場教師、さらには社会教育施設の職員たちとの交流も頻繁で濃密だった。あの15年間は私の職業生活の中で最も楽しく、ある意味では最も優雅で充実していた。

学生の教育実習先の市立J中学校でNo校長と知り合ったのはこうした時期である。いかつい顔つきで体が大きく、取っつきはよくなかったが、考え方が柔軟で、思いやりのある温かい人柄だった。地域ではひそかに革新政党絡みの、それもかなり重要なポジションで活動していて、気心知れた「同志」には政権与党に対する辛辣な意見を吐いていたが、学校現場ではうまく立ち回っていたらしくて教委の覚えめでたく、定年退職3年前には、県内で最優良と評判のJ中学校の校長になった。No校長の自宅から比較的近い所にある同中学校は、A大生の教育実習の協力校でもあった。そこで校長を務めて退職することが校長仲間では憧れのコースになっていた。実習委員の仕事をしていた当時、しばしばこの中学校を訪れてNo校長と話すうち、私たちはやがて意気投合して親しくなり、彼の周りにいた何人かの教師たちと一緒に、月に1回くらいの間隔で生徒指導や学校運営についての勉強会を始めた。会合の場所は、初めの頃はJ中近くの公園の一角にあった市教育センターの一室を借りていたが、勤務を終えて夕刻遅くなってからでないとメンバーが揃わないことが多くなり、間もなく市の中心部にある飲み屋に移った。

どこそこの市の教育長は土木課から配置換えになって、教育にはズブの素人で職員が困り果てているそうだとか、近頃の新任教師はろくに板書もできなくて、気に食わないことがあるとすぐにキレてさっさと辞めてしまう、困ったもんだとか、南先生、お宅の学部の某教授ですがね、実習生の研究授業の後の検討会で全く的外れの発言をして、職員たちの失笑を買ってます、何とかなりませんか、もっとまともな教授を派遣してくださいよなどと、噂話や愚痴や苦言や注文が続出して、勉強会は、前回に宿題としたテーマなどそっちのけの、騒々しいおしゃべりの場と化すのが常だった。会場を飲み屋の座敷に移してからはそれがいっそう顕著となった。No校長はいつもそのリーダー役だった。最近は職員会議で校長を吊し上げる組合員が少なくなったねえ、教委の顔色を窺うばっかりの教員が増えている、これじゃあ日本の教育はよくならないよ、一体どうなってるんだと嘆くのもNo校長だった。私より10歳上の彼は、かつて１９６０年前後、この国の教育界で吹き荒れた「道徳教育反対」「学テ反対」「教科書検定反対」の運動に、正義感に燃えた血気盛んな若手の組合員として積極的に関わったという。この勉強会で私が口を挟む幕はほとんどなく、私はもっぱら彼らの迫力に富んだ話の聞き役に徹した。10人ほどのその勉強会は、教育現場をよく知らなかった私にとって、この上なく有益でかけがえのない情報源と修養の場だった。

教授に昇任した翌年には教育実習委員長に、３年後には教務委員長にさせられた。それぞれの委員会にはそれなりの忙しさがあり、特に教務委員長は教授会での議案提出や報告がすこぶる多く、それをこなすのに苦労はしたが、各講座から選出されている委員たちと協力して、何よりも事務官たちが手際よく処理してくれたお陰で、さほどの激務とは感じなかった。取り立てて難問に直面することもなかった。実習委員長の頃はまだ勉強会に通うことができていたが、教務委員長になると業務が増えて学外に出ることが難しくなり、一方No校長は退職の時期が視野に入り始めて何かと気忙しく、他の教師たちも主任になったり管理職試験の準備に追われたりして、勉強会は次第に間遠になった。No校長が定年退職してからも何度か細々と会を開いたが、やがて立ち消え、立ち消えた後はメンバー達とは連絡が途切れた。

No校長は退職後、請われて県内の私立短期大学に再就職し、教職科目担当の教授に就任したようだったが、勉強会が自然消滅してからは、彼の消息を詳しく知ることもなくなった。A大の出身だった彼は、短大に勤務するようになってから、調べ物で時折大学附属図書館に来ていたらしい。いつだったか一度ひょっこり私の研究室に、どうしてますか先生、先生の好きな大判焼きを買って来ましたよと言いながら立ち寄り、久しぶりに独特の野太い声で痛快な武勇談を聞かせてくれたことがあるが、その後は年賀状のやり取りだけになった。

2

C大に移って何年か経ったある日、教育関係の協議会の会長になってほしいと、市教育長から頼まれた。協議会は、市内の小中学生の学力を確かなものにするために各学校が地域とどのように連携協力したらよいか、具体的な方策を立て、計画を推進し、成果を検証することを任務としていた。市内に立地するC大の教員養成系学部に勤めているとの理由で、私が会長職を依頼されたのである。放課後や土日に児童生徒の学習指導に当たるボランティアに、本学の学生たちを活用しようというのが市教委側の狙いでもあった。大学が地域社会に貢献するよう強く求められている状況の中、こうした事業に学生たちを協力させることは、とりわけ新興の小規模私立大学にとって有意義である。教員をめざす学生にとっても、教育実習以外に子ども達と接する機会を多く持つことは、実践力をつける上で好都合である。教員採用の一次試験に合格して二次試験に進んだとき、面接でこうした活動に携わった経験があることをアピールできれば、幾らかは有利に作用するかもしれない。教員養成学部の教員としてそういう職業的な「下心」も働く。いろいろな意味で地元の教委と良好な関係を結ぶ絶好の機会だと思い、私は依頼を引き受けたのだった。

協議会の第一回総会は年度末が迫った2月末の平日の夜、市庁舎の講堂で行われた。勤務校での業務が終わって市内の全小中学校の校長と教務主任が参集し、あまり広くない講堂は込み合っていた。かつての勉強会のメンバーだったTe氏とそこでばったり出会った。中学校長になって今は三つ目の勤務校で、来年度いっぱいで定年退職とのことだった。開会までのざわついている講堂の一角で話し込む。ご無沙汰してます、あの勉強会はとても楽しかったです、その節は大変お世話になりました、C大におられるそうですね、かねがね南先生のお噂は聞いております、ちっともお変わりありませんね、そうそう、先日、先生の学部の教授さんがお見えになって、教育実習をよろしくお願いしますとご挨拶にいらっしゃいましたよ。本当に久しぶりです、勉強会のことは今でも思い出しますよ、教育実習はこちらこそよろしくお願いします、先生もとうとう定年間近になってしまいましたか、早いものですねえ、私ももう70を超えましたよ。ところで南先生、No先生は半年ほど前、急に奥様をお亡くしになりました、ご存知でしたか。いえ、今初めて聞くことです、そうですか、そう言えば最近No先生から年賀状が来なくなっていたので気になっていました、お気の毒に、奥方はNo先生と同じ大学の後輩で、やはり教員をされていたようですね、私は一度もお会いしたことはありませんでしたが、先生はしょっちゅうのろけていました、さぞかし力を落としたでしょうね。No先生は本当にがっかりされて、だいぶ参っているようです、80歳を超えていて、市内に住んでいる娘さんが時々様子を見にいらっしゃるようですが、一人で暮らしているとのことです、私もいろいろと忙しくてお伺いすることができないのですが、心配しているんです、物忘れがだいぶ進んだとも聞いています。

協議会は、遠方から遅れて到着する校長たちを待って開会した。市長の挨拶、教育長の趣旨説明という順で進行する。それに続いて議事に入る。最初の協議事項は会長と副会長の選出で、これは予め、会長は私、副会長は市ＰＴＡ連合会長、と市教委側で決めてあった。しかし協議会規則には協議会委員の互選で決めるとなっているから、司会者である教委事務局職員が、規則に則って、どなたかご推薦をお願いしますと総会に諮る。すると、教育委員会一任！　との声が上がり、司会者が、それでよろしゅうございますかと聞く。異議なしとの発言があり、それでは会長にＣ大学の南先生、副会長に市ＰＴＡ連合会会長さんにお引き受け願いたいと存じますが、いかがでしょうかと司会者が提案する。会場から拍手が起こり、それで会長と副会長の選出が決まった。会場からは推薦者など出ないこと、教委一任・異議なしの声がかかるであろうこと等、いずれも教委側が見越した筋書きどおりに事が運んだ。選出を受けて私が議長席に、副会長が隣席にそれぞれ移動し、簡単に就任の挨拶をしてから議長が議事を進行する。会議の進行を印刷した紙を渡され、会議はそれに従ってスムーズに進む。議長はほとんど進行メモに記載された台詞を読むだけで事が足りる。配布資料の説明は教委の関係部課の担当者が行う。質問が出たら事務方に振ってくださいと進行メモに書いてある。集まった校長からも教務主任からも格別の質問は出ない。会議の進行に関する限り、議長はロボットのようなものだったが、地元の県や市で開催される会合ではこうした議事進行がごく普通で、私は別に逆らわず慣例に従った。私のこういう「従順さ」が行政当局の信頼を得ている所以なのだと思う。

1時間ほどで会が終了すると、数人の教師がやって来て私に声をかける。ずいぶん昔のことですがA大で夏休みに実施した講習会の受講生です、その節は大変お世話になりましたと。A大に在職していた時、現職教員を対象とする1ケ月余りの講習会の企画・運営・講義等に何年も携わったが、当時の受講生の何人かが校長になっているのだった。思い出話の中で私は、講習会の主任講師だったTo教授が3年ほど前に亡くなったことを告げる。知りませんでした、気さくでユーモアがあって、とてもいい先生で、講習の授業が終わると夕方、近くの赤ちょうちんによくご一緒したものです、そうですか、お亡くなりになったんですか。数人に取り囲まれている私に、お邪魔しますとTe校長が遠慮がちに割り込んで来る。急ぎの用ではないんですが、No先生のことです、No先生寂しがっているようですから、一度お電話でもしてあげてみてください、きっと喜びますよ。Te校長はそう頼んでから、あと1年ちょっとですがよろしくお願いします、きょうはこれで失礼します、お目にかかれて本当によかったです、と言い残して帰って行った。夏の講習会の受講生だった校長たちも、それを潮に一人二人と立ち去った。市庁舎の講堂では教委の職員たちが机を片づけ始め、周囲が冷え冷えとしてきた。

3

年度末は大学もあわただしい。秋から翌春にかけて何回も実施する入試は、3月初旬に最終回を迎えるが、そこでようやく次年度の入学者が概ね確定する。他大学に合格したので入学を辞退するという申し出は、3月に入ってからも続くから微調整はある。定員割れを起こさないかどうか心配な時期でもある。推薦入試で昨秋のうちに合格が決まっている入学予定者を集めて、入学前スクーリングと称する事前学習もこの時期に行われる。このほか、新入生名簿の作成や入学案内発送で事務方は夜遅くまで忙殺され、教員も、新入生を引率しての合宿オリエンテーションの準備だの、クラス分けだの担任教員の割り振りだのに取り組み、事務方に劣らず多忙である。3月に入って急に、今度他大学に転出することになりましたのでよろしくお願いしますと辞表を持参する同僚がいたりすると、非常勤の授業担当者を大急ぎで探し、やっとのことで確保することができた非常勤講師の出講可能な曜日に合わせて、時間割を組み直す作業も生じる。C大の新学部ではこの年、転出教員が2名いた。年度末に急きょ転出する教員は学内の他学部でも毎年いる。懇意にしている他学部長が、この春ウチでは大挙して9人の教員が他大学に移るよ、みんなブランド大学に行きたがるんだ、困っちゃったよ、とこぼしたことがある。勤務先の事情を考えないで突然転出を通告する若い教員が最近目立つような気がする。土壇場になってのこうしたあれこれの業務に、学部長は学科長・教務委員長ともども対応に追われるのである。

この年はまだC大の新学部は学年進行中で全学年が揃っていなかったが、卒業式では新学部の学部長席が一応用意され、他学部長たちと共に壇上に着席することになっていた。かつて勤めていたA大では、学長をはじめ副学長や学部長や研究科長ら幹部教員たちは全員、紫の房のついた角帽と黒地に朱色の筋が大きく縦横に入ったガウンをまとって壇上に居並んだ。ガウン着用が導入された時は私は学部長職を退いていたから、私は着ないで済んだが、後任の学部長は、どうも堅苦しくて肩が張ってねと嫌がっていた。B大では、学長はじめ列席する幹部教員たちは、それぞれ出身大学のガウンをまとい、それを用意できない場合はモーニングを着てひな壇に居並んだ。外国の大学で学位を取った教授たちのガウンは派手で見栄えがよかった。数十万円もするガウンを母校に注文してわざわざ買った人もいた。色とりどりのガウンを着た教員が壇上にひしめいて、B大の式典は華やかだった。私はモーニングを着用した。C大では、学長はモーニング、壇上に並ぶ幹部教員は、壇上に並ばない教員たちと同じく略礼服だった。

A大でもB大でもC大でも、卒業式や入学式には、地元の県知事・市長や地元出身の国会議員が来賓として招待されていた。本人が列席することはめったになく、県知事の場合は副知事、市長の場合は総務部長、国会議員の場合は秘書が出席するのが通例である。私が経験したところでは、来賓として招待される国会議員はいずれも政権政党に属する人で、野党に所属する議員はいなかった。式が進行して来賓紹介になると司会者が、議員一人ひとりについて、〇〇様代理、秘書△△様と呼名し、そうすると秘書が起立して、ご卒業おめでとうございます、とか、ご入学おめでとうございます、とお祝いの言葉を述べる。どの秘書も大きくはっきりと声を張り上げる。国会議員の秘書はみんなどうしてあんなに元気なのだろうかと、いつも感心する。

卒業式が済んで何日か経った晩、No先生に電話をかけてみる。10回ほど呼び出してから、もしもし、Noですがと応答があった。No先生、ミナミです、覚えていらっしゃいますか。え、ミナミさん？　あの、どちらのミナミさんでしたっけ。先生がJ中の校長先生をされていた時、A大の学生たちを教育実習に引率した南です、先生方と一緒に飲み屋で勉強会もやりました。あーあー、J中に実習生でいらっしゃったミナミさんですか、そうそう、そう言えばそういう学生さんがいましたっけ。

私をA大の実習生と勘違いしているらしかった。いえ、A大で教育実習の仕事を担当していた南です。えーえー、実習生のミナミさんですね、よーく覚えていますよ、ずいぶん昔になりますね。何度説明してもNo先生が私を実習生と思い込んでいることがわかり、物忘れが急に進んだと話してくれたTe校長の言葉を思い出す。今どちらにお勤めですかとNo先生が聞く。C大学という所に勤務してます。ああそう、それはよかった、私もその大学のことはよく知ってますよ、J中のすぐ近くの大学でしょ？　いえ、J中のそばにあるのはR大学で、それとは別の学校です。はいはい、で、ミナミさんはJ中で教育実習をした方でしたね、今お幾つになりますか。もう70歳を超えました。おや、そんなになりましたか、私と10歳違いですね、私は今年81歳になりましたよ、で、ミナミさんは何年にJ中で実習したのでしたっけ。もう20年以上も前、A大の学生たちを連れてJ中にお邪魔しました。よく覚えていますよ、で、ミナミさんはお幾つになりましたか。電話でエンドレスのやり取りをしながら、私はだんだん悲しくなってくる。

実はねミナミさん、去年女房が死んじゃったんですよ、具合が悪くなって入院して、その日の晩に逝っちゃいました。Te校長先生からお聞きしました、お寂しいことですね、大丈夫ですか。あれ？　Te校長とお知り合いなんだ、ええ、そりゃ寂しいよ、毎朝毎晩仏壇にお線香を供えて手を合わせていますよ、一人になってしまって寂しいからぜひ一度いらしてください、ミナミさんのお名前はよく覚えているんですが、顔が思い出せないんです、実習生だったミナミさんですよね、ぜひお会いしたいです、で、今お幾つになりました？　もう70歳を超えましたよ。おや、私と10歳違いますね、私は今年81歳になりました、よぼよぼです。そのうちお邪魔します。電話番号を教えてほしいと言うので教える。今メモしますからね、えーと、実習生だったミナミさん、どちらにお勤めでしたっけ。C大です。あ、そうそう、C大のミナミさんね。電話口で何やらメモをしているらしい音がする。電話番号を伝え終わると今度はNo先生が、自宅の場所を教えるからメモしてくださいと私に言う。ミナミさんはどこに住んでいるのですか、あ、そう、そこからなら遠くありませんね、国道を西に向かって30分くらい走って、役場の前の交差点を右に折れてバイパスに入ってしばらく来ると、左側に赤い建物のカラオケ店があって、そこからすぐの2階建ての家です、すぐわかります。長いこと車で通勤していたNo先生らしく、国道や交差点やバイパスの位置と名称は正確だった。いつ来てくれますか、早く会いたいなあ。時間を作って近々お伺いしますと言って電話を切る。

88歳で死んだ母は、70代の半ば頃から様子が少し変だった。お前の留守中に隣の奥さんが遊びに来てね、奥さんが帰るといつも財布がなくなるんだよ、あの人が盗んでいくんだわ、人ってわからないもんだねえと言う。後で押入れに放置してある財布が見つかるのが常だった。あれ、ワタシお昼ごはん食べてないよ、どおりでお腹が空くと思ったよ、などと言うこともしばしばあった。あんた今年幾つになったかねえ。もうすぐ還暦だよ。あらー、そんなに年取ったのかい、私は幾つだろうねえ、もう60は超えたかねえ。おばあさんの誕生日はいつだったかな。大正7年2月20日だよ。

自分の誕生日ははっきりと言えるのだった。じゃあ今年83歳だよ。えっ、本当かい？ もうそんな年になったの？ 嫌だねえ、じゃああんたは今年幾つなんだい？ 帰省するたびに訪れた特別養護老人ホームのラウンジで、車椅子に座ったままの母と、私は別世界の異次元会話に長々と付き合ったものだった。一緒に見舞いに出向いて私の隣に立っている妻を指さして、これあんたの娘かい？ 大きくなったねえと感心されたこともある。母は当時の判定で要介護4だった。

4

新学期開始直後の忙しさから解放された4月下旬の日曜日、私は午後からNo先生宅を訪れることにした。前の晩に電話でそれを知らせると、待ってるよミナミさんと喜んだが、何度説明しても相変わらず私はJ中で教育実習をしていた元A大生という扱いを受けた。電話で教わったメモをロードマップで確かめて、車を走らせる。先生宅を訪問するのはこれが初めてだった。目印の赤いカラオケ店まで行くと、そこはもう大分前につぶれて閉店しているらしく、広い駐車場にはあちこちに雑草が生えていた。ケータイで先生宅に連絡する。ミナミです、カラオケ店の駐車場にいます。はいはい今迎えに行きますからねとNo先生。少し経って駐車場の入り口辺りに、黒っぽい上着を羽織り、ゆっくりと歩く老人が現れて、周りを見回す。車から降りて、Noせんせーいと呼ぶと、あーあーと近づいて来て、ミナミさんかい？ と手をかざす。それは間違いなくJ中で校長をしていたNo先生だった。体格はがっしりしているように見えるが、腰が幾分曲がっている。お久しぶりですNo先生、お元気そうですね。ご無沙汰してましたミナミさん、懐かしいねえ。

先生を車に乗せて、2、3分先の自宅に行く。ここに車が2台あるだろう? 1台は私ので、隣の小さいのは死んだ女房のだよ、娘にさんざん叱られて免許証は返納したけど、自分の車はまだここに置いてあるんだ、女房は車を残したまま死んじゃったよ。2台の前に駐車して先生を降ろし、後について玄関前に行く。あれ、鍵がない、どこへやったんだろう。先生はしきりに上着やズボンのポケットに手を突っ込んで探すが見当たらない。確かに鍵かけてきたんだがなあ。車に戻って中を見ると、先生が座った助手席に落ちていた。ありましたよと手渡すと、ああよかった、最近よく物忘れするんだ、娘にしょっちゅう怒られているよ、と言いながら受け取る。のろい動作で玄関を開けて、さあお上がりなさいと私の肩に手を回して促す。お邪魔します、広くて素敵なお宅ですね。掃除は毎日しているからね。ここに住んで何年ぐらいになるのですか。そうなあ、5、6年になるかなあ。

居間に通されてひととおりの挨拶が済むと、2階に行ってみようと先生が誘う。玄関に上がってすぐの階段を昇る。そこは女房の書斎、本が沢山あるだろ? 女房は本好きだったからね、本はそのままにしてある、欲しい本があったら何でも持って行っていいよ、ここは私の書斎、ここにも本がいっぱいある、校長をしていた時に買ったんだ、今は歴史の本が面白くて毎日読んでいるよ、それも戦時中のね、私の父は軍人だったよ、やっぱり現代史は興味深いね。奥方の書斎にも先生の書斎にも、書棚には多種多彩の本が詰まっていた。ひとわたり家の中の案内が済んで、階段を下りる。玄関の板の間に下りた時、戸をがらりと開けて50がらみの女性が入って来た。ああマサコか、ミナミさん、私の娘です、マサコ、ここにいるのはミナミさんだ。女性は玄関に立ち止まって怪訝そうに私を眺める。

３人で居間に入って改めて女性に挨拶する。あの、失礼ですが、父とはどういうご関係でしょうか。女性は明らかに私に疑いをかけていた。ずいぶん昔になりますが、先生がJ中の校長先生をしておられた当時、私はA大に勤めていまして、教育実習の仕事を担当していて、そこで先生と知り合いました。はあ、それで今はどのようなご関係でしょうか。女性はまだ納得できないで、高齢者を相手に何かを売りつけようとしているセールスマンか、振り込め詐欺の受取人か、ともかく何か怪しい人物かもしれないと警戒しているふうだった。あの、と再び言いかけたのを遮って、私は彼女に名刺を渡す。あ、そうでしたか、大変失礼しました、すみません、高齢の父が一人でここに住んでいて、私は勤めがあって週に2、3回、それも夕方か土日あたりにしか来れないものですから、ついつい用心してしまうのです。名刺を見て女性は和んだ。彼女によると、つい先ごろも、雨漏りがしているかもしれないから屋根を修理しましょうと部屋に上がり込んで業者がしつこく勧誘していたところに、たまたま様子を見にやって来たのであわてて追い返したとのことだった。昔の教え子だと言って尋ねて来て、物を売りつける人もいます、教員だったことをどこで調べるんでしょうかねえ、父は誰でもウェルカムで家に入れるので心配です、現金や通帳や印鑑などは念のため私が預かっているのですが。先生はさっき、ここに住んで5、6年だとおっしゃっていましたが。いいえ、かれこれ20年になります、父が退職した直後に建てた家です、でもすっかり忘れているんですよとマサコ氏は笑った。

それからマサコ氏は居間に座って、認知症の進行を抑えるという薬を1回分ずつ小さなビニール袋に詰め始める。父は要介護1です、こうやってその日その日の薬を分けて日付を書き入れて壁に貼りつけておかないと、飲み忘れてしまうものですから。マサコ氏の袋詰め作業をうさんくさそうに眺め、私たちの会話をあまり関心がなさそうに聞いていた先生は、そんなことはどうでもいいというふうに、テーブルの上にあるお菓子をつまみ上げて、これおいしいよ、どーぞと私に勧め、ミナミさんはいつの実習生だったかね、と尋ねる。違うわ、お父さん、南先生はA大で実習のお仕事をしていた教授さんだったのよ、実習生じゃないのよ、とマサコ氏が手を休めて訂正する。そうか、じゃあマサコ、後でメモしてくれよ。No先生はそう言ってお茶をすすった。マサコ氏は県外の大学を卒業してから郷里に戻って中学校の家庭科の教師になり、夫君は市役所の課長をしているということだった。

雑草が目立つ庭を見やる。花水木がピンクの花をいっぱいつけている。陽が西に傾き始めていた。

しばしマサコ氏と学校や近頃の中学生のことなどを話し込んで、2時間ほどが経っていた。私は先生にいとま乞いをする。またお邪魔しますからね。もう帰るのかい？ もっとゆっくりして晩ご飯を食べていけばいいのに。ありがとうございます、今度お伺いした時にご一緒します。それから、父上を大事にしてあげてくださいとマサコ氏に挨拶して外に出る。マサコも教師だけど、私とは全然違う教育方針でね、一生懸命やってるようでも、私に言わせるとまだまだだねえ。車に乗り込んだ私に、No先生は玄関の方にちらりと視線を投げて、耳元でひそひそささやいた。近いうちにまたぜひ来てくださいねと先生は手を差し出す。握り返すと大きくてカサカサの手だった。エンジンをかけて車を出す。バックミラーに映った先生は、車が右折して見えなくなるまで手を振っていた。

5

国道はさほど混雑していなかった。左手に新緑の山々が低く連なる。右手は畑で、その向こうには川が流れる。川はやがて幾つもの支流と合流して、幅を広げていくのである。夕陽を背に走ると市街地に入る。この県に赴任してまだ間もない頃、子ども達を連れて家族で何度かこの国道を走り、峠を越えてドライブしたものだった。峠のピンカーブを猿が急いで横切ることもあった。遠い昔の風景である。50歳になった時、思うところあって遠祖の地に本居を移し、妻と子ども達はそこに移り住み、私は単身で任地に残った。以来、A大での学生部長と学部長、B大での学部長、そしてC

大での学部長と、息つく暇もなく立て続けに管理職を務め、気苦労の多い仕事に追いまくられて、いつの間にか古稀を過ぎた。任地で長く過ごしている間に、この地で親しくなった何人かの知人が亡くなった。今はNo先生が認知症の進行中である。親しい人たちが輪から離れて行って、私は次第に異郷で取り残されるばかりである。

野人であった筈のNo先生にはおよそ似つかわしくなく、別れ際に車の窓越しに私の手を握り、ぜひまた来てくださいとくり返していた先生の姿が目に浮かぶ。教師たちが現状を受け入れ、現状に追随するばかりで、批判したり異議を申し立てたりすることをやめてから久しい。教師は、保護者や地域の目を気にして、ひたすらいじめや事故の防止に努め、子ども達の安全・安心を確保することに没頭し、「楽しくわかり易い授業」の実践に徹することに心を砕く。教師は以前より格段に多忙になっていて、「大状況」を見渡し見極める時間的余裕も精神的ゆとりもなくなっている。大学の教員養成系学部は、実践力豊かな教師を養成し、採用試験に合格させることを第一の使命としている。大学が目下力を入れているのは、教育哲学や教育思想史などの、役にも立たない原理科目ではなく、現場に出てすぐに役立つ教科指導法や生徒指導や特別活動などの実践科目、そして採用試験に備えての受験科目なのである。実生活や実務への有用性の領域に議論を移してしまえば、事物の背景や基本や本質を度外視し、安心してテクニックの是非に問題を絞ることができる。この流れに乗って教員養成系学部は、大学本来の使命を投げ捨て、自らの任務をもっぱら教育現場に対するプラクティカルな貢献に見出しているかのようである。勉強会のたびに飲み屋の座敷で、学校と教師の「体たらく」のみならず、教育政策にも強い憤りを抱いていたかつての精悍なNo校長なら、こうした風潮を嘆いたに違いないが、その面影はもうほとんど失われてしまっている。先生の記憶の片隅に残っている私の像もまた、校長室で給食を共にしながら教育を語り合った実習担当教員ではなく、そして、飲み屋での勉強会で共に教育と政治を憂えた仲間でもなく、J中学校で教育実習をさせてもらった元A大生になってしまっている。

No先生宅を訪れることはもうないだろう。庭先に咲き誇っていた花水木も、国道の左右を次々と過ぎ去る新緑も街並みも、車の走行とともに私から遠ざかって行く。

夕暮れ

1

大学本部に提出する調査票の締め切りが迫っている。学科長を学部長室に呼び、30数頁に及ぶ設問項目について、協議しながらチェックしたり必要事項を記入する。私学関係の団体が全国の私立大学に依頼しているアンケート調査で、本学では過日の学部長会議において、まず各学部が回答案を作成し、それを本部が集約した上で大学全体の回答として当該団体に提出することになった。設問は、「ディプロマポリシー及びカリキュラムポリシーを策定し、公表していますか」に始まり、「外国人留学生と地域住民との交流の機会を設けていますか」に終わる計80余項目で、各項目とも、肯定的回答の場合はその内容に応じて点数が配分され、否定的回答の場合は0点とされる。総得点が一定以上だと国から財政支援が受けられる仕組みになっている。これまで本学は得点が不足気味で、思うような結果を出せずにいたところ、これでは世間から不評を買うことになりかねないと本部が心配し、今年度は各学部の回答を参照して作成することになったのである。

「Q　業界団体から教員を迎え、体系的な授業を実施していますか」。小中学校の現職経験がある人を専任教員に加えているから、これは一応当てはまるな。「Q　英語による授業を履修するだけで卒業することができますか」。これはやってないな。「Qラーニング・コモンズを設置していますか」。ラーニング・コモンズって、学生の自学自修を支援するためにいろいろな情報源をもとにして学生や教員が自由に議論しながら学習できる場のことだな？ 図書館の一部スペースを充てている大学も増えているらしいけど、本学には見当たらないなあ。学科長と二人でボソボソ言いながら、回答欄を埋めていく。その他アンケートの設問には、ポートフォリオとかルーブリック、ダブル・ディグリーとかリサーチ・アドミニストレーターといったカタカナが頻出する。一体どこの国のアンケートだろうかと思う。こうしたカタカナの大量使用は、教育関係の審議会の委員たちの声高な主張のせいだろうか、それとも、文部科学省あたりの若い「エリート官僚」たちの好みから来ているのだろうか。

大学改革が広く叫ばれるようになった１９９０年代以降、とりわけ近年は、各種の補助金申請やアンケート調査が頻繁に行われるようになっている。つい先日も、大手の教育産業と全国紙の新聞社が共同で、似たようなアンケートを依頼して来て回答したばかりである。これこれのことをどう考えるかを問うアンケートなら、否定的回答をすることに格別の迷いはないが、補助金が絡んでいて、これこれのことをやっているかと問われれば、それが助成の採否や額に直結することになるから、ウソを書くことはできないにしても、可能な限り肯定的回答をしなければならないという強迫観念に囚《とら》われる。歴史の浅い私立小規模大学にあってはなおさらである。大学政策の側からすれば、そうした申請や調査を通じて大学を「改革ベクトル」に乗せようとの意図なのだろうが、調査対象となった大学側では、「調査疲れ」「評価疲れ」とともに、下手な回答をして補助金を獲得できなかったり、低額の補助金に留め置かれたり、補助金が打ち切られたり、挙句に「お取りつぶし」の憂き目に遭うのではないかとの恐怖心が先に立つ。少子化、定員充足、内部質保証、学士力、地域貢献、国際化、就職率、……現代日本の大学が直面していて、関係者にとってはあらがいようのない危機感を煽る諸タームを用いて「現状」と「達成度」を問う調査に、大学は緊張する。大学も大学人も、受験生の減少や定員割れなど目の前の事態に言い知れぬ焦燥感を覚えるが、局面を打開する手立てをそう簡単に見つけることはできない。この種の調査・アンケートは、個々の大学が抱える個別具体的な事情は捨象して、一般的・画一的な基準でもって総体的・一元的にコンピュータ処理して機械的に数値で結果を把握・評定するものであり、その背景には、激烈な国際競争と超大国が主導するグローバル化、そしてそれに呼応して「ニッポン再生」を求める国の方針と世論が厳然と控えている。大学本来の理念に照らすとどこかおかしいと思いつつ、大学はしかし、回答を強いられる調査・アンケートのネットワークに組み込まれていて、逃れようがない。

80余りの設問全てに回答し終わった頃、雲が垂れ込めて雨が降り出した。じゃあこの調査票は明日にでも私が本部に提出しておくよ、お疲れ様、と学科長を送り出す。各学部の回答案は大学本部でチェックされる。アンケートの回答を通して学部の状況が本部の目にふれることにもなるから、これは気を遣う作業でもある。学科長が退室して一人になって、部屋の窓越しに外を眺める。夏休みも終わりに近づいている9月上旬、学生の姿はまばらで、ガラスの向こうの薄暗い中、さほど広くない実習農園の植物群が雨に濡れている。いつもだと夜遅くまで仕事をしている職員も、まだ夏休みだということで早めに退勤して、事務室は明かりが消えている。古稀を過ぎてから夕暮れ時がめっきりわびしく感じられるようになっているが、雨が加わると一層そうである。

2

正門前の停留所からバスに乗って帰路につく。乗り換えのJR駅のホームで偶然、A大学時代に同僚教授だったHa女史と出会った。お互いにやあ久しぶりと言い交わして年甲斐もなくハイタッチする。傍らの若い女性たちが可笑しそうに私たちを見つめる。あれ? 先生、この3月に定年退職して単身赴任をおしまいにしたんじゃなかったのかい? そうなんだけど、いろいろ地域や仕事仲間とのつながりがすぐには切れなくて、もう少し赴任先で仮住まいを続けることにしたの、夫はまだ結構楽しそうに私大教師をやってるから、急いで戻ることもないんだわ。

同僚時代、Ha教授との関係は特に良好というわけではなかった。急進的なイデオロギーの持ち主であると同時に、学部で名うてのジェンダー論者で、本務はそこそこに、外から依頼される講演やTV出演に忙殺される一方、所属する講座の利害に関わる問題については無遠慮に講座本位の主張をする人物だった。私が学生部長をしていた時、卒業式の前日、事務官が会場に「父兄席」と書いた案内板を設置したところ、「父兄」という表現は見逃すことができない、これは男尊女卑の不快用語だ、せめて「保護者席」とすべきだ、直ちに案内板を書き換えてほしいと、部長室にねじ込んで来たことがある。学部長をしていた時は、彼女が所属する講座の教授が退職した後、全学的な人事計画の観点から学長と協議の結果、当分の間その講座の後任補充はしないことにしたところ、不補充とは何事か、これでは講座が立ち行かない、この講座は学部の中で重要な位置を占めていて学生たちの補充要望も強いのだから速やかに後任を採用すべきだと怒鳴り込んで来た。学部で「セクハラ事件」が起きた時の、学部長だった私に対する抗議も激烈を極めた。教員が女子学生に手を出すなど断じて許せない、どうしてテキパキと厳しく対応しないんですか、学部長は下手人をかばって隠蔽工作をしているんじゃないんでしょうね、もしそうだったら大問題ですよ、放っておきませんからね！

一方、彼女とはテンポよく掛け合いをすることも少なくなく、妙なところで意気投合する面もあった。7月の教授会終了後の暑気払いの立食の宴席で、数人が輪になって栄養剤や健康飲料の摂取如何を話題にしたことがある。みんな業者にだまされているんだわ、ろくでもないものを混ぜた怪しげな代物なのよというのが、健康飲料についてのHa教授の持論だった。折しも親しい知人から、南洋の小さな島に生えている植物のエキスを成分とする健康飲料を勧められていて、取り寄せて飲んでみようかどうしようかと迷っていた矢先だったので、それを話すとHa教授は、そんなものに引っかかるなんてバカみたい、先生って意外と浅はかなのね、と鼻先で嘲った。自分でもどこか怪しい物じゃないかとは思うんだ、養命酒の方がよっぽどましだっていう気もするよ。そうよ、そんな訳のわからない外国産の飲み物はやめて、せめて養命酒にしなさいよ、日本人は日本の風土に合ったものにすべきだわ。結局件《くだん》のエキス飲料は取り寄せないことにして、養命酒を常飲することになったのだった。

電車を待つ間、駅のホームで立ち話に興じる。電車はつい今しがた出たばかりで、次の電車が来るのは30分後である。最近A大は様変わりしたわ、と彼女は、私が退職した後のA大の教員養成学部の変化を話す。教育委員会事務局で管理職をやってた人とか、小中学校の校長を定年退職した人が専任教員として赴任することが増えて、でもその人たちの教育論ってありきたりの体験談か、さもなければどこかで聞きかじった借り物の理論に過ぎないのよねえ、せっかく教育現場で豊富な体験を積んだのだから、もっとましな問題提起ができる筈なのに。それは仕方ないだろ、実務家教員はプラクティカルな面で学生たちに実践力をつけるのが任務で、彼らはそのためにいるんだからね、現場経験のない研究者教員の空理空論だけでは教員養成はもう立ち行かないんだよ、教員養成学部はもうとっくにアカデミックな教育学研究の場でなんかないのだからね。私は、私学勤めを通じてすっかり身につけてしまった「実践的能力」推進論と、教員養成学部における「非アカデミック」志向論を、わけ知りに、しかし、もとよりこれは自分が納得していることではないのだと内心で言い訳をしながら開陳する。そりゃそうですけど、でもあの先生たち、真面目で熱心で人柄もいいけど、なんか違うのよねえ、授業がうまくいったかどうかが主な関心事で、大学はどうあるべきかなんてことちっとも考えていないみたいだし、教授会で発言する時だって、「振り返り」とか「見守り」とか、「気づき」「言葉がけ」とか、「励まし」「共通理解」なんていう学校の現場用語を連発していて耳ざわりだったわ、何だか小学校あたりの職員会議みたいな雰囲気で、居心地が悪くて落ち着かなくってもう限界って感じで、正直言って退職して本当にサバサバしたの。

Ａ大の教員養成学部も養成専門学校になってしまっているらしいことに、Ａ大よ、お前もかと「共感」を覚えて彼女に話を合わせる。そうだよなあ、Ａ大を辞めて移ったＢ大では、教員の多くが校長や指導主事の経験者で、研究者教員との調整が難しかったし、今のＣ大でもそうだよ、それに加えてＣ大では、長いこと保育士と幼稚園教諭の養成に携わった短大の先生たちが学部構成員の主流を占めていて、そのせいか子どもっぽいんだ。職場についてはHa女史よりも数倍も文句を言いたい私は、しかし自分のことはなるべく抑えようと努めた。調子に乗って彼女の話に合わせ過ぎると、逆に私の方が饒舌に不満を並べ立ててしまいそうだったからである。先生って、よく何年も大学に勤めているのね、先生も単身赴任なんでしょ？ 家に帰りたくないの？ 帰りたくないわけじゃないけど、まだ社会とつながっていたいという気がどこかに残っているんだな。奥さん怒らないの？ とっくに怒っているよ。

電車が来る。どこまで乗るんだい？ Ｎ駅よ、先生は？ 一つ手前のＭ駅だよ。

3

Ha女史が現役教授時代、A大でしきりに強調していたジェンダー論は、まやかしとまでは言わないにしても、職業上の単なるポーズだったのではないかと、私は在職当時から常々勘ぐっている。

A大では隔年の夏休みに、文部省（当時）の委嘱を受けて県教委と共催で、現職教員を対象とする講習会を実施していた。小中学校の夏休みが始まって間もない7月下旬から8月下旬にかけて毎日朝から夕方まで行われる長期講習である。私は、所属講座の先輩教授が定年退職するまでその講習の副主任を務め、教授の退職後は主任を引き継いで、合計すると在職中10回ほど携わった。Ha教授にも講義を依頼していた。担当してもらうのはいつもジェンダーをテーマとするものだった。

講習の半ば頃、それは数日間のお盆休みに入る前日あたりだが、その日の講義が終わった晩、街なかの会場で盛大な宴会を催すのが慣例だった。講習の半分強を終えて疲労が溜まり、あと2週間ほどを残すばかりとなったこの時期、受講生たちは大いに羽目を外し、講師たち関係者も同じように飲んで騒いだ。受講生たちのグループごとの工夫を凝らした隠し芸はどれも圧巻で、打ち上げ後は場所を変えて二次会三次会が巷で夜更けまで繰り広げられる。お盆を過ぎて講習が再開され、やがて講習会終了が迫ると、講習中のグループ研究の仕上げと発表のため、温泉地にある宿泊施設を借り切って3泊4日の合宿を行い、4日目の晩には、お別れの大宴会を開く。この大宴会は、お盆直前の宴会とは比べものにならないほどの「乱れよう」となるのが常だった。グループごとの隠し芸や出し物もエスカレートして、倫理にふれるようなものもあった。宿泊施設での宴会とあって、「中〆」の後も翌朝まで延々と騒ぐ。飲酒すると乱れ方が激しいのは学校の先生だと、世人は時々無責任な悪口を言うが、遺憾ながらそれを実証するに足る光景が展開するのだった。

Ha教授はアルコールが好きなこともあり、宴会では二次会も三次会も夜通し付き合って飲んだが、その折の衣装はなかなかのものだった。ある年の講習会の宴ではピンクのドレスを着て来場した。これ、アメリカへ調査旅行に行った時に買ったのよ。ドレスは胸のあたりが大きく開き、ネックレスがキラキラしている。私は目をそらしながら素知らぬ顔で、ジェンダーグループのレポートの進捗状況は？　などと教授に尋ねる。まあまあだわね、うちのグループは全員男性で、彼らの意識はすぐには変わらないけど、けっこう一生懸命取り組んでいるわ、男が社会を牛耳っていることの歪みにだんだん気づき始めているみたい。ところで先生が着ているそのピンクのドレスとジェンダー論とはどういうふうにつながるんだい？　それはそれ、これはこれよ。ふーん、そんなもんかね、先生は以前、女の子の服はどうして赤に決まっていて、男の子の服はどうして青に決まっているのか、これって色彩による文化的男女差別だ、と言ったことあるけど、ピンクのドレスはジェンダーと関係ないのかい？　それってイヤ味ね、あなたはジェンダーの意味を全然理解してないのよ。

研究室でHa教授と事務官と3人で会議資料作成の作業をしたことがある。金曜日の午後だった。

資料はボリュームも冊数も多く、揃えてホチキス止めするのは手間がかかった。他愛のない話をしながら作業を進める。すると急にHa教授が、あらいけない、もうこんな時間だわ、と言う。何か予定でもあったのですか、と事務官が尋ねる。いえね、きょうは久しぶりに自宅に帰って夫の面倒をみることにしてあるの、たまには夕食を作ってあげなくちゃ。教授はここから県を三つほど越えた所に実家があり、夫君と離れて単身赴任していた。それはどうも、じゃあ先生はもう帰っていいよ、あとは二人でやっておくから、と私は言う。すみません、助かります。教授が部屋からいなくなると、Ha先生ってジェンダーとかを研究してるんじゃなかったんですかね、と事務官が呟く。そうだよ。その割には主婦業に熱心ですねえ。私たちはそれから1時間ほど、黙りこくって作業を続けた。

差別の醜悪なことや差別のない社会の実現を子ども達に教える人権教育担当の加配教師が、自分の息子の結婚相手が被差別部落出身の女性であることを知るや、息子と別れるよう迫って女性を自殺に追い込んだという話を、どこかで耳にしたことがある。差別はいけないと人権尊重を唱えることは比較的易しく、迫力もあるが、その主張どおりに自身も行動することは必ずしも容易でない。差別の難しさはこの点にある。豚の丸焼きを頬張りながら動物愛護を説く御仁がいたり、いじめはいけないと学生に説く一方で自らが同僚に嫌がらせをする教員がいたり、わが子に難関校の受験を無理強いする「民主教育論者」もいたりする。まことにヘーゲルが言う如く、「人間というものは見るからに矛盾に満ちた存在であり、矛盾そのもの」である（ヘーゲル『法哲学講義』、長谷川宏訳、作品社、2009年、46頁)。Ha教授のジェンダー論は、要するに職業として周囲に教示するレベルに留まり、自らの内面には血肉化していないのではないかと私が勘ぐるのは、彼女のこの人間的な、あまりにも人間的な矛盾の故である。30年来行きつけている内科医院の老ドクターは、煙草は健康によくないからやってはいけませんよと患者に口やかましく説教してやまないが、自身は相当な愛煙家である。この手の医者の不養生の方が、言行不一致の類型としてははるかにユーモアに富んで愛らしく、信頼するに足る。

4

Ha教授は学部長選挙では私に肩入れした。

学部長の任期は2年で、再選された場合は2期4年を限度とする。当時の学部長はA大出身の「民族派」教授だったが、学部内に波風が立たないように気を遣いすぎて穏やかな学部運営を心がけていたせいか、教員たちはやや物足りなさを感じ始めており、1期目を終える際の選挙は、このままでよいのかという続投の可否を問うものとなった。通常はほぼ何らの問題もなく再選されるのが例であったが、その年の選挙では票が拡散し、どういうわけか私に幾ばくかの票が集まった。教員養成学部の改革を求める声が大学内外で高まり始めた頃で、私は時折その問題について教授会で発言することがあり、1年ほど前までは学生部長職に就いていて、立場上全学的な「改革」を「推進」

してもいたが、この時の何票かは、私のそうした「改革発言」が多少影響したようだった。再選をめざす現学部長のこの時の得票は大差で1位だったが、投票総数の過半数にわずかに満たなかったため、規定により、僅かな票数で第2位となった私との間で決選投票となった。1回目の投票で楽勝だろうと考えていた現学部長の陣営にとっては誤算だったようで、支援者たちはあわてていた。私に投票したらしい数人の教員がやって来て、先生どうしますか、休憩時間中に票集めしましょうか、と耳打ちする。何かの弾みでこうなってしまったのだから、今さらそんなことをする必要はないと私は断わった。決選投票では危なげなく現学部長が勝利した。このことがあって、やがて何人かの教員が私を次期学部長に担ぎ出す動きをするようになった。Ha教授もそれに加わった。

学部長選挙は例年1月に実施される。再選された「民族派」学部長の二期目の任期終了が迫り、選挙を3ケ月後に控えた10月のある日、キャンパスで行き会った物理学の教授が、学部長選に出てくれないかと持ちかけた。附属学校園の長や、教務・人事・予算・学生支援といった常置委員会の長の選挙のたびに、集票で力を発揮する学部ボスだった。ほかに適任者がいるんじゃないかい?例えばSe教授なんか。肩を並べて歩きながら、私はそう水を向ける。Se先生は最近体調を崩していて元気ないんだ、彼を担ぎ出すのは今回は見送った方がいい、そうすると、経験を積んでいるという点では南さん以外に目ぼしい人はいないと、周りの多くはそう言っている。現学部長が現状維持にこだわり過ぎていることには私も少なからず不満を感じていた。しかし一方で、学生部長時代に立場上積極的に「推進」した「改革」の内容と方向には、実のところ私の大学観と相容れない面もあったから、学部長に選出されたら、自身が必ずしも望まない「学部改革」に再び携わらなければならないことになる。全学の方針を実現するために学生部長時代、学部教授会で同僚教員と応酬し合うことを通じて私に反感を持つに至った人たちも少なくない。他に適任者がいないと言われれば、そうした「四面楚歌」の中でも引き受けざるをえないのかもしれないが、四囲の雰囲気に照らせば気が進まない面もある。

決心してくれたら自分が責任を持って票を集める、組合のHaさんも全面的に協力すると乗り気でいるよ、選挙まであんまり時間がないし、それなりの準備をする必要もあるから早めに決断してほしい。物理学教授はそう畳みかける。何日か経ってHa教授が研究室にやって来た。今の学部長は次の選挙で自分の選挙参謀だった教授を候補に立てるらしいわ、でも私あの人好きじゃないの、すぐ偉い人にすり寄って行くんだもの、先生とは考えが違うところもあるけど、それはとりあえず措くことにして、選挙に出てくださいよ、組合としても応援するから。こうして結果的には、保守的な選挙ボス教授と、組合系の急進的かつ少しく融通性に欠けるHa教授との相乗り陣営のもと、私は学部長選に臨むこととなったのだった。

12月、立候補にあたって学部教員に配る所信表明を作成するため、数人の教員で検討会をしたが、私の所信表明草稿をめぐっては、学部改革についてはあまり刺激的なことを書かない方がよいとする物理学教授と、もっと民主的で明確な学部将来像を打ち出すべきだとするHa教授との間で、見解の相違が生じた。日を置いて書き直した第二稿をめぐっても両人の相違は埋まらず、Ha教授はついに、こんな微温的で現状維持的な所信表明には与することができないから自分は陣営を降りることにすると言い放って、そのまま部屋を出て行ってしまった。Haさんは短気で短絡的だよなあ、まあ仕方ない、彼女がいなくても組合は南さんを支持するから大勢に影響はない、というのが大方の意見で、陣営は彼女抜きで選挙運動を進めることとなった。所信表明のビラは冬休み明けの授業開始日、全教員のメールボックスに入れた。何日かしてHa教授が研究室に現れ、ビラ見ました、いろいろ考えて、不本意だけど先生を応援することにするわと言った。

投票は、1月下旬の教授会開催日の午前中に実施された。昼休み、選挙管理委員長が開票結果を知らせに研究室を訪れ、1回目の投票で当選したと知らせて、私に学部長就任の意思を最終確認した。うまくいったよ、圧勝だったよと、選挙参謀を引き受けてくれた物理学教授がやって来ておめでとうと言った。同行のHa教授も、先生の人徳かしらねえとニヤニヤしながら握手を求めた。

5

始発列車の空いている席にHa女史と並んで座って、ホームでハイタッチしてからずっと途切れないでいる話を続ける。学長の権限が強化されて教授会には最終決定権がなくなったから、学部の教授会では学長サイドで決めたことを拝聴するだけ、以前みたいな先生たちの白熱した議論なんてほとんどないの、議論しても無駄だから。私学ではとっくにそうなっているよ、今は国公立でも学長のリーダーシップが強調されているんだな、Ｂ大やＣ大を見ると、若い教員も現場出身の実務家教員も、大学とはそういうもんだって最初から思い込んでいる、彼らにはそもそも大学の自治、学問の自由なんていう観念はなさそうだし、そんな必要もないのだろうな、関心があるのはただ、授業で使うプレゼンテーション画像をどう工夫すべきかとか、ゼミで練習した人形劇を本番の保育園で成功させるにはどうすればよいかとか、実習先の園長や校長に気に入ってもらうためにはどんなふうに振る舞ったらよいかなどを学生たちに伝授することだけだ。調子に乗るのはやめようと思いながら、私はついつい平素の不満を並べ立ててしまう。そうなの、みんな行政や業界や現場の要求に沿った人材を養成することに熱心なんだわ、いやぁねえ。

車内の向かいの座席では若い娘たちがスマートフォンの画面を指でなぞり、隣同士で笑いさざめいている。絵文字を使って楽しげに交信し、カラフルな動画ゲームに夢中になり、あれこれのイベント情報を入手して仲間と出かける日程を調整することに余念がない。それが実は情報産業やマスコミによる当てがいぶちのツールでがんじがらめにされ、大量消費に走らされていることに、彼女らは気づいていないであろう。魅力いっぱいの可愛らしいデザインのスマホを、自由に自分らしく使いこなしていると思い込んでいるに違いない。翻ってみればしかし、大学の独自性・強みを「自主的」に策定しアピールしている大学人も、同じようにがんじがらめなのだ。

そこで如来はどなりつけました。

「この尿化けのサルめが！　そちは、わたしの手のひらから、ぜんぜん出ておらぬじゃないか！」

（『西遊記（一）』、中野美代子訳、岩波文庫、２００５年、２６４〜２６５頁）

政権も文科当局も経済団体も、大競争時代にあって何とかこの国の大学をよくしようと提言しているだけなのかもしれない。少なくとも大学を思いどおりに「権力統制」しようなどとあからさまに言明しているわけではない。しかし大学の現場では、われ先に政・財・官の意を忖度《そんたく》し、様々なツールを駆使して競い合って生き残り勝ち残るべく、政策と世論を気にしながら「独自性」の発揮と他大学との「差別化」を試みることに汲々とし、能う限り高い評判と多くの補助金を獲得しようとしているのである。ポートフォリオとルーブリックを活用しています、外国の大学と交流協定を締結しています、英語で行う専門科目を開講しています、競争的資金で先生方のヤル気を高めています、地域貢献も盛んです、就職対策も万全です、ＦＤも活発にやっています、等々。それが実は釈迦の掌の中の孫悟空の飛翔よろしく、自らが政策の手のひらに囲われているとは意識しないままの、あるいはそれと知りつつ外界の勢いに順応せざるをえないが故の、檻の中での自由で自主的な創意工夫であるに過ぎないことは、かのスマホ娘たちと大差がない。

そりゃそうと、いつだったか学部長選の時、急に怒って部屋を出て行ったことがあったよなあ。ああ、あれね、私を無視して勝手に所信表明を作り上げようとしたからよ。ちょっとスネてみたわけだ。Ha女史はフフフと笑い、隣の私をちらりと見た。M駅に着く。私はここで降りるよ。あ、そうね、きょうは楽しかったわ。先生は喧嘩相手でもあったし戦友でもあったからな、ホームで見送ってあげるよ。ありがと。M駅は小規模ながら複数の路線が枝分かれしている中継点でもある。客の乗降がひとわたり済んで発車ベルが鳴る。住所や電話番号やメールアドレスを知っているわけではないから、Ha女史と連絡を取り合ったり出会ったりすることは今後もない。

ドアが閉まり、電車は低く唸ってホームを離れる。夕暮れの小雨の中を3両編成が遠ざかる。大学という世界からそろそろ足を洗わなければと、またもや思う。

帰帆

1

勤務先大学がまだ夏休みの9月中旬、「安保法制」なるものの採決が目前に迫った日の夕方、列車を乗り継いで国会前に出かけた。法案に反対する「学者の会」には一応エントリーしてはいたが、特に集会に参加するでもなく、ネットでその呼びかけを見るだけだった。仲間はいない。だからこの日は、仲間を誘ったり仲間から誘われたりすることなく、単身で出かけた。安全・安心を振り撒き、経済成長を高唱し、そうすることで栄えている政党がある。詭弁・ハッタリに長《た》け、焦点の外れた答弁をなし、傲慢で得意満面な、軽薄で知性に乏しい人など、私の好みに照らすと甚だ不快な政治家もいる。以前からそれらを苦々しく眺めていたが、そうした面々が闊歩する国会での法案審議と採決に、やむにやまれぬ思いで行ったのだった。国会前の集会に参加したのは50余年ぶりである。50余年前、在学していた大学では、政暴法案（政治的暴力行為防止法案）反対やアメリカ原子力潜水艦の日本寄港阻止などの闘争が盛んに行われていて、私も何度か国会周辺デモに参加したが、大抵は、ジュラルミンの盾とヘルメットと警棒で身を固めた頑健な警官隊に蹴散らされ、友人たちと大学に逃げ帰ったものだった。

東京は、傘をさすほどではなかったが、小雨模様だった。国会議事堂前駅で地下鉄を降りて外に出ると、夕暮れの中、人の波が連なっていた。青色の面に「九条壊すな」、赤色の面に「戦争させない」と、両面に白抜きで印刷されたA３版の厚手のポスターを配っている人からそれを一枚受け取り、警官たちが居並ぶ中を議事堂正面の大通りに向かう。ライトアップされた議事堂近くで立ち止まろうとするが、立ち止まらないで、立ち止まらないで、と警官が急かす。６時になって強行採決阻止集会が始まる。今ここに集まっている人たちはみんな仲間です、混雑していますがイライラせずに、お互いに譲り合って歩きましょう、とマイクで呼びかけ、若い女性がシュプレヒコールを先導する。シールズ（SEALDs）のメンバーだろうか、戦争反対！戦争反対！　廃案！廃案！廃案！と呼号する。

学生時代に参加したデモでは、隊列を組み、粉砕！粉砕！などと叫びながら地ひびきを立ててジグザグ行進した。途中で隊列から離れることは、行進のリズムの流れの中では甚だ難しく、「官憲」によって蹴散らされるか目的地に行き着くかするまで前進するしかなかった。１９６０年の「安保条約」反対では、国会周辺を埋め尽くしたデモ隊が警官隊と激突し、デモ隊の女子学生が死んだ。出動していたのは、当時「泣く子も黙る第四機動隊」と呼ばれていた精鋭部隊だった。60年安保闘争の当時、高校生だった私は、国会前の騒然たる状況を、受験勉強しながらラジオの中継で聞いていた。中継を担当していたアナウンサー自身も、学生と機動隊との間の衝突に巻き込まれていたように記憶している。「60年安保」闘争に比べて「２０１５年安保法制」反対集会は隔世の感がある。

集会の一角には、「強行採決実力阻止」「ファシスト政権を打倒せよ」の文言を掲げたビラを配るグループもいたが、「過激行動」に走る光景には出くわさなかった。「泣く子も黙る第四機動隊」の姿も、少なくとも私の視界にはなかった。警備車両の屋根に上って指揮をとっている女性警官の鋭い声が印象に残った程度である。参集している人たちは、思い思いの服装とペースで、思い思いの方向に歩いている。アカペラを披露している高校生らしい一団もあった。政治的なグループ・組織としてであれ、「義憤」に駆られた個人としてであれ、それぞれ国会前に自由に自主的に集合し、普段は相互につながりのない人たちが一時的に共同体を形成して「悪法」に異議を申し立てているのだった。それは、この国の民主主義の新しい姿に違いないが、しかし、こうした抗議のうねりにもかかわらず状況をほとんど変えることができそうにないことに、無力感と苛立ちを覚える。

シュプレヒコールが一段落すると、国会内で法案成立を食い止めようとしている野党の幹部たちの経過報告が、スピーカーから聞こえる。演説の切れ目ごとに、ようし!そうだ! などと相づちや拍手が方々でわき起こる。警察車両と警官隊が隙間なく並んだ国会前の人込みの歩道を行きつ戻りつしながら私は、戦後日本人が守ろうとしてきた憲政が、崩壊に見舞われつつある場面に立ち会っていることを実感していた。歩道を何度か往復してから、最終列車に間に合わせようと帰りかけたが、群衆で混雑していて国会議事堂前駅にたどり着くには時間がかかりそうだった。傍に立っている警官に、ここから一番近い駅はどこですかと尋ねる。この先に永田町がありますと、丁寧に教えてくれる。知人の子息は警視庁の、キャリアではない警察官で、昇進試験に何度も落ちた挙句、ようやく受かって警部補になったと知人から聞いたことがある。もしかするとこの日、かの警部補はこの辺りのどこかで警備を担当していて、この種の道案内をしていたかもしれない。

翌日、「安保法案」は参議院で可決され、成立した。かつて1960年5月20日未明に「安保条約」が「強行採決」された直後、丸山眞男は、「自民党政府、岸政府によって、個別的、断片的になされてきた民主主義と憲法の蹂躙のあらゆる形が、あの夜に、集中的に発現された」と述べた（『丸山眞男集　第八巻』、岩波書店、2003年、350頁）。60年安保条約では犠牲者を出す中で、15年安保法制では新スタイルの抗議の中で、両「安保」はともに強行採決された。「15年安保法案」の可決成立は、国民の安全・安心と国際情勢の緊迫化を大義名分にして、台頭しつつある新たな「超大国」や「核保有国」に対抗すべく、アメリカなど同盟諸国との相互防衛協力の強化を図るものであるが、不戦を誓い、戦争の悲惨さを語り継いで多くの国民が守ろうとしてきた戦後憲政は、こうして一つ一つ「解体」されていくのである。

眺め渡せば、国の内外、古今東西を問わず、政治や民族や宗教をめぐって数々の不寛容と反目と憎悪、威嚇と暴虐と悲惨が人々を襲い、不条理が満ち溢れている。これに怒りの拳をかざし、シュプレヒコールを浴びせても、ものともせずに「多数決」や「民主主義」や「リーダーシップ」の名で「民意」を無視しなぎ倒す議会や政府や指導者は、世界のあちこちに存在する。同時に、それにもかかわらず、いつの時代もそうであったように、民衆は、時に介入・制限・弾圧され、だまされ、踊らされ、熱狂させられ、過ちを犯し、さまよいつつも、決してへこたれない。

2

後期の授業が始まり、朝から穏やかな秋晴れの日曜日の午前中、書棚の整理をする。書籍を買わなくなって久しいばかりでなく、最近は手持ちの本を捨てるようにしている。若い頃はしゃにむに買い込んだが、自分に残された時間がわずかだと自覚し始め、今のうちに身辺を整理しておかなければと、半ば焦りながらの廃棄作業である。

A大からB大に転出する時、研究室の書棚に並べてあった個人蔵書のほとんどを地元の公立図書館に寄贈した。書籍を譲ることで多少でも地域貢献ができればなどと、殊勝な気持ちがその時はあった。しかし目下精出しているのは、もっぱら「終活」の一環の「断捨離《だんしゃり》」で、殊勝な寄贈はもうしていない。古稀になった頃からこうした整理は時々やってきていたが、きょうはその何回目かの廃棄作業である。ひと頃は5段のスチール製書棚が狭い部屋に10本ほども林立していたが、断捨離が進んで今では3本に減っている。最近は公共図書館も蔵書が溢れ気味で、寄贈を受け入れてくれる所はほとんどなく、勤務先の大学の附属図書館も、毎年度末には収蔵する書物を大量廃棄するくらいだから、よほどの希少本なら格別、そうでなければ寄贈を丁重に断わられる。古書店も驚くほど安値でしか引き取ってくれない。それは却って不愉快だから、悔しまぎれにやむなく紐で縛って廃品回収に出すのである。

前回は、私自身の著書・論文群のうち、連載雑誌の多くを捨てた。短いもので数回、長いものだと数年にわたった連載である。執筆している最中はそれなりに力を入れて書いていたつもりだったが、今となっては後生大事にしておくほどの価値はなさそうに思われる。保存しておいて迷惑するのは残された家族だから、捨てることにしたが、無価値とはいえ、いざ捨てるとなるとやはり若干の未練が残る。

この日の整理は、残り3本のスチール書棚に詰まっている本をさらに間引きするというものだったが、今ここにあるのは、さんざん迷った末にまだ手元に置いてある、私にとっては「貴重本」ばかりだから、取捨選択は容易でない。岩波の『民法講義』（我妻榮）は全巻まだ捨てないでいる。有斐閣の法律学全集のうち、『憲法Ⅱ』（宮沢俊義）や『民法総則』（川島武宜）や『刑法各論』（団藤重光）、『教育法』（旧版、新版、兼子仁）や『法哲学概論』（加藤新平）、それに、大学院進学に際しての受験参考書だった『社会教育』（碓井正久編、第一法規）などもまだある。高校時代に読んでひどく感動した『国文学史』（守随憲治、東京大学出版会）も取ってある。知人たちからの贈呈本や一群の岩波文庫、ケルゼンの『純粋法學』『一般国家学』、いずれも手元に置いておかなければと思う。結局この日紐で縛ったのは数冊だけで、スチール書棚は3本のままだった。

書棚を眺めながら思案している傍らで、ラジオからカッチーニのアヴェマリアが聞こえる。Ａ大で管理職だった年の夏のある日、ＦＭ放送でバロック音楽の特集をやっていたことがあり、たまたまこの曲が流れた。深刻で難儀な案件を処理しなければならない場面に遭遇していて、重苦しい気分だったせいもあり、イネッサ・ガランテのソプラノは私の心に深くしみわたった。偶然にも、その時と同じイネッサとラトビア国立交響楽団の共演だった。手を休めて耳を傾ける。何年も前の、今はむしろ懐かしくさえあるあの案件がまざまざとよみがえり、あの日とは異なる心境ではあったが、彼女のゆったりとして憂愁を帯びた歌声は、再び胸を打った。

蔵書整理に精出し始めたのは、高齢を意識したからだけではなく、勤め先を辞めようと本格的に考えるようになったからである。顧みるに、仕事の段取りも判断も処理も思うようにスムーズにできなくなり、講義の準備もおろそかになり、何かにつけて億劫に感じ、以前より腹立ち易くなったような気がする。周囲に迷惑が及ばないうちに退かなければならないのではないかと、辞職の必要を強く感じ始めている。

つい先ごろ、市教育委員会から電話があった。今年度末には市の総合計画が改定されます、それに合わせて来年度は教育計画も策定し直すことになるのですが、事情をよくご存知の先生に引き続き審議会の会長をお願いしたく存じましてと、学校教育課長は言う。この審議会には８年ほど関わっている。任期は２年だから、引き受けるとまた同じように携わらなければならない。光栄なことですが、私はもうだいぶ年を取ってしまったので、ご迷惑をかけないうちに交代するのがいいと思うのです、申し訳ありませんがどなたか別の方にお願いしてみてくださいませんかと返答した。先方は、これまでと同じように続投してもらえるとばかり思い込んでいたらしく、電話口で少しあわてた。え、あの、私どもは先生を当てにしておりましたので、いえ、あの、はあ、どうしてもご無理でしょうか、別の方とおっしゃっても急には思い当たりません、教育長とも相談しなければなりませんが、どなたか代わりになる方がいらっしゃるでしょうか。すみません、知り合いはみんな現役を引退してしまっていて、心当たりがありません。この種の依頼は断わることなく引き受けてきたが、今回初めて辞退した。遠くない時期に大学を去ることは、職場の誰にも漏らしていなかったが、たまたまかかって来た電話でのやり取りの中で、第三者にではあったが、この日奇しくも、辞職に向けた第一声を上げたのだった。

3

書籍の整理を一段落させ、街なかの和食レストランで昼食をとることにした。何度か同僚と会食したことのある店で、街の中心を流れる川のほとりにある。見覚えのある店主に、ひらめの煮つけ、青菜のおひたし、寄せ豆腐、ひじきの煮物、ご飯、味噌汁を注文する。

大学で概ね気分よく過ごすことができたのは、35歳で赴任してから50歳で管理職に就くまでのほぼ15年間で、Ａ大在職時代の前半に当たる。地方大学にも著名な研究者が何人もいて、Ａ大でそうした人たちと同僚になり、教授会で席が隣合わせになったりした。廊下を隔てた研究室で学生や同僚と声高らかにおしゃべりしている漢文学の教授は、学生時代に図書館で参照していた漢和辞典の編著者だった。こうした研究者たちと職場を同じくするようになったことは、若輩の学徒にとって他に代え難い喜びだった。これが大学という所なのだ、自分はここで過ごすことができるようになったのだと、私はアカデミズムの世界に仲間入りして、この上なく充実した気分に浸った。

しかし、やがて「良き時代」は去って行った。「学問の自由」「大学の自治」を謳歌していた大学人に、政界・官界・財界・世人の厳しい目が向けられ、大学は「改革」を迫られた。古いタイプの大学教員に取って代わり、それまでとは違うスタイルの教員たちが表舞台に現れた。遅刻・休講はしない、出席をきちんと取る、わかり易い授業をする、地味な「研究」はさて置いて目に見えるパフォーマンスと業績・成果を重視する、学生を就職させることに多大なエネルギーを注ぐ、といった教員たちである。２０１０年度から教員養成課程に導入された「履修カルテ」（教員免許を取得しようとする学生が各自の記入票に履修科目ごとの学修状況を書き込み、担当教員がそれに評価やコメントを付けるカード）は、私が見るところ、手間がかかる割にはほとんど役立たないものだが、これを大いに活用してその意義を強調するのも、こうしたスタイルの教員たちである。彼らはおしなべて授業の工夫やＦＤ（ファカルティ・ディベロップメント）にもすこぶる熱心で、ＦＤは彼らが中心となって実施されることが多い。

　地方の私立大学では更に痛々しいまでの工夫を凝らさなければならなくなった。大学案内パンフレットに豪華な写真と魅力的なキャッチフレーズを載せ、資格取得、就職率などを誇大広告気味にアピールする。オープンキャンパスでは来学者に様々なグッズをプレゼントし、学生食堂で特別メニューのランチを振る舞う。こうした努力を重ねて獲得した入学生に対しては、高校を卒業するまでに必ずしも十分な学力を備えていないおそれもあるからということで、入学直前の2月から3月にかけて入学前スクーリングを実施する。入学前教育の請け負いを売り込んでくる業者も後を絶たない。入学後は、毎年定期に保護者会を開催して、保護者に「わが子」の学習状況を報告し、成績が思わしくない学生については今後の指導方針を提案する。……それもこれも世評を気にしながらの、少子化の中で何とか生き残ろうとするための心配りにほかならない。この種のイベントやサービスなど大学のやることではないと感じる教職員は少なからずいるが、それを正面きって口に出す者はいない。大学の教職に就くことができた幸運を不用意な「失言」で逃がしてしまいたくないからであり、生活がかかっているからであり、何よりも、そういう大学システムの中に身を置いて動きがとれなくなってしまっているからである。

　かつて大学では、黒板に乱雑な字を書きなぐっても、あるいは何も書かなくても、一向に差し支えなかったが、昨今は、大事なところはノートし易いように色分けして書いてくださいと学生は注文する。かつて学生への連絡は掲示板で行い、それを見落としたら見落としたのがいけないのだと言って済んだが、今は掲示板のみでなくケータイやメールでも同一内容を知らせる。そうしてあげても深海魚のように全く反応しないで、しばらく日が経ってから、全然知りませんでした、どうして教えてくれなかったんですかと問いつめてくる「モンスター・スチューデント」もいる。

学生も保護者も、自分が不利益を被ると、それを誰かのせいにして責め立てずにはいられない、そういう世の中になってしまっている。大学は、医療と福祉とハローワークと消費者センターの役目を併せ担わせられているかのようである。私が住んでいるマンションの近くにある私立短期大学の校舎には、「とことん面倒見のよい学園」の横断幕が掲げられているが、学生の自立を妨げ、保護者の消費者的攻勢を強めさせているのは、ほかならぬ、面倒見がよいことを売り物にしている近時の大学自身であるように思われる。かつて文化人グループは、自分の責任でリスクを負い、自分のめざすものに先駆的に挑戦すべきだと、「自己決定と自己責任」の重要性を時の首相に提言したことがあるが（「21世紀日本の構想」懇談会最終報告書、２０００年1月）、一方でまた、「教育の国家的な運営と市場的な運営の両面が併用され」なければならないとも述べた。この新自由主義的提言や、それに先立つ臨時教育審議会（１９８４～87年）の民間活力導入路線などを背景にしながら、大学は学生や保護者の機嫌をとり、「媚」を売らざるをえなくなっているのである。

シャッター通りの和食レストランには２、３の客がいるだけだった。店内にはショパンの「子犬のワルツ」が流れている。この店は以前からショパンだった。今はもういない５匹の飼い犬たちのことをふと思い出す。いずれも捨てられていたのを拾ったり、保健所でもらい受けたりした野良だった。１匹は病弱で、飼い始めて間もなく死んでしまったが、あとの４匹はそれなりに長寿を全うした。いまわの際《きわ》には、泣き叫ぶでもなく、もがくでもなく、どの犬も家人に看取られながら静かに死んだ。Ａ大のキャンパスを走り回っていて私と目が合ったのを縁に引き取って、以来16年間家族と一緒に暮らした５匹目の野良犬はガサツなオスだった。晩年は腎臓を患って何度も手術をし、高価な特別食を与えた。血尿が続き、朝晩の散歩も行きたがらなくなった。秋晴れのある朝、飲まず食わずで横たわって荒い息をしていたのが、急に小屋から出て来て空を見上げ、辺りを見回し、それから、傍で見守っていた妻の腕に倒れ込んで息絶えた。顔立ちの不細工な犬だったが、家族みんなに可愛がられた。

お待ちどう様でしたと、白髪の店主が注文の料理を運んで来る。窓際を流れる川の水が陽光に砕けて宝石を散りばめている。

4

書籍の整理作業をして何日か経った土曜日の夕方、ターミナル駅近くのデパートの５階にある画廊に出かけた。Ａ大で美術を担当していたGo名誉教授から、個展の招待状をもらっていた。何十年も県内の山や川や田園を描き続けている画家である。3年前にも同じ画廊で個展を開き、私はその折に10号の風景画を買い求めた。今回も気に入ったものがあったら買おうと考えていた。

入口に花籠が一対置いてある会場に入ると、来場者が何人かいて、Go先生はソファで来客と歓談中だった。来客がこちらを振り向いて、やあ南先生、と呼ぶ。A大で西洋史を講じていた元同僚のTi氏だった。私はソファに直行する。おいでくださってありがとうと、画家が、座っていた場所を少しずれて隣に手招きする。勧められるままに腰を下ろす。デパートの美術担当職員がお茶を運んで来る。先生はもうA大を退職したの？　向かいに腰掛けているTi氏に話しかける。ええ、2年前に定年を迎えましてね、今は近くの私立大学で非常勤をしてます。3人の中でGo先生が一番年上、二番目が私、Ti氏が最年少だった。Tiさんも絵が好きでね、A大にいる頃から時々美術談義をしてたんですよ、とGo先生。それから3人で、それぞれ退職後の消息を報告し合う。よもやまの話が進み、ところでA大の現状はどうなんだろうとの話題に及ぶと、だからあの時A大は抜本的な改革をしておけばよかったんですよ、とTi氏が言った。

A大で学部長になった翌年の1月、学長は大胆な改革構想を提示した。当時国は、経済財政諮問会議や文部科学省内に設置された「教員養成系大学・学部の在り方に関する懇談会」などを通じて、教員養成系をはじめとする大学・学部の再編・改革方針を打ち出していた。こうした動向の中で学長は、A大全体に関わる改革構想を、いささか不用意に発言したのである。学長発言は全学を揺るがした。学部でも賛成派と反対派が鋭く対立し、両派は激しく渡り合った。教授会構成員の約3分の2は反対派、賛成派は約3分の1だった。反対派は地元とのつながりを重視し、賛成派は改革を機にA大が全国的規模の大学になることを期待した。学長の性急で前のめりのアイデアには私もにわかには賛成できなかったが、反対派に与したことで、私は賛成派から罵声を浴びることになった。改革案が提示されて以来、教授会は定例・臨時合わせて頻繁に開催された。地元の人たちも大きな関心を寄せていたから、教授会開催の日は、官舎に帰宅すると報道関係者が待ち構えて、きょうの教授会では何が議論されましたかと質問攻めに遭った。Ti氏は熱心な改革賛成派の一人で、教授会では私をしばしば舌鋒鋭く攻撃した。これまでの教員養成学部の古い体質をいつまでも引きずっているのは時代遅れも甚だしい、思い切った改革が求められているのに、将来を展望することもできないで反対を唱えるのは学部長としては不適格だ、学長の改革構想に乗るべきだと。結局はしかし、提案から2年ほど経って改革構想は「棚上げ」になった。

18歳人口が急激に減少して大学間・学部間の競争が激しくなり、それと裏腹に国の予算措置も十分でなくなって、教員が退職しても人件費節約のためと称して補充されないんですよと、Ti氏は嘆いた。未だに私の後任は欠員のままです、あの時思い切って改革していれば、A大は全国有数の大規模大学になっていて、後任もちゃんと補充されたに違いないんです。改革反対派でA大の卒業生でもあるGo先生は黙って微笑を浮かべながらTi氏の言葉を聞いていた。あの時は先生ともやり合って、それはそれで楽しかったな。私は話をはぐらかした。そうですね、みんなそれぞれ懸命にＡ大の将来を考えましたからね、それにしても大学は最近どこか変ですねえとTi氏は応じる。大学の様子がおかしいという点で一致して、それを潮に私は立ち上がった。

画家の作品は20点ほど展示してあった。作品の下にタイトルや制作年月や値段などを記入して貼ってあるカードの何枚かには、すでに赤いピンが刺されていて、売約済みであることを示していた。画家がこよなく愛して描き続けている郷土の山々の油彩画を、１点１点鑑賞する。「名山遠景」と題した一幅の10号の前で釘づけになった。空の上部が明るい青、そこから次第に白雲に変わり、やがて山の稜線が濃い紫で現れ、麓には大きな川と金色の麦畑と小さな民家がたたずみ、手前に細い農道が置かれている。これね、デッサンと写真と想像を交えて描いたんだ。いつの間にか後ろに来て、Go先生が制作のいきさつを教えてくれる。絵のことはよくわからないけど、これ、心が和むね、先生の山と空の色、とっても好きなんだ、これに決めた。前にも買ってもらって、いつも出費させてすまないなあ。Go先生は前回と同じく、大幅に値引いて譲ってくれた。

ひとわたり作品を見てから、カウンターで購入の手続をする。ソファに戻ると、南先生も買ったの？ 私は６号を１枚買いましたと、Ti氏は言った。じゃあ私はこれで失礼します、またお会いしましょうとTi氏が立ち上がり、会場を出て行った。彼の背中を私は懐かしく見送った。

5

新学部の設置認可に伴うカリキュラムや教員配置や教員の担当科目などに関する諸事項は、設置から4年間のいわゆる学年進行期間が終わると、履行状況報告書の提出は義務づけられるものの、文科当局の縛りが一応なくなり、その後は、法令の枠内においてではあるが、大学が自主的に整備・運用できるようになる。業績不足で担当を「不適」とされた教員が当初の申請科目を復活担当することも、学年進行を過ぎればとりあえず可能となる。「不適教員」の担当予定科目を肩代わりしてきた私も、その科目を当該教員に戻せば、多少は負担が軽くなる。そうすれば、学年進行の終了とともに私が退職しても、大学も学部もさして痛手を被らない道理である。学年進行中に急に他大学に転出し、その後任人事業務に同僚を奔走させるといった迷惑をかけてしまうのに比べれば、4年を待って辞める方がはるかに良心的に違いない。年齢のことや、近頃の自分の仕事ぶりのことなどを踏まえ、学年進行の終了とともに退こうかと、私はずっと考えている。しかし一方で、学年進行終了後の学部の状況を見極めないで辞めることには若干のうしろめたさも感じており、なお1年くらいは居残ってその後の様子を見てからにすべきだとの「道義心」もある。前任校のB大から連れて来た講師が、研究者としては未だ十分に自立できておらず、内気で几帳面なためにとかく同僚教員たちから敬遠される傾向にあることも気がかりである。

昼休み、非常勤講師に来てくれている大学時代の同級生Kaに相談する。私がB大を辞めた翌年にやはり同大を去った友人で、今はC大で週1回、教育社会学の講義を担当してもらっている。今年いっぱいで辞めるか来年まで延ばすか、迷っているんだ、最近どうも仕事をテキパキやれなくなっているし、ミスも多い、怒りっぽくなって何かにつけてイライラしてもいる、それとやっぱりこの職場はどうも肌に合わないんだ、この学部の同僚教員と付き合うのはいい加減疲れたよ。確かにな、ここは教員たちが幼稚だし、どうでもいいことに執着しているな。そういう雰囲気を改善しようと頑張ってみたんだが、一向に改まらない、職場の体質を変えようなどというのは思い上がりだったような気もする、それにこの年齢で単身赴任を続けていたらいつマンションの一室で孤独死するかわからないからね。そうだなあ、大学もだいぶ前から妙な具合になっているし、いつまでも勤める所じゃなさそうだな。そう思う、でも学部設置の完成年度の終了と同時にハイさよならっていうのも無責任な感じがするんだ、学長に頼み込んでこの大学に雇ってもらった手前もある。難しいところだな、お前が辞めるんならオレも非常勤を辞めるよ、こっちこそもういい年だからな。

晩秋に差しかかっている。いつもこの時期は、鮮やかな紅葉が舞って歩道を埋め、風が吹くたびに錦の渦を巻いているが、今年は秋の気温が高めだったせいか、マンションのベランダから見える楓並木の枝々には、くすんだ色の葉がまだ多く落ちずにいる。

これまでの年月、楽しいことも苦しいこともあり、不安に駆られたことも安堵したこともあり、永く記憶に留めておくべきことも思い出したくないこともあり、落胆も屈辱も羞恥も味わったが、今となってはそれらもはるか遠くに流れ去り、ただ一炊《いっすい》の夢でしかない。

〽かくて時過ぎ　頃去れば　五十年の　栄華も尽きて　まことは夢の　中なれば
みな消えきえと　失せ果てて……

（「邯鄲」、『謡曲集　上』、伊藤正義校注、新潮社、１９８３年、３５９頁）

50年であろうと70年であろうと、過ぎ去ってみれば同じく一瞬にして失せ果てる。私の教師生活40余年は栄華などとはおよそ無縁であったが、大学で、それなりに、見るべきものは見た。Ａ大に赴任した当初に私の授業を受講していた学生が勤務先の小中学校を定年で退職し始めてもいる。もう、これでいい。店じまいの時が近づいたのだ。未練はない。やはり今年度、遅くとも来年度には、大学勤めに終止符を打って郷里に帰ろう。「多くの出来事に翻弄《ほんろう》されてきた君も、ようやく静謐《せいひつ》の港に帰りつくがよい。考えてみたまえ、君はどれほど多くの激浪に遭遇したことか。私人としての生活の中で、どれほど多くの嵐に耐え、公人としての生活の中で、どれほど多くの嵐を招来したことであろう」（セネカ『生の短さについて（他二篇）』、大西英文訳、岩波文庫、２０１０年、58頁）。

あとがき

3月中旬、勤務先大学で学位記授与式があった。私が設置に深く関わった新学部の一期生の卒業式でもあった。

一般に卒業式は、参列者にとって様々な思いが去来するひとときである。学位記授与式の何日か前、私は出席しなかったが、孫の卒園式があった。かつて子ども達の卒園式に保護者として列席していた時は、園児が、♪いつのことだか　思い出してごらん　あんなこと　こんなこと　あったでしょう……と歌い出すと、保護者は目頭を押さえたものだが、今でもこれが歌われると、多くの参列者たちは涙ぐむのだそうだ。先生たちもつられて思わず泣いてしまうのだと、幼稚園に勤めていた次女は言う。一生懸命育てたわが子の愛くるしい姿に、お父さんお母さん達は万感胸に迫るものがあるのだろう。

勤務先大学の例年の学位記授与式では、開式の辞に始まり、国歌斉唱、学園歌斉唱、学位記授与、各種賞状授与、記念品贈呈、学長告辞、来賓祝辞、来賓紹介、祝電披露、卒業生代表謝辞、閉会の辞といった一連の流れを、壇上の学部長席で淡々と眺めていたのだが、この年は格別の感慨があった。一期生が巣立つということに加え、来年の学位記授与式を最後に自分も大学を去るのだ、という思いからだった。

　全学の式を済ませて学部棟の大講義室に卒業生たちを集め、改めて学部で卒業を祝う。学部長が簡単なスピーチをする。資格や免許状の取りこぼしがなく、一期生全員が無事卒業できたことにまず敬意を表し、続いて、厳しい荒海に漕ぎ出して行くにあたっての覚悟、それぞれが担うことになる社会的責任の重さ、一度や二度や三度や四度失敗したからといってめげることなどないこと、人生は楽しいことよりしんどいことの方が多いこと、だからこそ生きる意味があること、苦しくなったらいつでも母校に来て助けを求めてほしいことなどを話し、さらに、諸君は入学した当初、ロビーでギャーギャー騒ぎまくっていて、一体どうなることかと気をもんだけど、いざ勉学や採用試験や就職の段になったら目覚ましい実績を上げ、後輩たちを大いに奮い立たせてくれた、本当にありがとう、などと褒め、では諸君、ごきげんよう！　と締めくくる。それから一人ひとりに卒業証書や教員免許状や各種資格証を手渡す。

　夕刻はホテルの広間で学部卒業生主催の謝恩会。主催委員長の開会の辞、学部長・学科長の挨拶、乾杯、歓談、余興のＢＩＮＧＯゲーム、卒業生全員の合唱、卒業生代表の謝辞、教職員への花束贈呈、……笑い声や歓声や拍手等々に包まれて、パーティは賑やかに進行する。それが終わって場所を変え、二次会で夜更けまで飲んで大騒ぎして、一期生たちは元気いっぱい巣立って行った。名残り惜しく彼らの後ろ姿を見送る。彼らにこの国の将来を託さなければならないのだと思う。

改めて自らの大学卒業後のこれまでを思い起こしてみる。卒業と同時の会社勤め、その2年後の出身大学への学士入学、結婚、大学院進学、助手任官、地方大学赴任、定年前退職、私学転出と再転出、……これら個人的なあれこれも、国内外で起きた様々な出来事と直接間接かつ複雑に連動している。国内的には、政治・経済・福祉、自然環境、思想・文化・学問・教育・科学技術等、そして国際的には、グローバル化・ナショナリズム・情報革命、民族・宗教、テロ等、あらゆる面で変動が渦巻いているが、それらは相互に絡み合って、私たちの世代に深浅の影響を及ぼしたのであり、私もそういう世相の中で生き、また生きざるをえなかった者の一人として、その影響を大小受けながら、ものの考え方なり思惟なり観念なり感覚なり生活信条なりを内に形成してきたのである。

20世紀半ばから21世紀前半までの私たちの体験は、それとして「疾風怒濤」であったが、しかしどの世代も、それぞれ「未曾有の出来事」「劇的な転換期」「激動の時代」を経験してきたに違いない。一期生たちもこれから何十年にわたって厳しい道のりをたどり、未曾有の・劇的な・激動の諸場面に遭遇し、その経験の中でそれぞれ価値観や思想や人生観を形成していくことになる。私たちに続く世代にとって、この国で生きることが不安で窮屈で息苦しくなるのか、それとも安心で豊かで快適になるのか、知る由もないが、彼らが人間としての尊厳を失わずに生を全うできるよう、私は切望してやまない。

卒業式が済んで穏やかに晴れた日の昼下がり、これまでついぞ行ったことのない、大学の裏手にある小川のほとりに出かけてみた。近くの中学校から部活らしい生徒たちの元気なかけ声が聞こえる。土手のあちらこちらにタンポポやホトケノザが咲き、はるか向こうには雪山が連なっている。柔らかな若草の絨毯に腰を下ろす。冬枯れのままの丈の長い草が束になって横たわっている川に幾筋もの水路ができていて、水が滑らかに通り抜けて行く。空高く雲雀がさえずっているが姿は見えない。水面すれすれに白鷺が悠然と舞い、それが飛び去ると、セキレイがあわただしく目の前を突っ切る。暖かな風が優しくそよぎ、辺り一面に春の匂いが満ち溢れて、実にうららかである。

私は長い時間を小川のほとりで過ごした。

想い起こせばいろいろなことがあった。――

私にとって最後となる大学勤めの新年度が、間もなく始まる。

２０１６年　春

南　俶彦

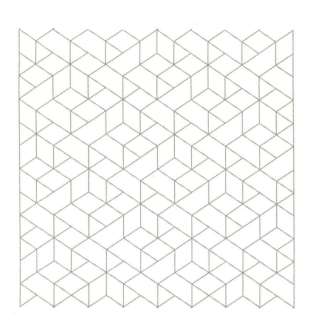

ローカル大学と共に
「改革」のうねりの中で

2016年12月22日　初刷発行

著者　南　俶彦

発行者　大塚智孝
発行所　株式会社エイデル研究所
〒102-0073
東京都千代田区九段北4-1-9
TEL　03(3234)4641
FAX　03(3234)4644
ブックデザイン
大友淳史（株式会社デザインコンビビア）
印刷・製本　中央精版印刷株式会社

JASRAC 出 1613608-601

ISBN 978-4-87168-588-7